Die KUNST des Zeichnens 10 STEPS ZUHAUSE

Titel der Originalausgabe:
10-Step Drawing
Everyday Things
Draw 60 familiar items in 10 easy steps

Published in 2021 by Search Press Ltd.
Wellwood, North Farm Road
Turnbridge Wells
Kent, TN2 3DR

This book is produced by
The Bright Press, an imprint of The Quarto Group.
The Old Brewery, 6 Blundell Street,
London N7 9BH, United Kingdom
www.QuartoKnows.com

Zeichnungen: Justine Lecouffe

Übersetzung: Wiebke Krabbe, Damlos
Produktmanagement und Lektorat: Nicole Mering
Umschlaggestaltung: Lina König
Satz: Arnold & Domnick, Leipzig
Druck und Bindung: Hung Hing Printing Group Limited

1. Auflage 2021

ISBN 978-3-7724-4795-2
Best.-Nr. 4795

MIX
Papier aus verantwortungsvollen Quellen
FSC® C017606

Die KUNST des Zeichnens

10 STEPS

ZUHAUSE

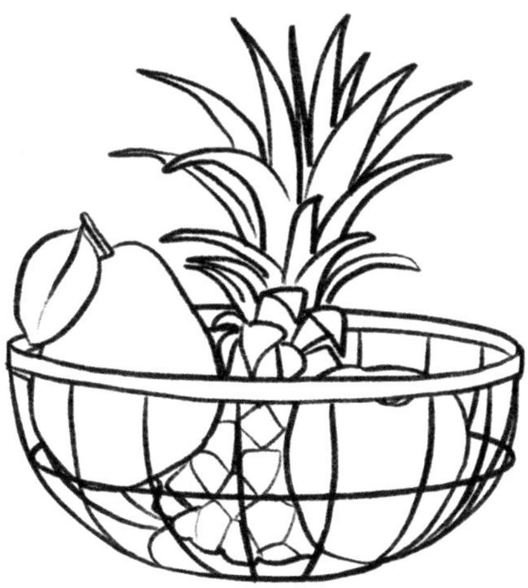

Justine Lecouffe

Inhalt

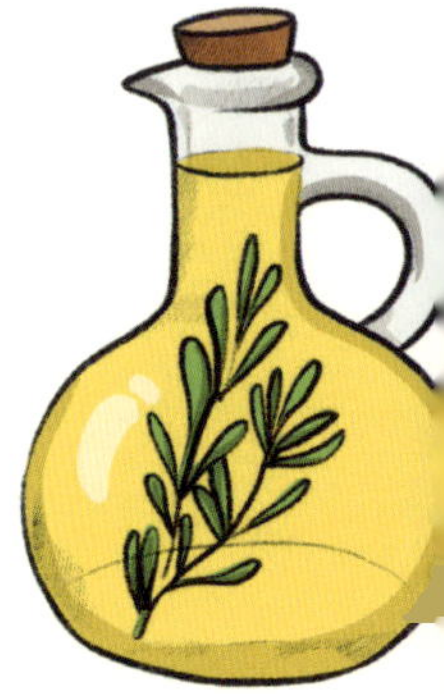

In meiner Tasche

In meinem Zimmer

In meiner Küche

In meinem Badezimmer

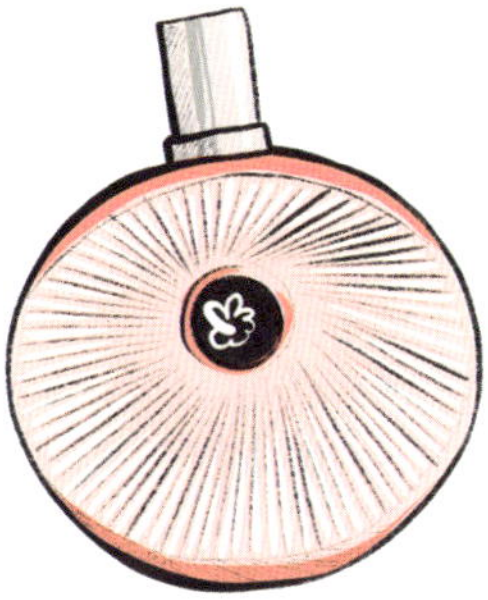

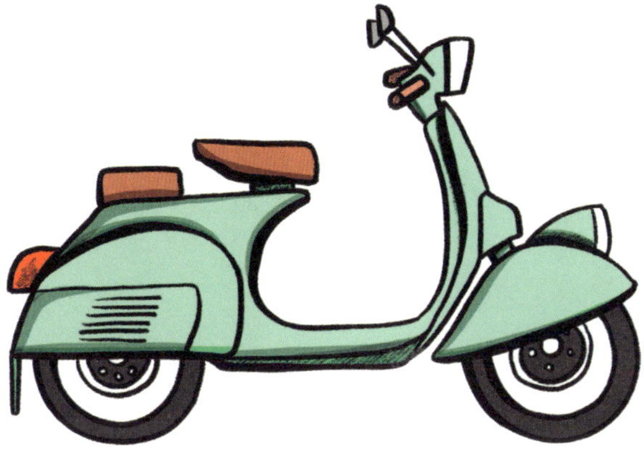

Auf meinem Schreibtisch

In meinem Kleiderschrank

Unterwegs

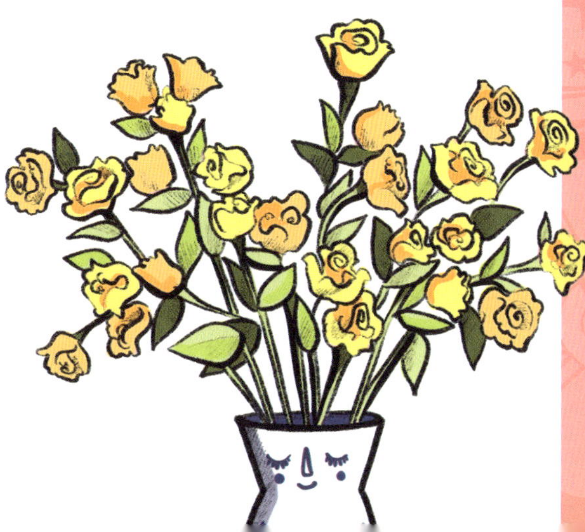

Vorwort

Dieses Buch präsentiert 60 ganz alltägliche Gegenstände, die jeweils in nur zehn einfachen Schritten gezeichnet werden.

Ganz gleich, ob es sich um einen gemütlichen Schlafanzug, Ihre Traumgarderobe oder eine Topf-Sukkulente handelt, Ihr Lieblingsmotiv ist bestimmt dabei.

UNTERSCHIEDLICHE FORMEN

Jede Zeichnung in diesem Buch beginnt mit einer einfachen Grundform oder Kontur. Schritt für Schritt wird diese dann weiter ausgearbeitet, bis detailliertere Formen entstehen. Das ist wichtig, damit die Proportionen stimmen.

Die Motive in diesem Buch setzen sich aus vielen verschiedenen Formen zusammen. Wenn Sie Schritt für Schritt vorgehen, wird es Ihnen leicht gelingen, die verschiedenen Objekte überzeugend darzustellen.

Am Ende jeder Anleitung finden Sie außerdem Vorschläge zum Kolorieren. Selbstverständlich können Sie auch experimentieren und Farben eigener Wahl verwenden. Vielleicht möchten Sie sich an Ihrer Garderobe oder Ihrem Zuhause orientieren?

Ich hoffe, das Zeichnen der Motive wird Ihnen so viel Freude machen wie mir. Es ist wirklich einfach!

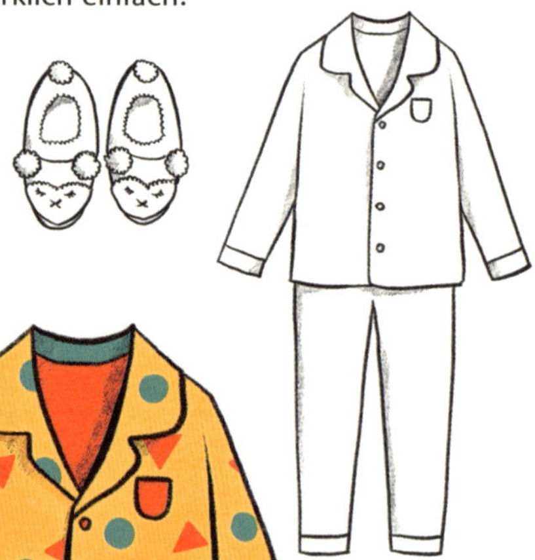

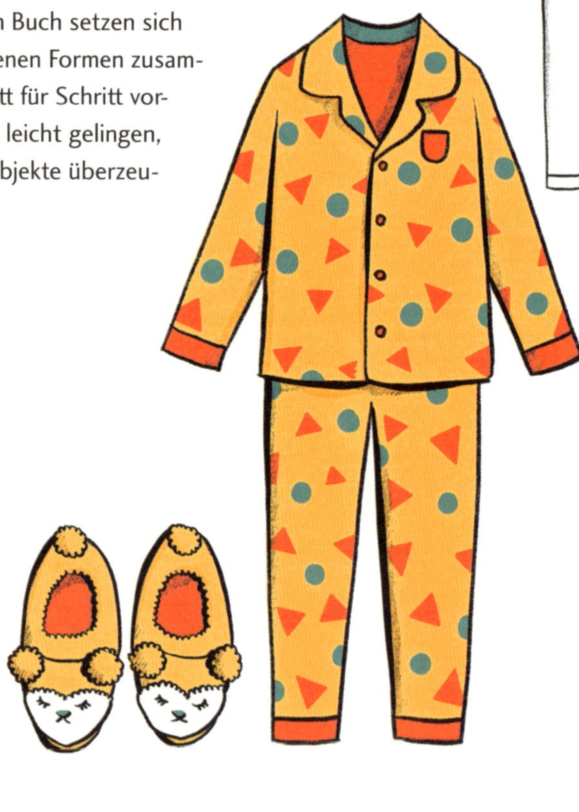

Über dieses Buch

DAS MATERIAL

Papier: Am besten eignet sich gutes Zeichenpapier, aber auch anderes Papier kann verwendet werden.

Bleistift, Radiergummi und Anspitzer: Probieren Sie verschiedene Härtegrade und leisten Sie sich einen hochwertigen Radiergummi.

Fineliner: Er kommt bei den endgültigen Konturen zum Einsatz, denn seine Farbe trocknet schnell und verwischt nicht so leicht.

Kleines Lineal: Dieses ist nicht unbedingt notwendig, aber nützlich für Hilfslinien.

DIE ARBEITSWEISE

Zeichnen Sie zuerst alle Schritte mit Bleistift. Wenn Sie zufrieden sind, ziehen Sie die Konturen mit Fineliner nach. Anschließend noch sichtbare Bleistiftstriche ausradieren und das Motiv nach Belieben kolorieren.

KOLORIEREN

Bleiben Sie innerhalb der Konturen und verwenden Sie für kleine Flächen gut angespitzte Stifte.

Helle und dunkle Töne einer Farbe entstehen, indem man unterschiedlich stark aufdrückt.

Tiere und Pflanzen können verschiedene Farben und Muster haben. Wer etwas Übung hat, kann sich an Variationen versuchen.

Beim Kolorieren gibt es verschiedene Möglichkeiten. Probieren Sie ruhig mehrere aus.

Farbstifte: Damit geht es ganz einfach und unkompliziert – die Motive in diesem Buch sind mit Farbstiften koloriert. Ein Kasten mit 24 Stiften genügt, aber achten Sie auf gute Qualität.

Farben und Pinsel: Wasserfarben eignen sich für Einsteiger am besten. Acrylfarben haben den Vorteil, dass man Fehler einfach übermalen kann. Sie brauchen zwei oder drei Pinsel, darunter einen sehr dünnen. Wichtig ist, dass Sie für Konturen einen wasserfesten Fineliner verwenden.

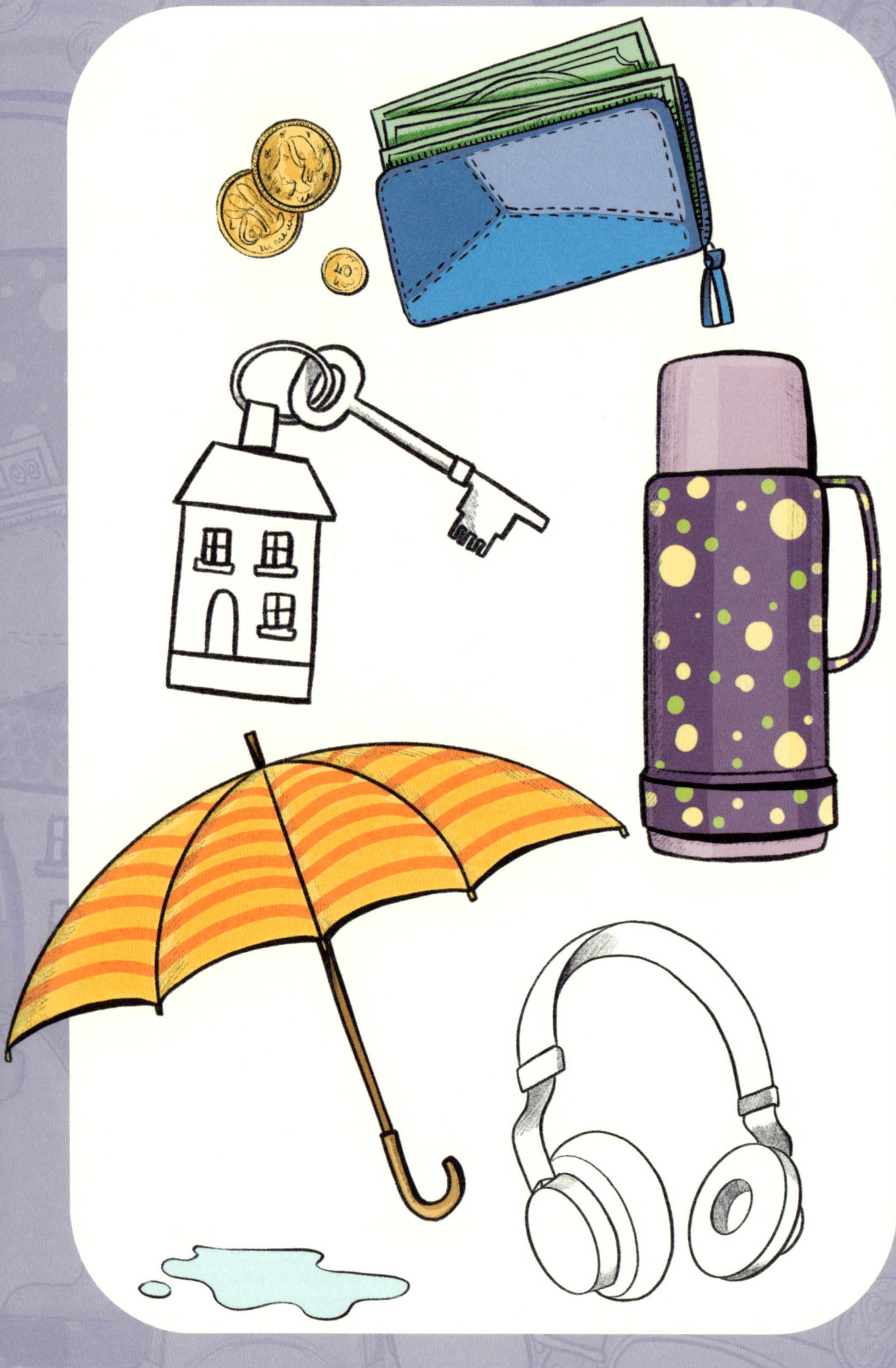

In meiner Tasche

Portemonnaie

Die Geldbörse wird aus einer rechteckigen Grundform entwickelt.
Wie viel Geld drin steckt, bestimmen Sie selbst.

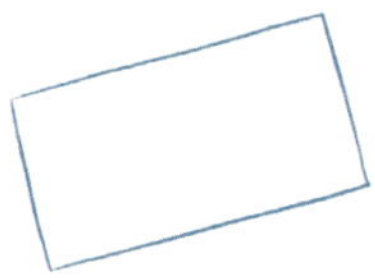

1 Mit Bleistift ein schräges Rechteck zeichnen.

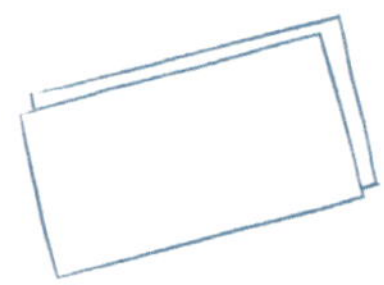

2 Das Volumen andeuten.

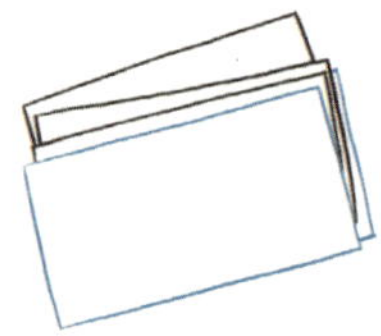

3 Einige vorstehende Geldscheine andeuten.

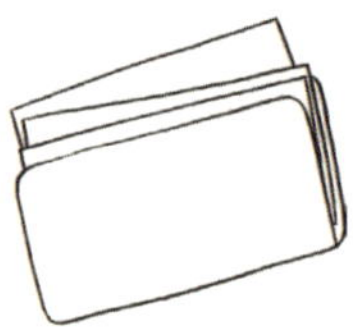

4 Konturen nachzeichnen und Hilfslinien ausradieren.

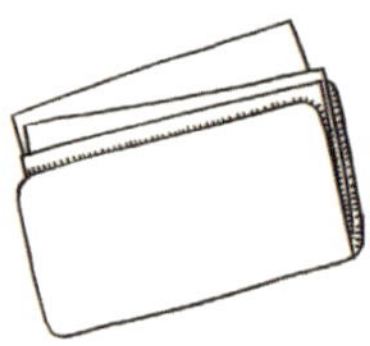

5 Den Reißverschluss an der Seite einzeichnen.

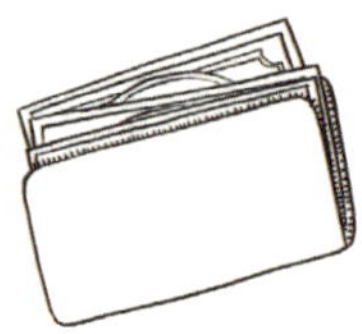

6 Die Geldscheine deutlicher ausarbeiten.

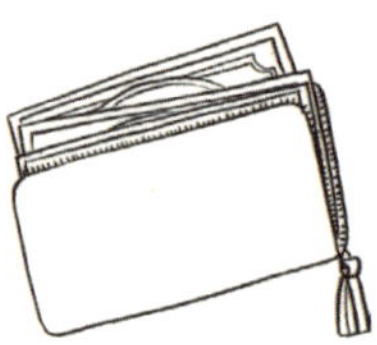

7 Die Quaste am Reißverschluss skizzieren.

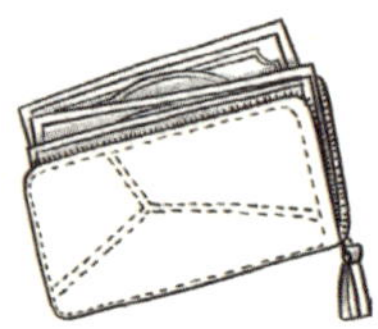

8 Die Stepperei auf der Vorderseite einzeichnen.

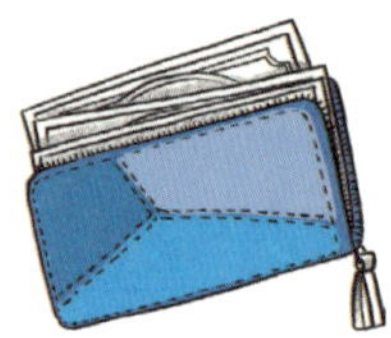

9 Die Vorderseite mit drei Tönen einer Farbe kolorieren.

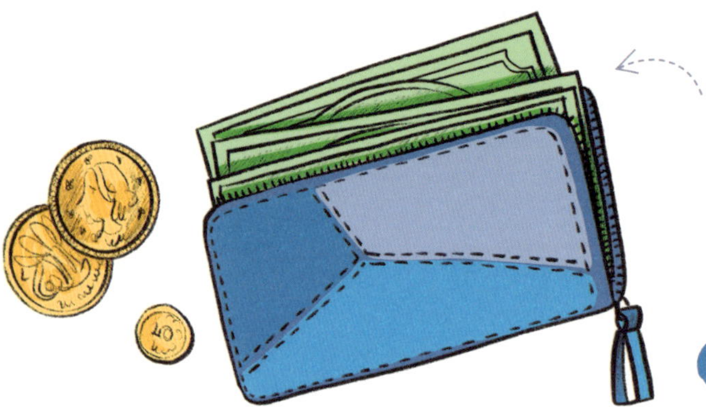

10 Die Banknoten mit bläulichem Grün kolorieren.

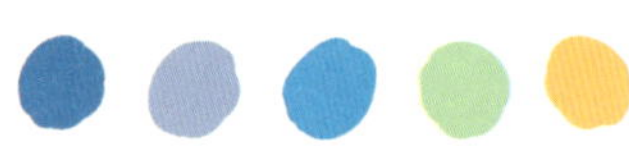

Smartphone

Mit einem gemusterten Gehäuse und einem mehrfarbigen Display fällt das Smartphone richtig ins Auge.

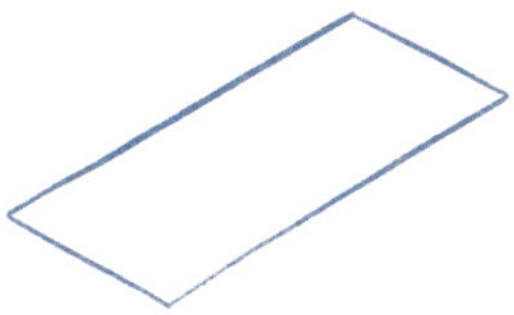

1 Zuerst ein schräges Rechteck zeichnen.

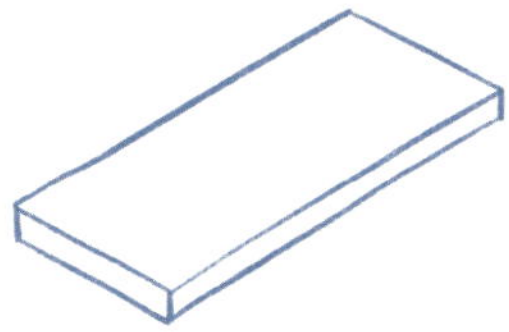

2 Nun bekommt die Form Volumen.

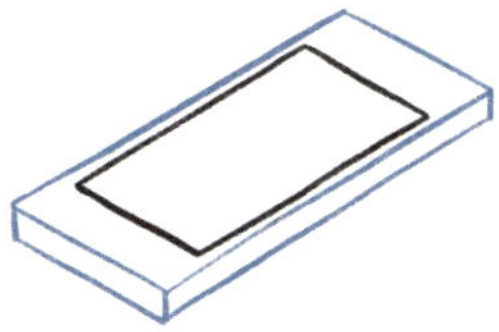

3 Ein kleineres Rechteck für den Bildschirm hinzufügen.

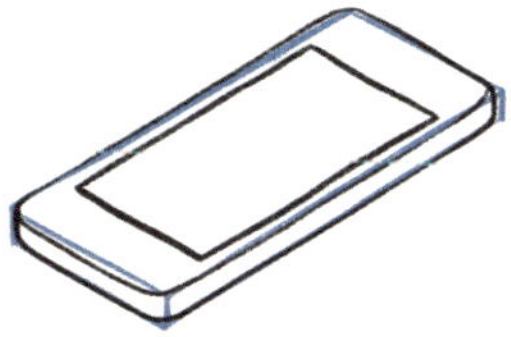

4 Die Konturen mit Fineliner nachzeichnen, dabei die Ecken abrunden.

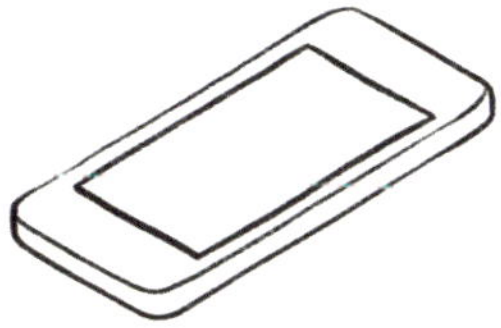

5 Die Hilfslinien ausradieren

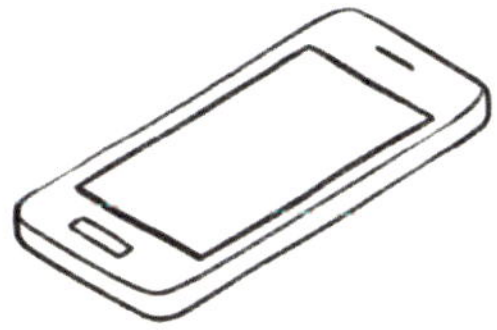

6 Einschalter und Mikrofon einzeichnen.

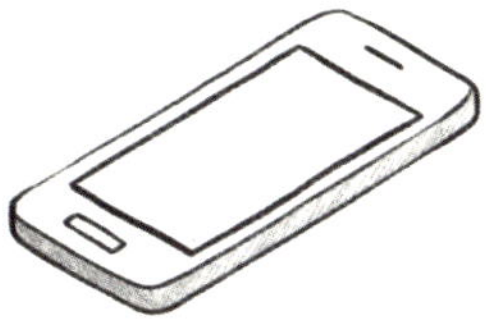

7 Den Rand des Smartphones schattieren.

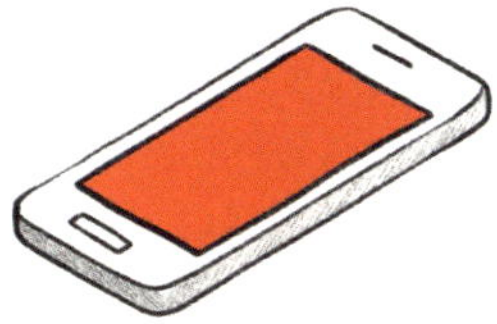

8 Das Display hellrot kolorieren.

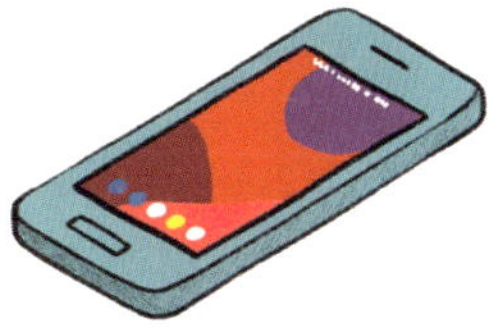

9 Das Display mit bunten Formen gestalten. Das Gehäuse blaugrau kolorieren.

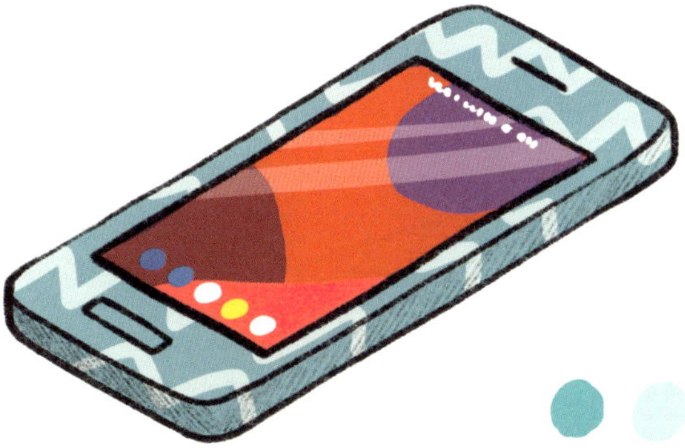

10 Letzte Details einfügen, z.B. Lichtreflexe oder kleine Schriftzüge.

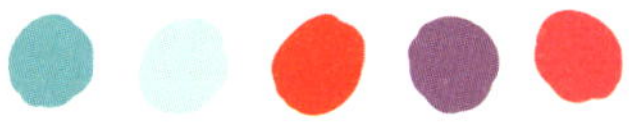

Sonnenbrille

Ob retro, trendig oder übergroß: Beim modischen Ausgestalten der Brille ist Kreativität gefragt.

1 Mit einem Trapez beginnen.

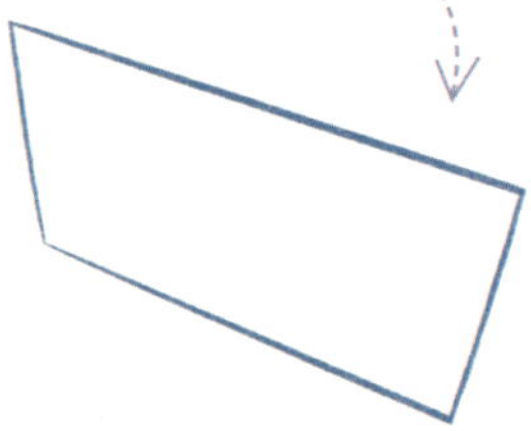

2 Die Bügel mit geraden Strichen andeuten.

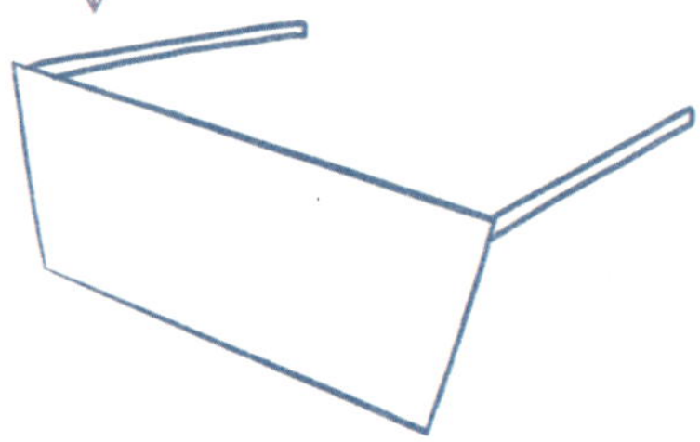

3 Die Form der Gläser mit einfachen Strichen innerhalb des Rechtecks einzeichnen.

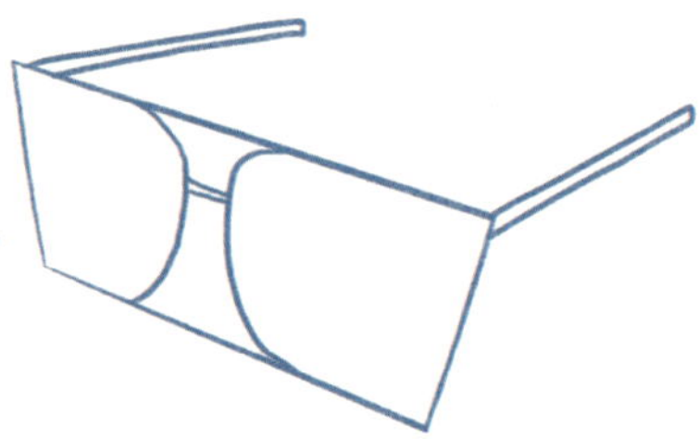

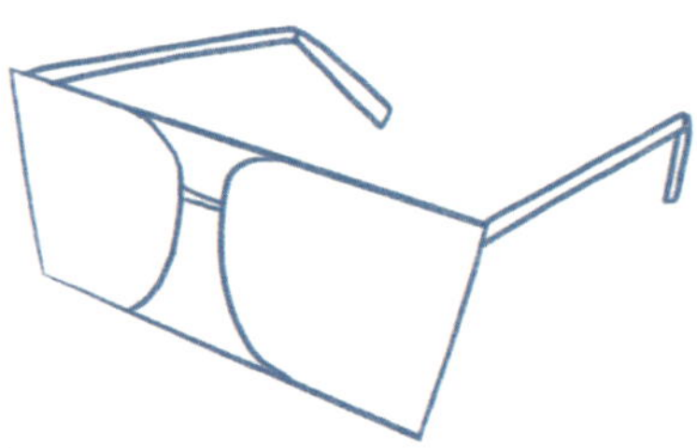

4 Die gekrümmten Enden der Bügel anfügen.

5 Die Umrisse der Gläser deutlicher ausarbeiten. Auf die Rundungen achten.

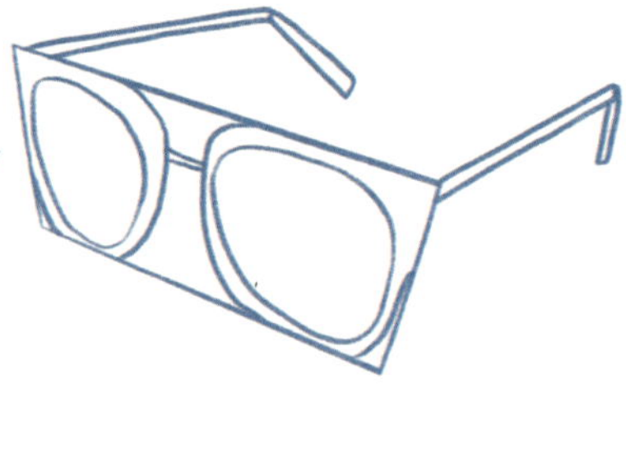

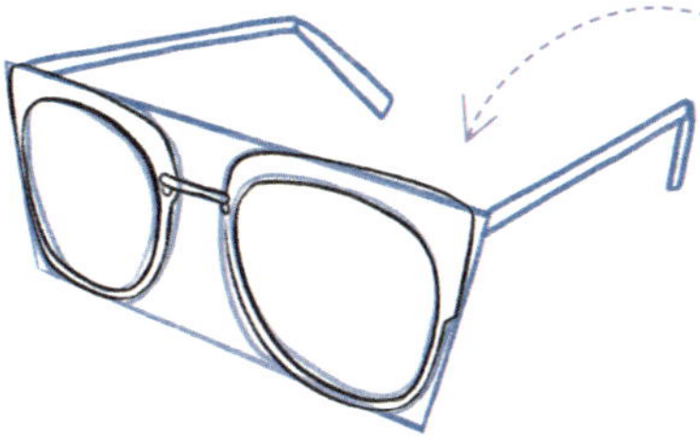

6 Die Konturen des Brillengestells mit Fineliner nachzeichnen. Die Bleistiftstriche dienen als Orientierung.

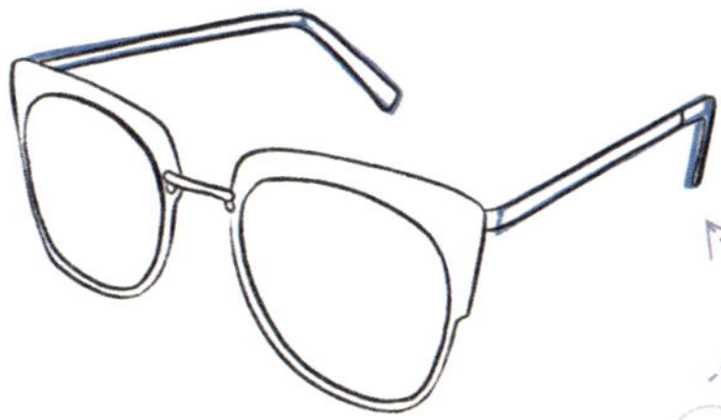

7 Die Bügel nachzeichnen, dann die Hilfslinien ausradieren.

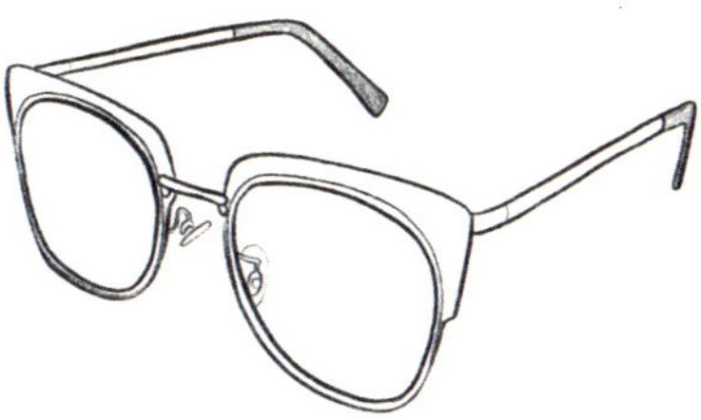

8 Leichte Schattierungen und die Nasenpads einfügen.

9 Bügel und Metallrahmen mit Gelb kolorieren.

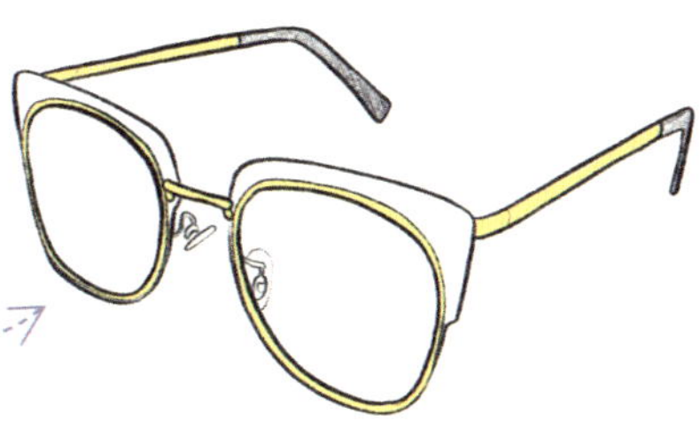

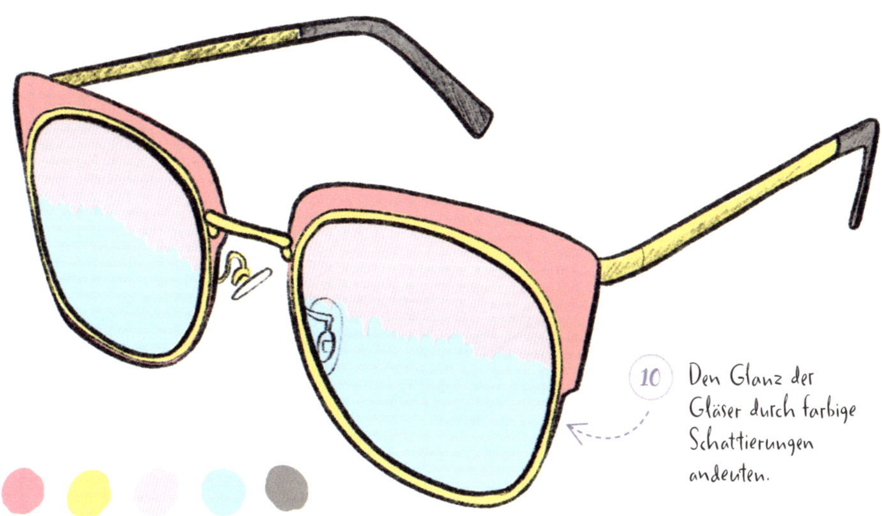

10 Den Glanz der Gläser durch farbige Schattierungen andeuten.

Schlüssel und Anhänger

Mit einem niedlichen Anhänger ist der Haustürschlüssel leichter zu finden.

1 Mit zwei ovalen Formen beginnen.

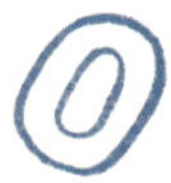

2 Ein langes Rechteck anfügen, das von der rechten Seite des Ovals ausgeht.

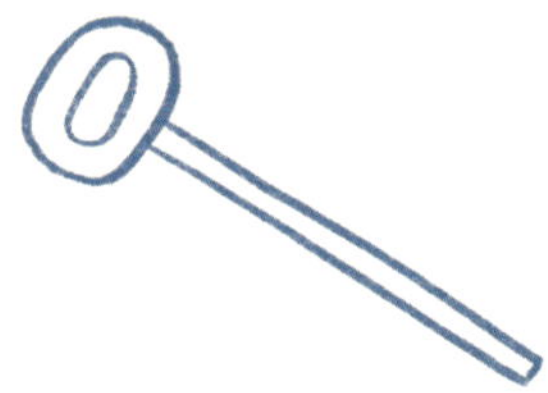

3 Den Bart des Schlüssels zeichnen.

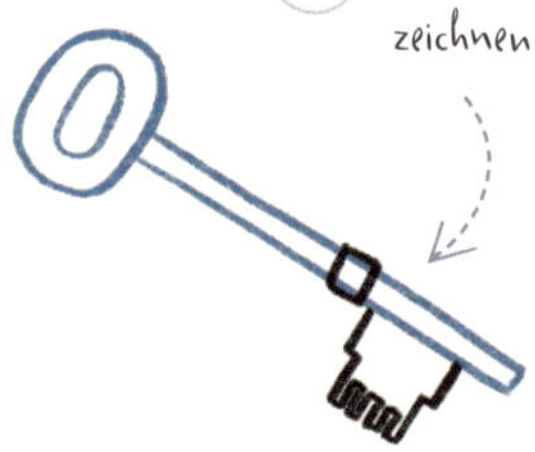

4 Den Schlüsselring mit Bleistift andeuten.

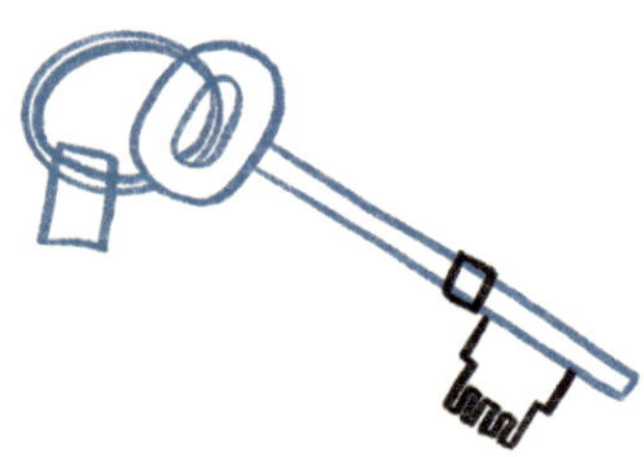

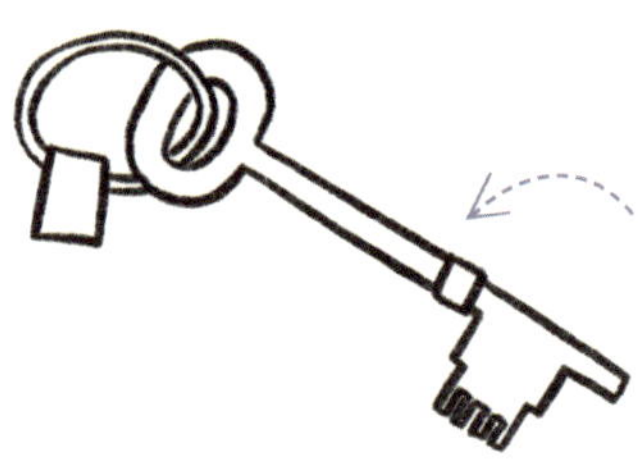

5 Die Linien mit Fineliner nachzeichnen und die Hilfslinien ausradieren.

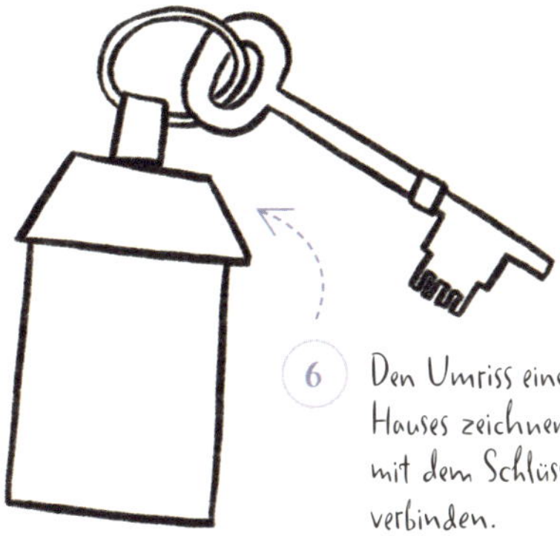

6 Den Umriss eines Hauses zeichnen und mit dem Schlüsselring verbinden.

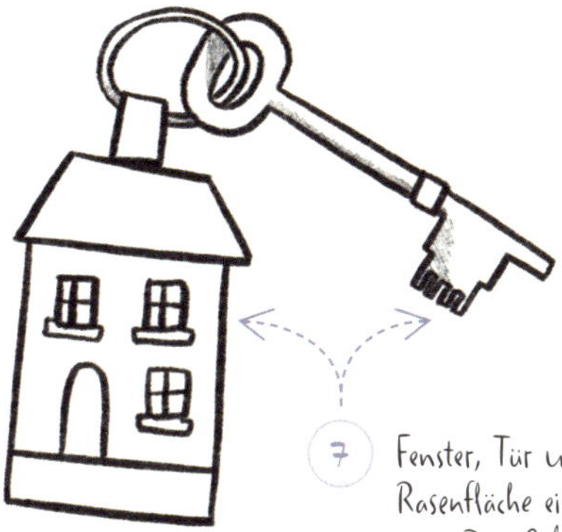

7 Fenster, Tür und Rasenfläche einzeichnen. Den Schlüssel leicht schattieren.

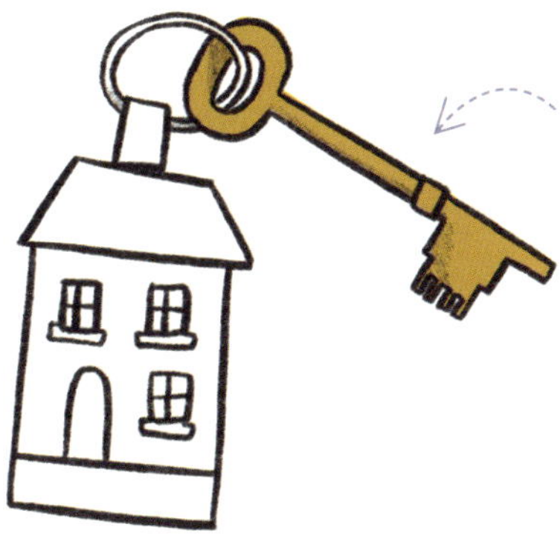

8 Den Schlüssel mit Braun oder Gold kolorieren.

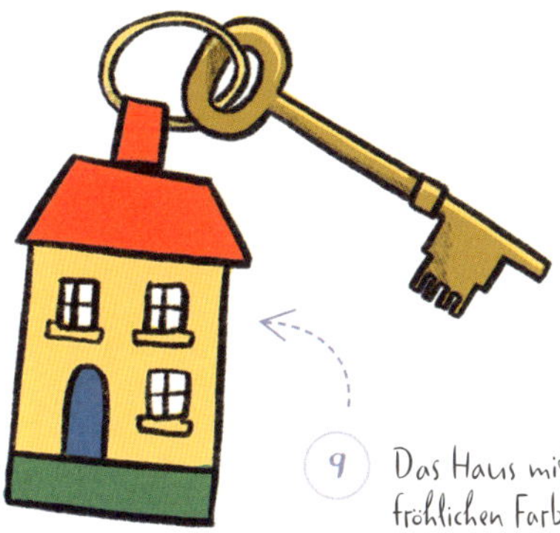

9 Das Haus mit fröhlichen Farben kolorieren.

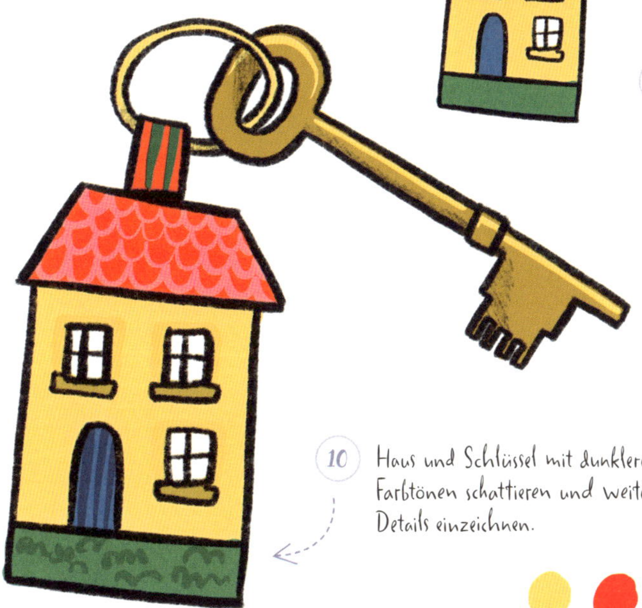

10 Haus und Schlüssel mit dunkleren Farbtönen schattieren und weitere Details einzeichnen.

Thermoskanne

Damit Sie unterwegs nicht schlappmachen, können Sie Ihre bewährte Thermoskanne mit einem Muster aufpeppen.

1 Mit einem Rechteck beginnen.

2 Darauf ein kleineres Rechteck zeichnen.

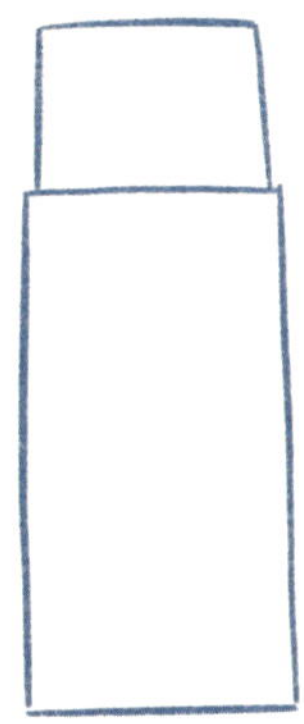

3 Den Boden der Flasche hinzufügen.

4 Über dem Boden folgt noch ein flaches, etwas breiteres Rechteck.

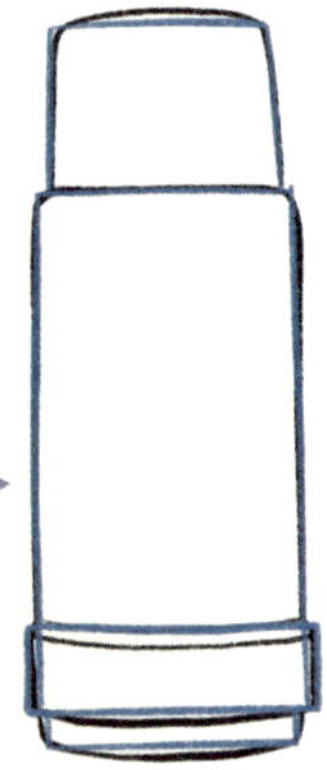

5 Die Hilfslinien mit Fineliner nachzeichnen, dabei die Ecken abrunden.

6 Die Hilfslinien ausradieren.

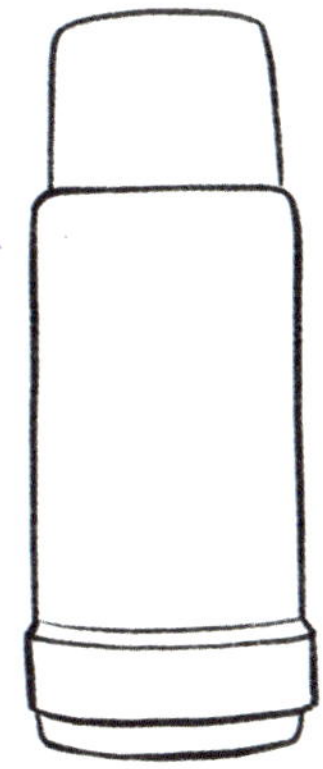

7 Leichte Schattierungen andeuten.

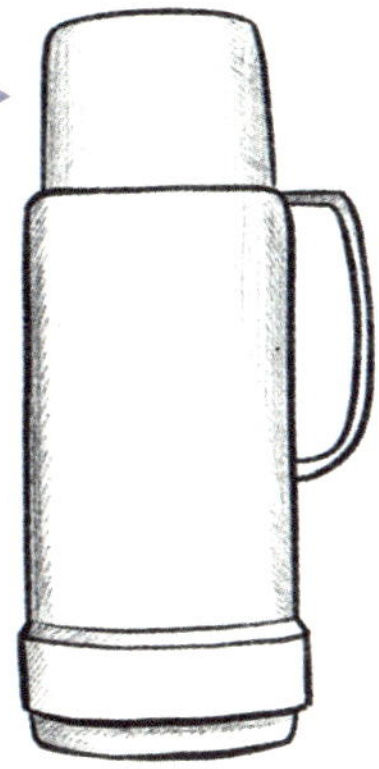

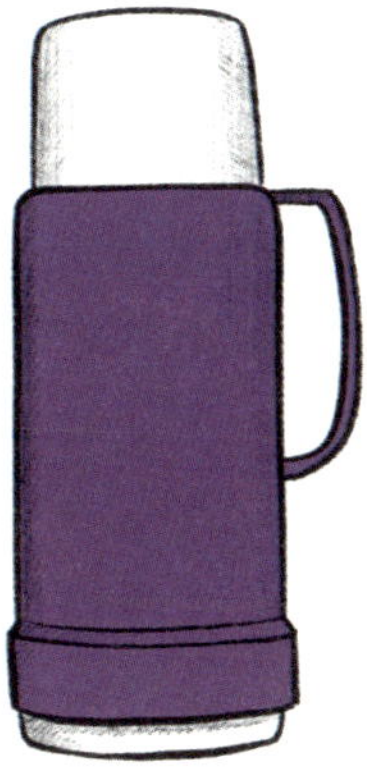

8 Den Korpus der Thermosflasche mit Violett kolorieren.

9 Deckel und Boden mit einem blassen Violett einfärben.

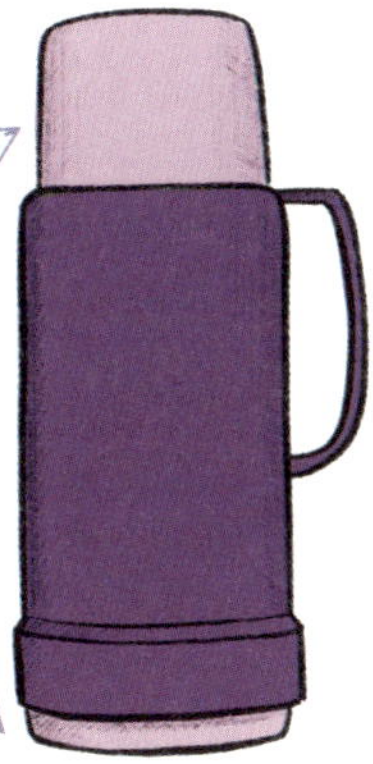

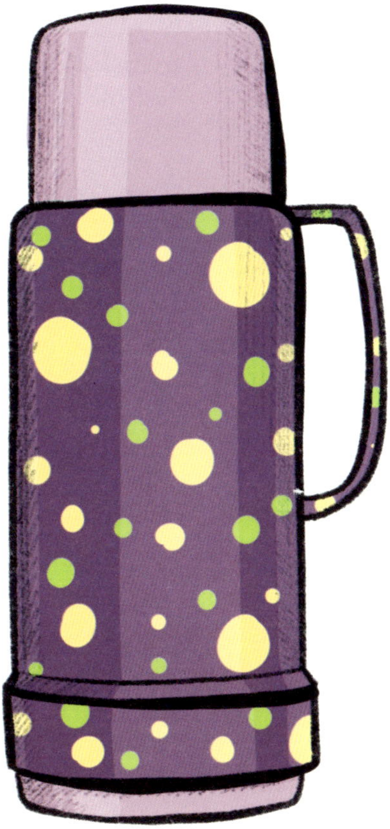

10 Zuletzt ein Muster eigener Wahl aufmalen.

Regenschirm

Hauptsache, der Regenschirm ist schön groß, damit Sie nicht nass werden. Schick aussehen soll er natürlich auch.

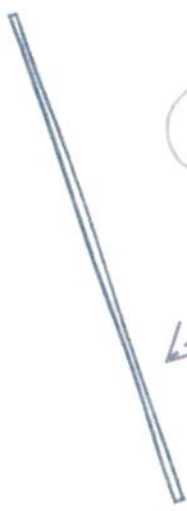

1 Zuerst einen schlanken Stab zeichnen.

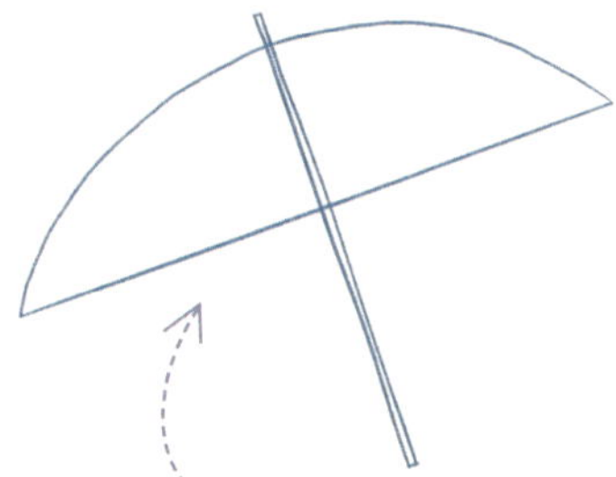

2 Oben den aufgespannten Schirm grob skizzieren.

3 Den Schirm in vier gleich große Abschnitte teilen.

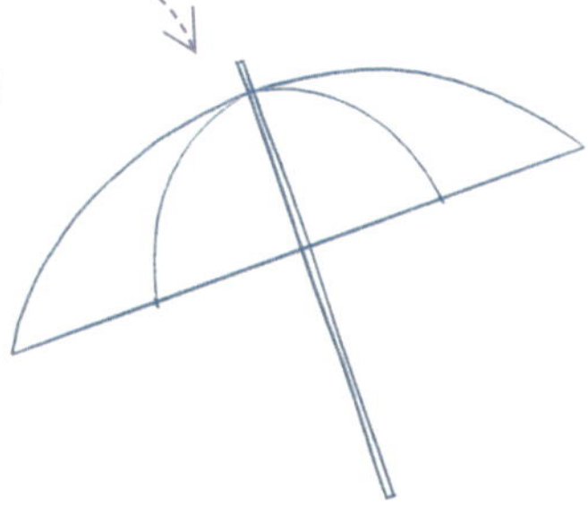

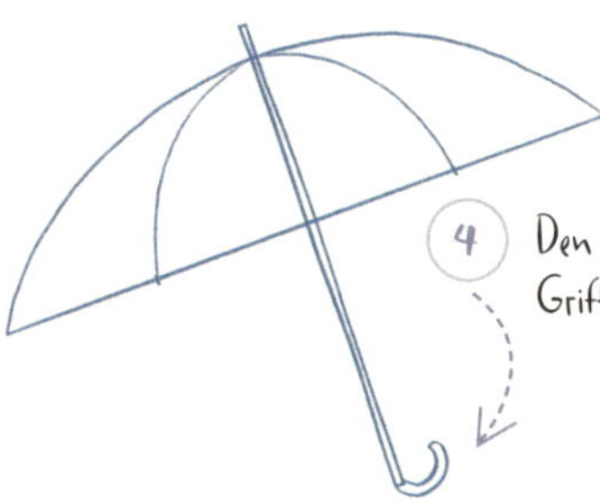

4 Den gebogenen Griff anfügen.

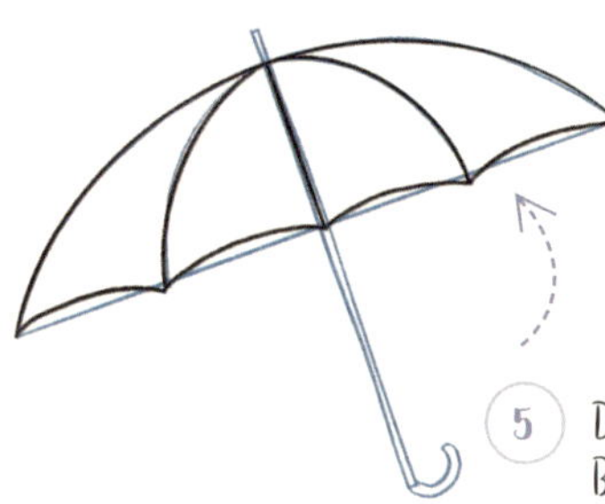

5 Die Linien der Bespannung mit Fineliner nachzeichnen.

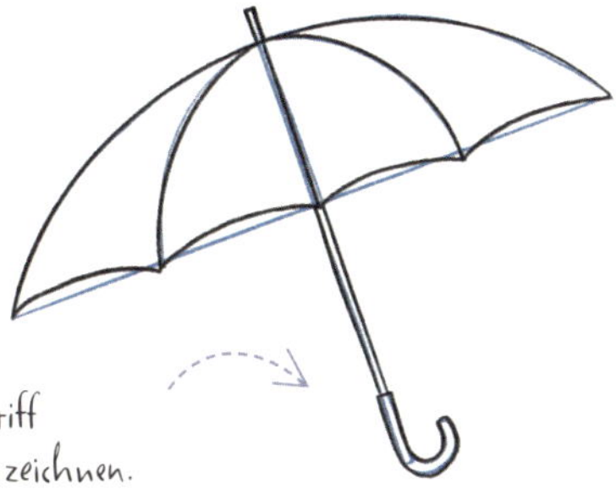

6 Schaft und Griff ebenfalls nachzeichnen.

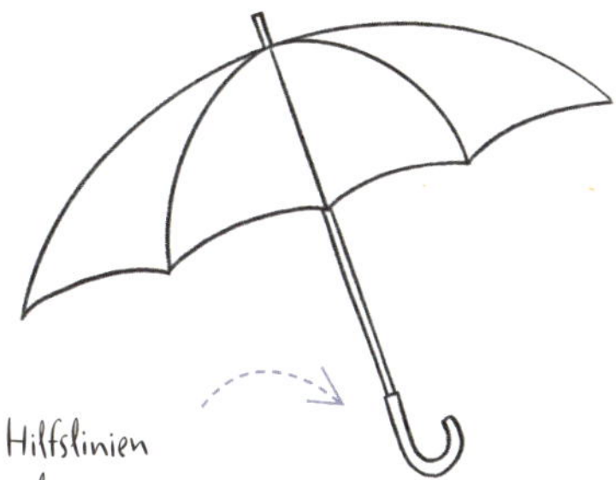

7 Die Hilfslinien ausradieren.

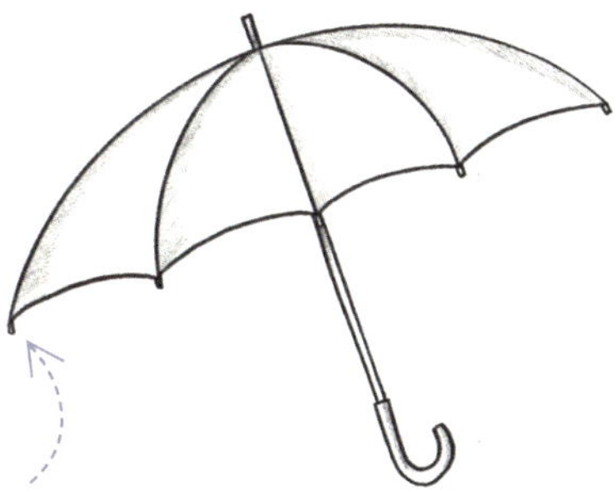

8 Leichte Schatten andeuten.

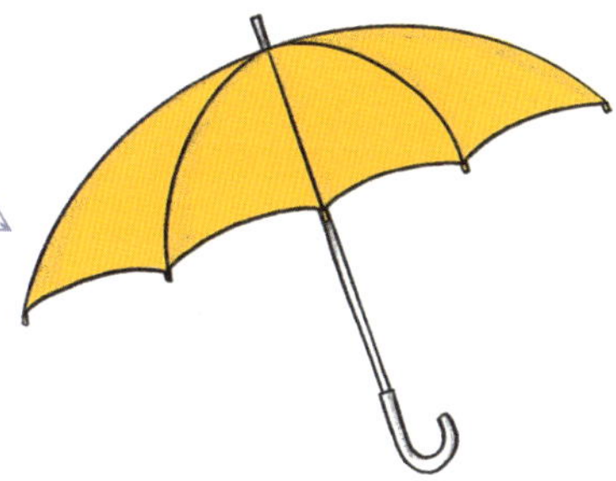

9 Die Bespannung leuchtend gelb kolorieren.

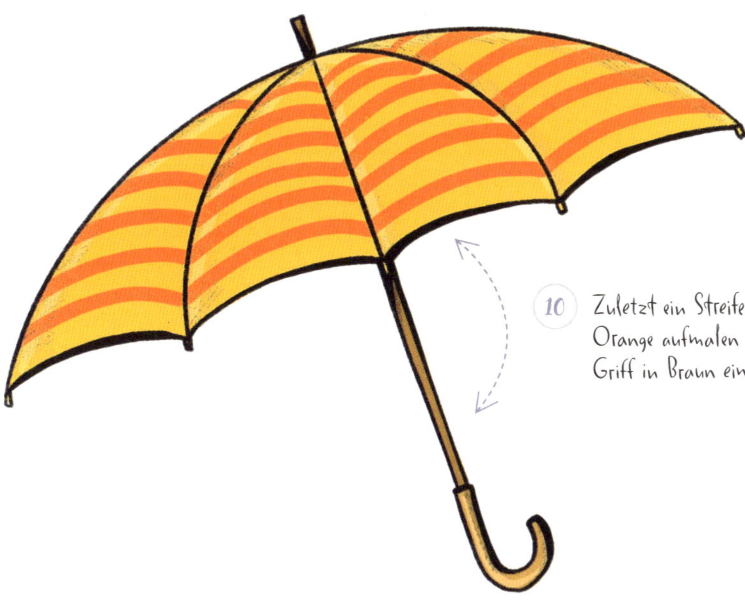

10 Zuletzt ein Streifenmuster in Orange aufmalen und den Griff in Braun einfärben.

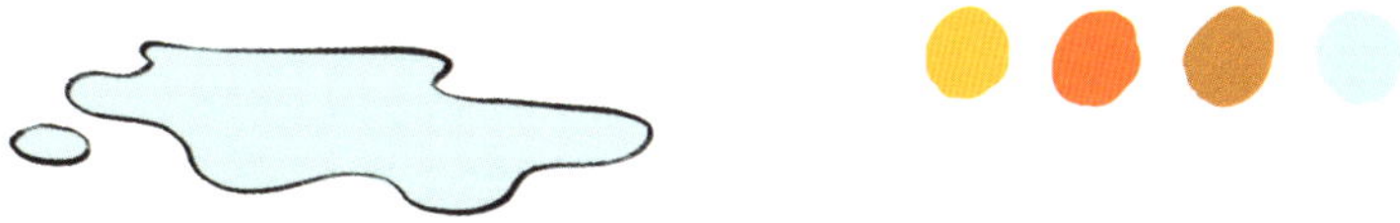

Kopfhörer

Gute Kopfhörer helfen, den richtigen Groove zu finden. Sie werden aus ganz einfachen Grundformen gezeichnet.

1 Mit zwei Ovalen anfangen.

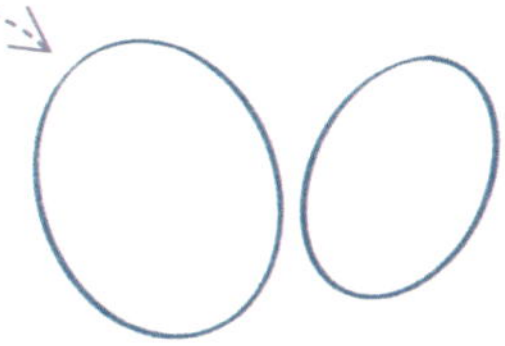

2 Die Ovale mit einem großen Bogen verbinden.

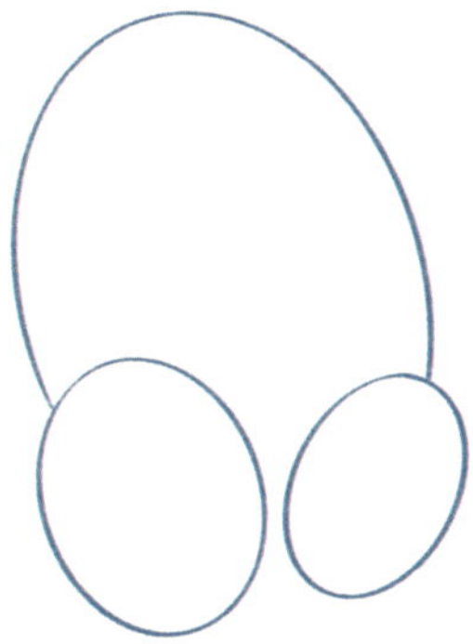

3 Kleinere Ovale an den Rändern der Kopfhörer einfügen.

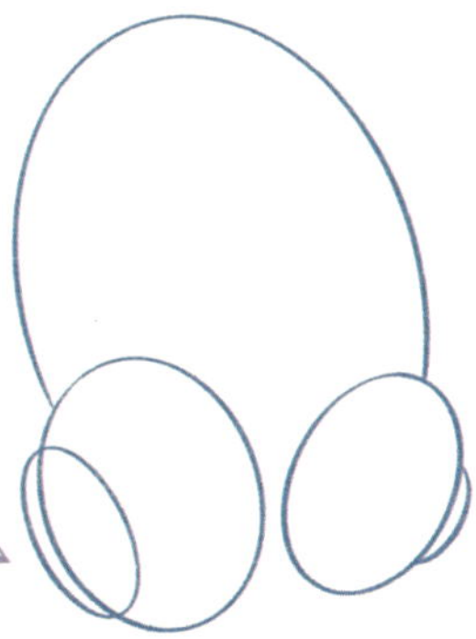

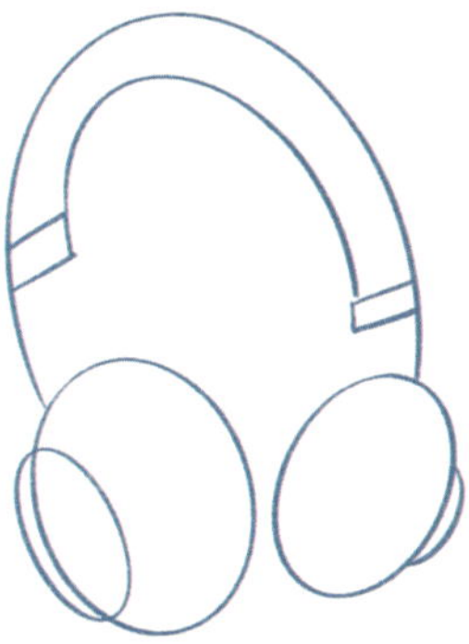

4 Eine parallele Linie zum Kopfbügel zeichnen. An den Enden kleine Rechtecke anfügen.

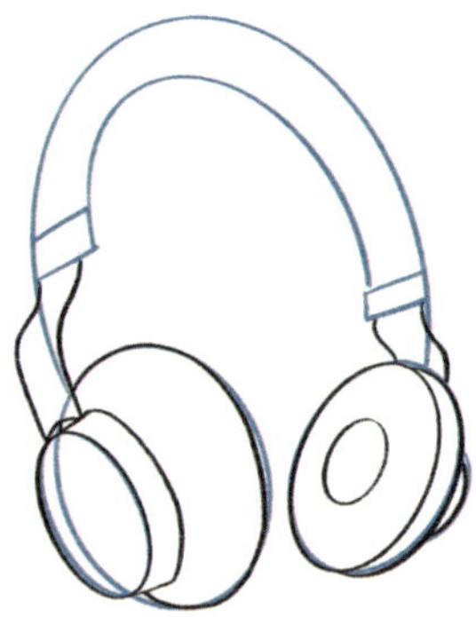

5 Die Umrisse der Ohrmuscheln mit Fineliner nachzeichnen, dabei einige Details einfügen.

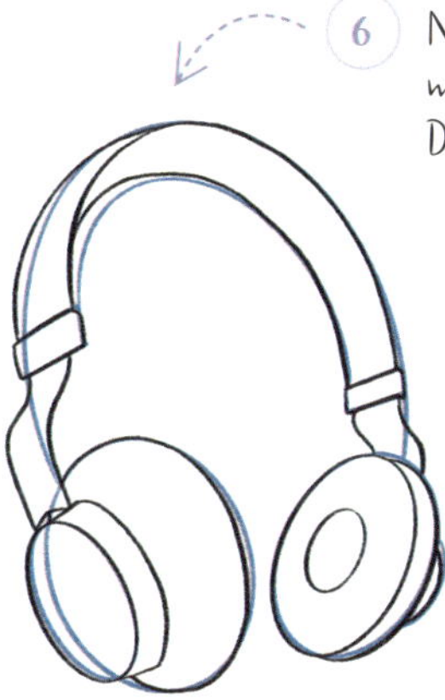

6 Nun die Konturen des Kopfbügels mit dem Fineliner nachzeichnen. Dabei auch Details ausarbeiten.

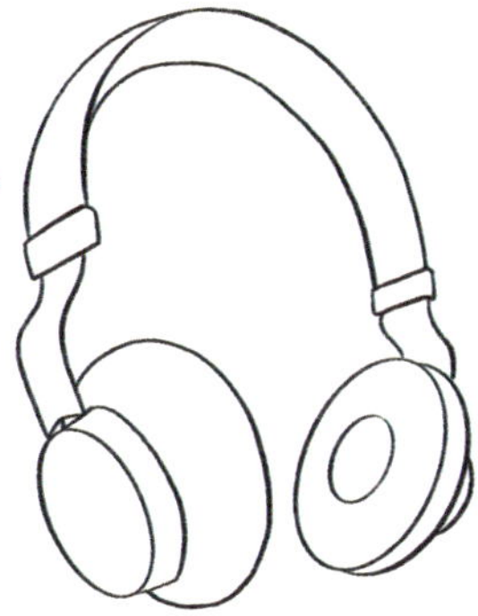

7 Die Hilfslinien ausradieren.

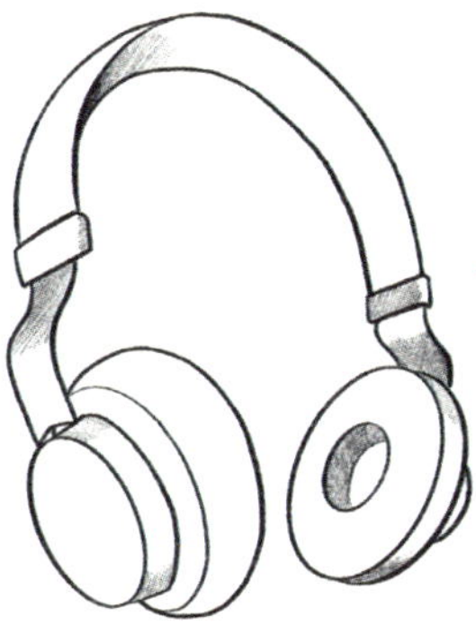

8 Einige Schatten sorgen für die 3D-Wirkung.

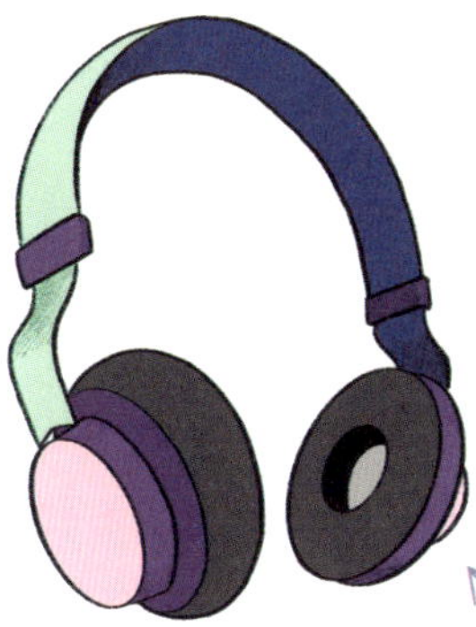

9 Den Kopfhörer mit poppigen Farben kolorieren.

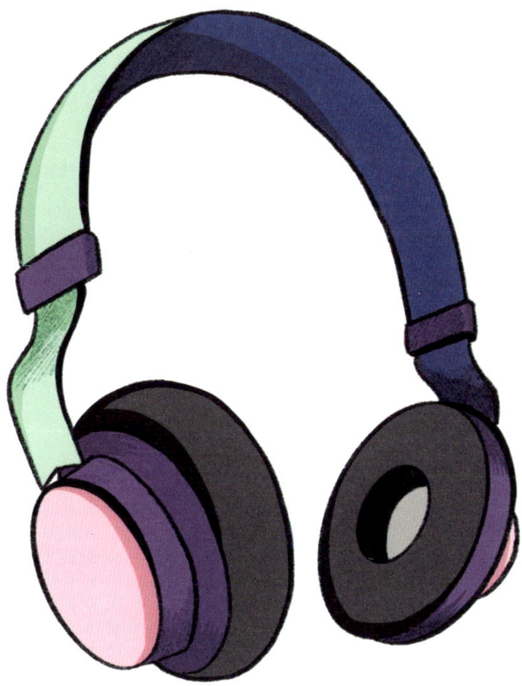

10 Einige dunklere Schatten einfügen und letzte Details ausarbeiten.

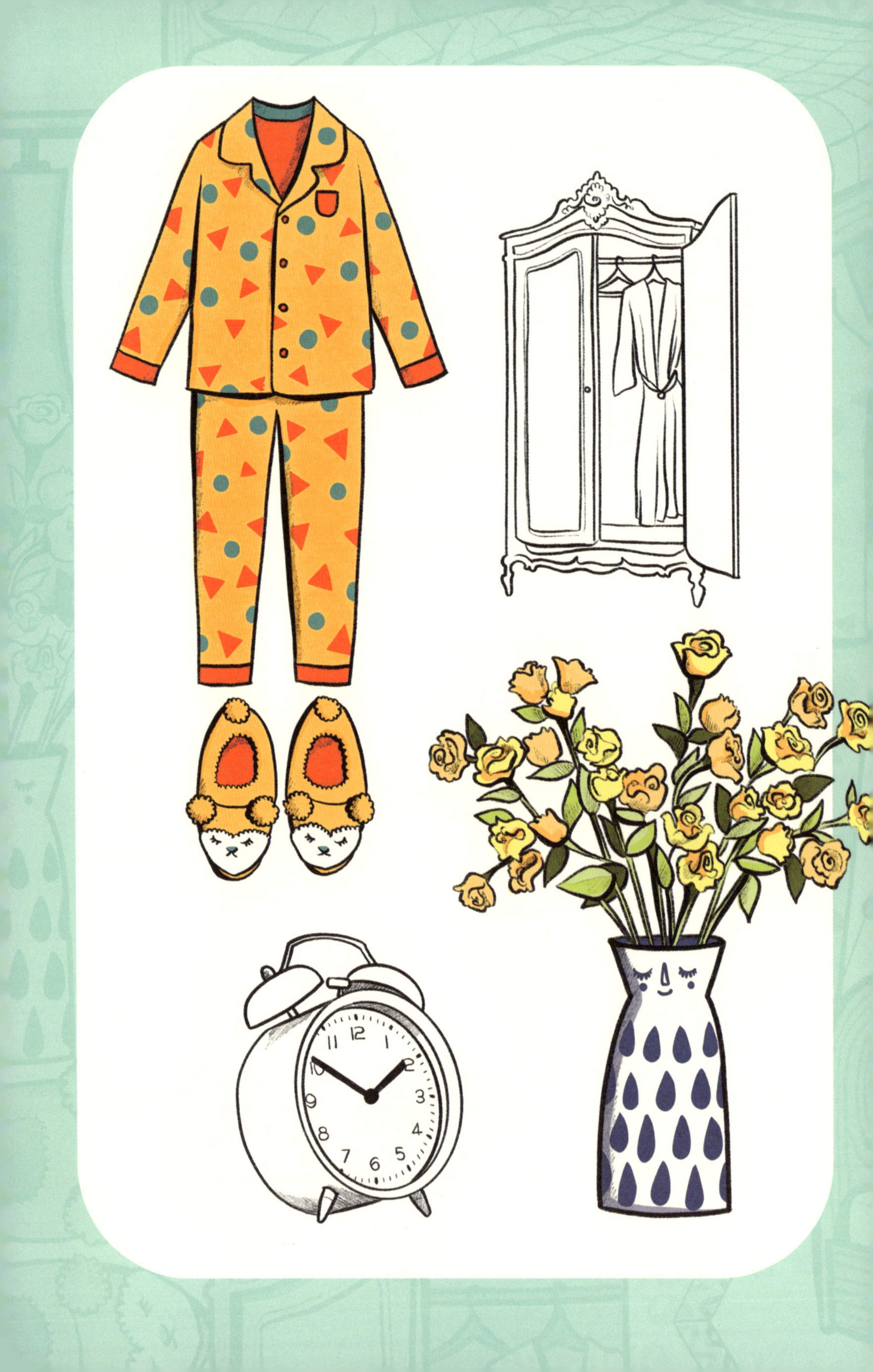

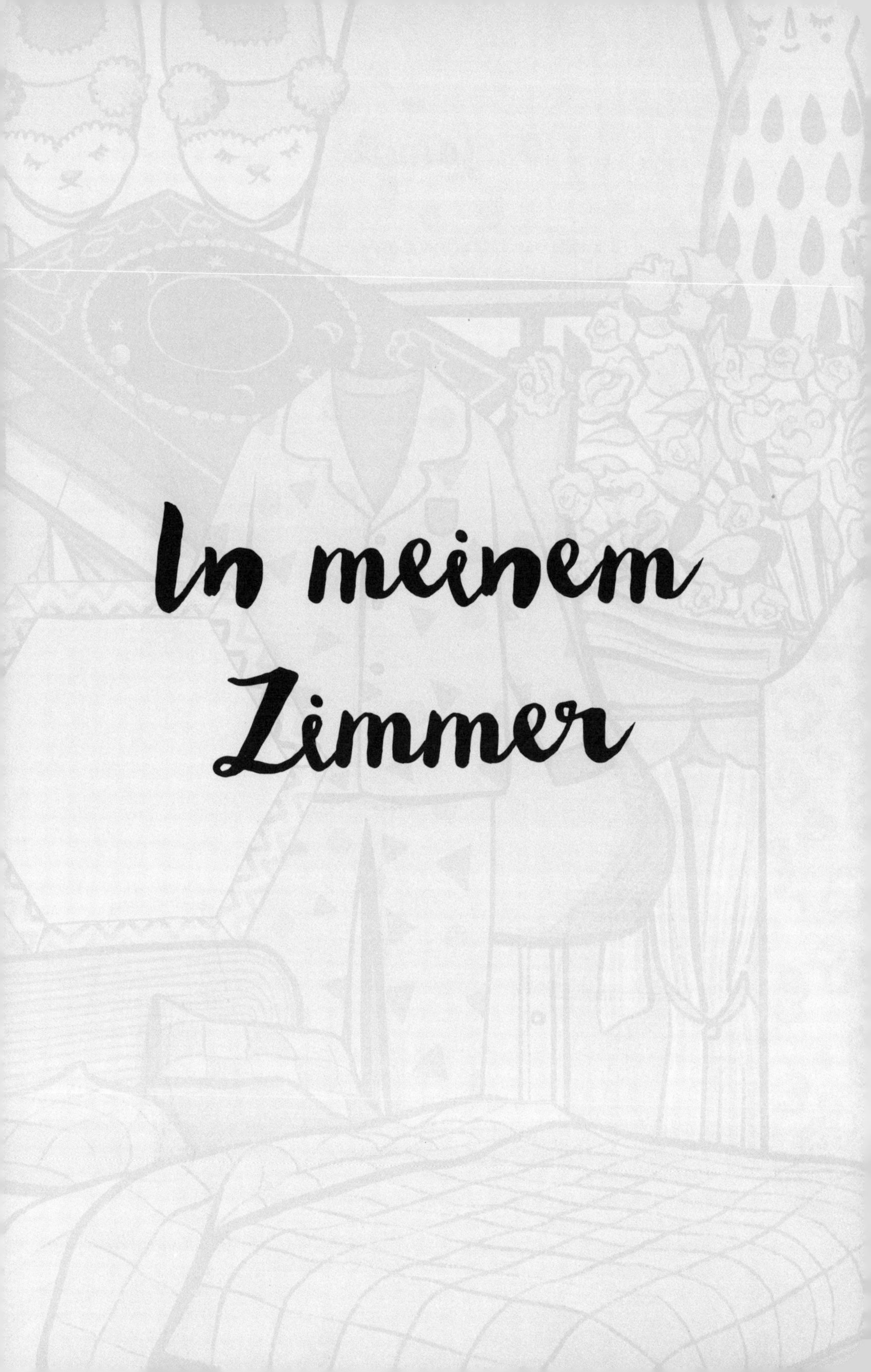

In meinem Zimmer

Lampe

Eine Tischlampe muss Licht geben, aber sie soll auch hübsch aussehen, wenn sie ausgeschaltet ist. Dafür sorgt hier das Muster auf dem Schirm.

1 Für den Lampenschirm ein Trapez zeichnen.

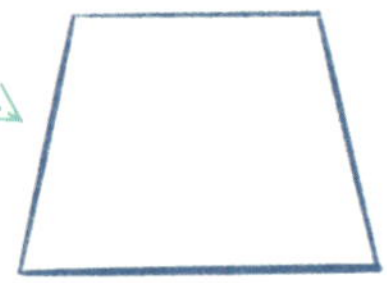

2 Für den Fuß einen langen senkrechten Strich und einen kurzen Querstrich anfügen.

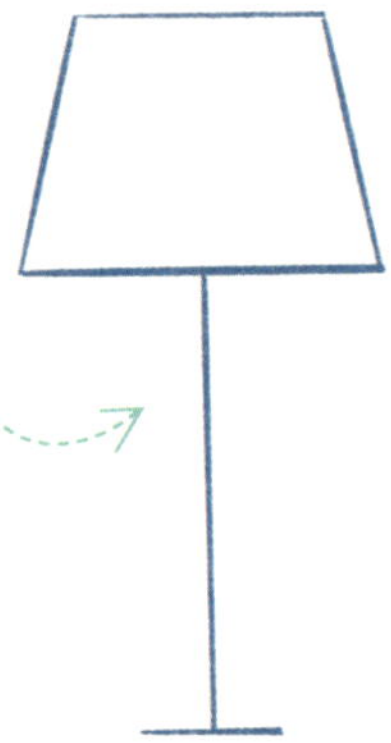

3 Die Form des Fußes ausarbeiten.

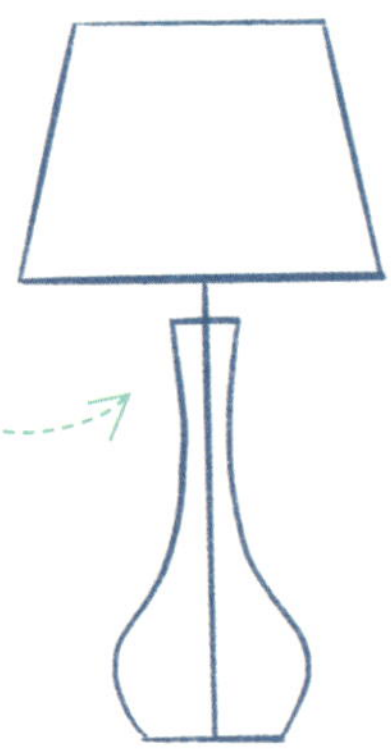

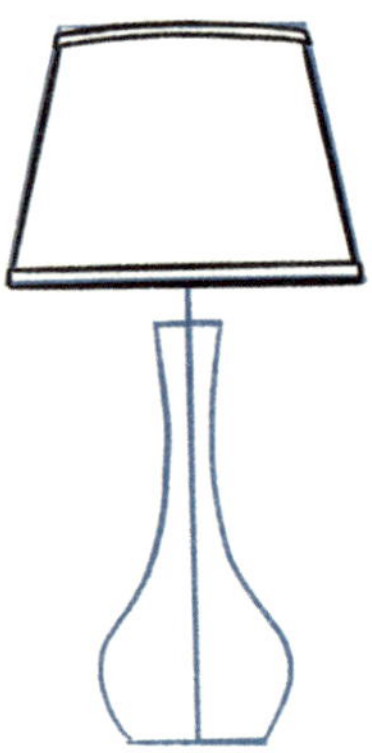

4 Die Umrisse des Schirms mit Fineliner nachzeichnen, Details einfügen.

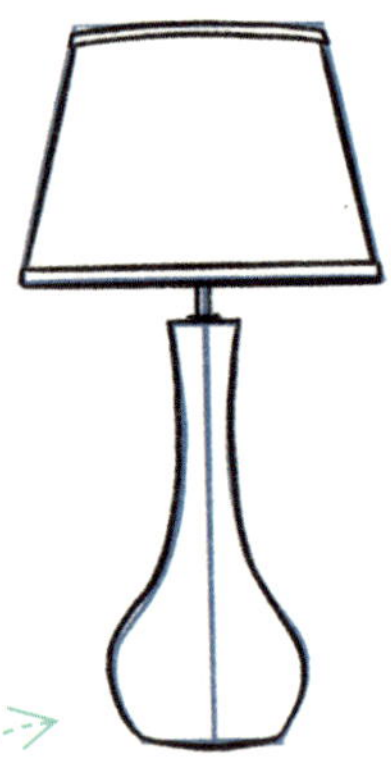

5 Den Umriss des Fußes nachzeichnen.

6 Die Hilfslinien ausradieren.

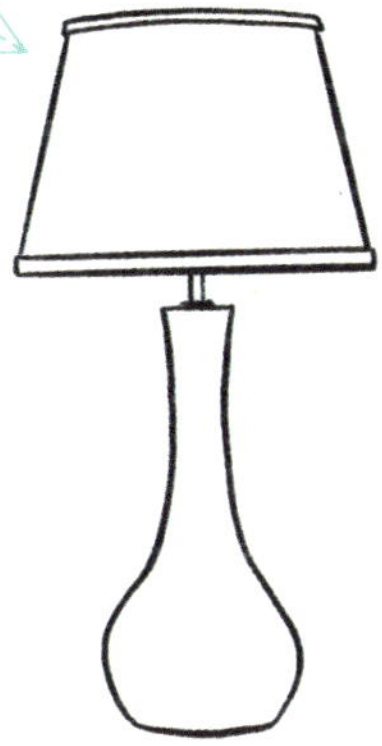

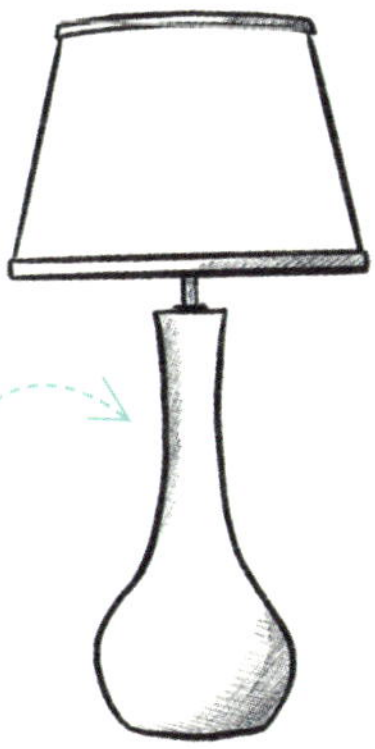

7 Schattierungen einfügen.

8 Den Fuß mit Grün kolorieren.

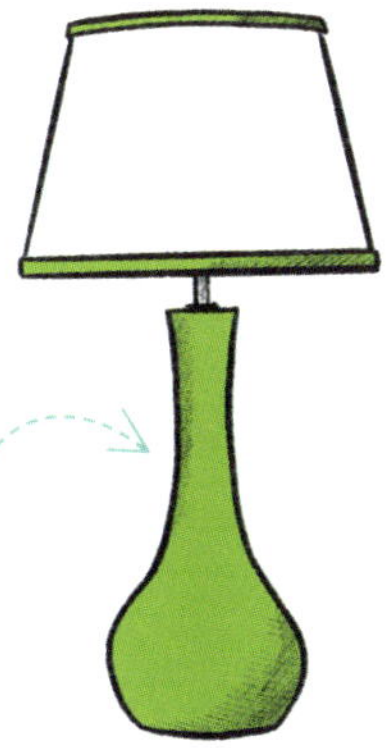

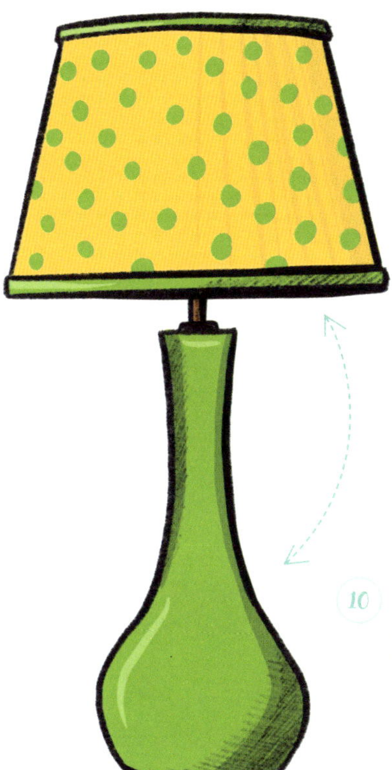

9 Den Schirm mit Gelb kolorieren.

10 Den Schatten auf dem Fuß deutlicher ausarbeiten und das Muster auf den Schirm malen.

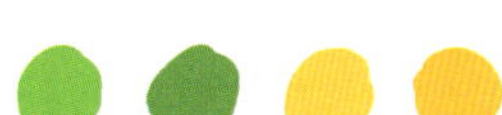

Bücher

Diese Bücher warten nur darauf, aufgeschlagen zu werden.
Beim Zeichnen ist es wichtig, die Ecken abzurunden.

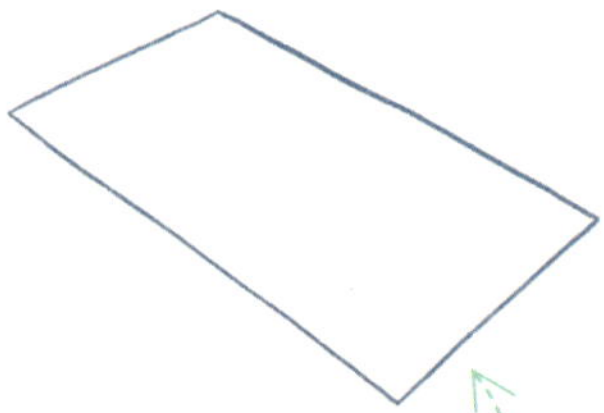

1 Mit einem schrägen Rechteck beginnen.

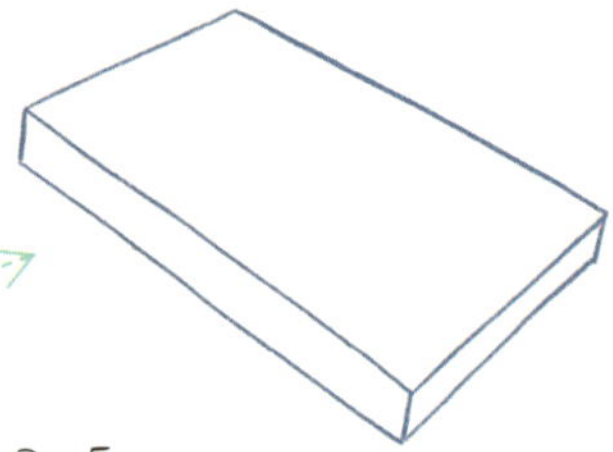

2 Die Form dreidimensional ausarbeiten.

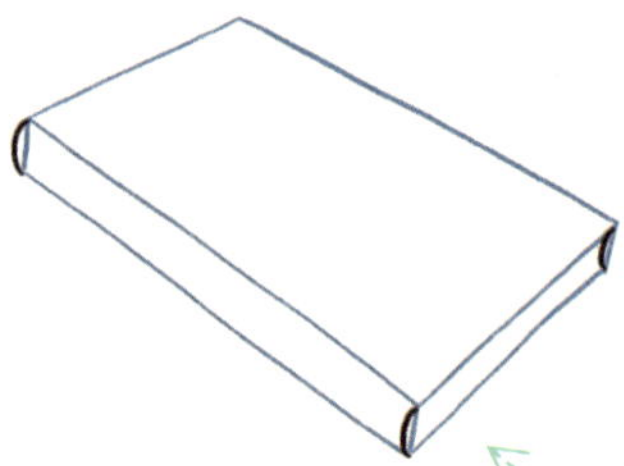

3 Die Ecken mit Fineliner zeichnen.

4 Nun alle anderen Bleistiftlinien mit Fineliner nachzeichnen.

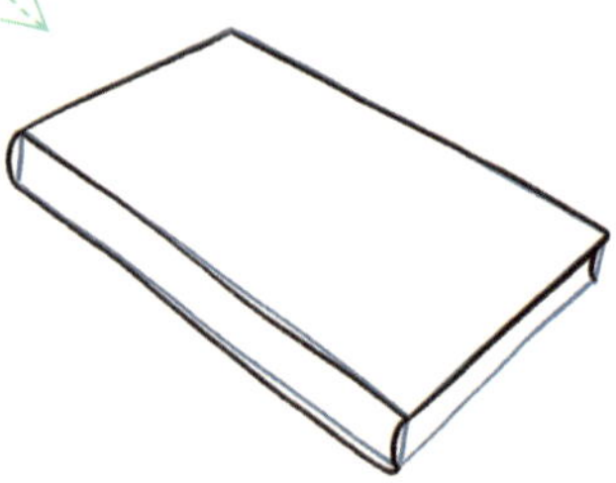

5 Die Form des Buchs sorgfältig ausarbeiten.

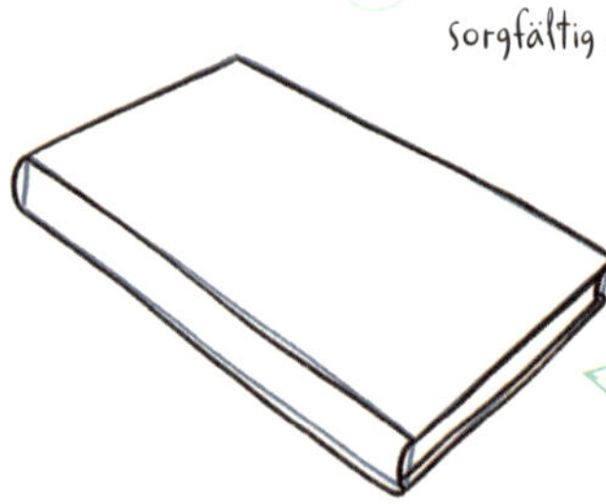

6 Die Hilfslinien ausradieren. Unter dem ersten Buch zwei weitere einzeichnen, sodass ein Stapel entsteht.

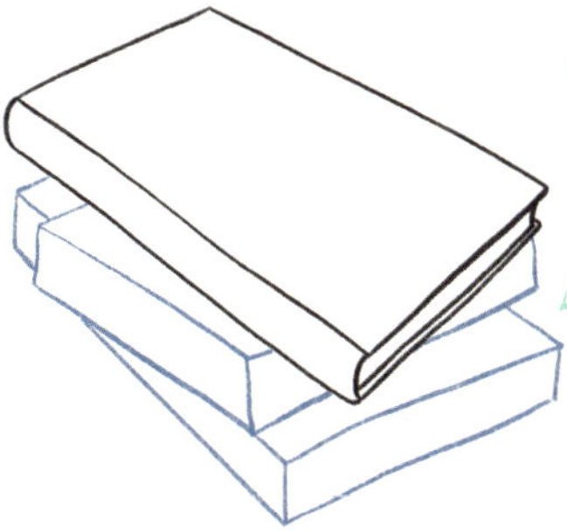

7 Wieder die Linien mit Fineliner nachzeichnen. Auf allen Büchern Schattierungen einfügen.

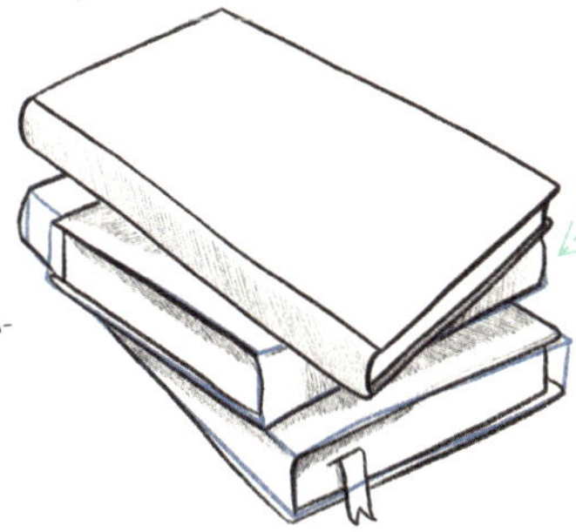

8 Das obere Buch in leuchtendem Rot kolorieren.

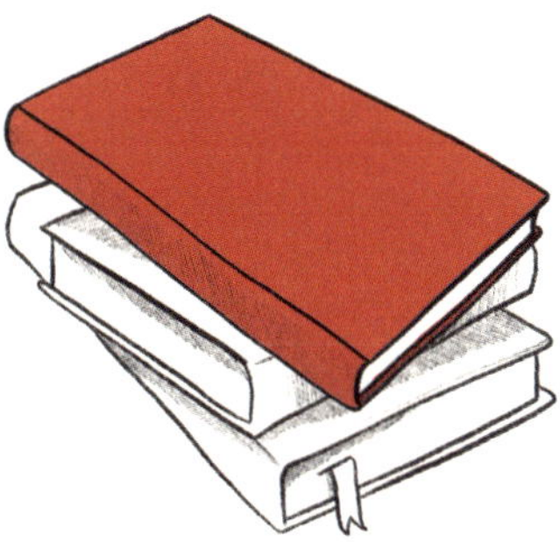

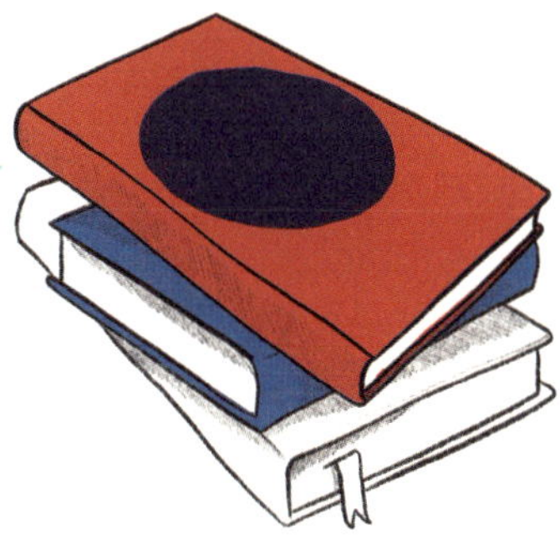

9 Einen dunkleren Kreis auf das Cover malen. Das nächste Buch hat einen blauen Einband.

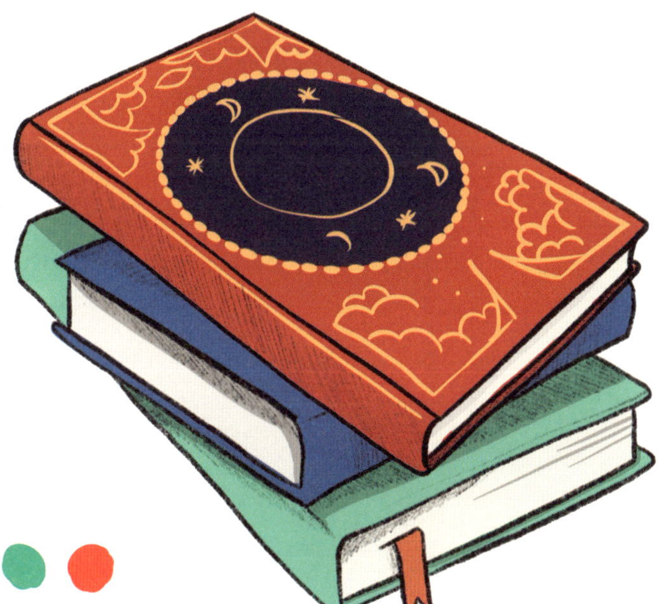

10 Das unterste Buch kolorieren. Dann das Cover des oberen Buchs fantasievoll mit mehreren Farben gestalten.

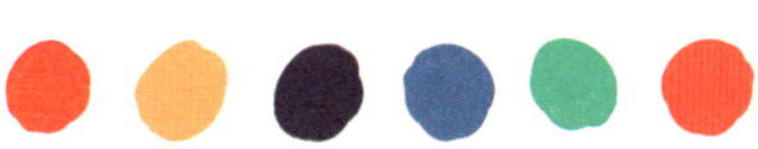

Pyjama und Hausschuhe

Hauptsache kuschelig und gemütlich! Beim Stil und den Details darf Ihr modischer Geschmack zum Zuge kommen.

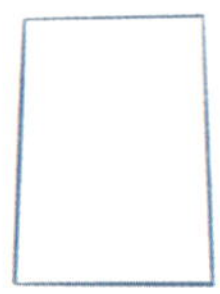

1 Mit einer rechteckigen Form beginnen.

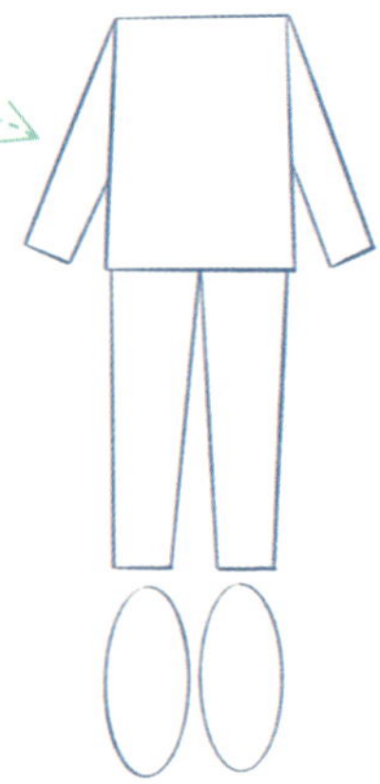

2 Vier längliche Vierecke an das erste Rechteck anfügen. Damit ist die Form des Pyjamas festgelegt. Darunter zwei Ovale für die Hausschuhe zeichnen.

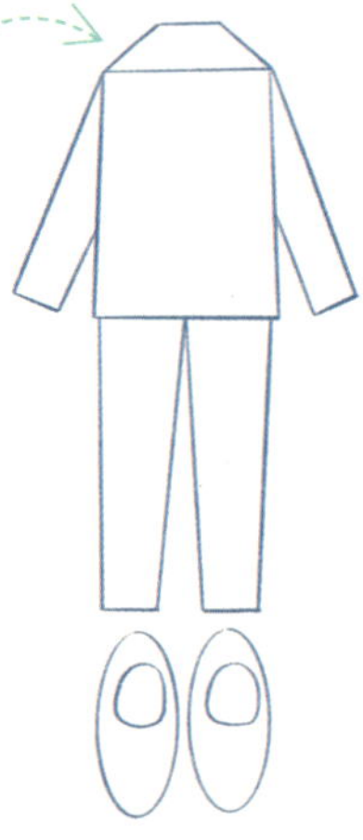

3 Den Kragen mit einem Trapez andeuten. Kleinere Ovale in die Hausschuhe einfügen.

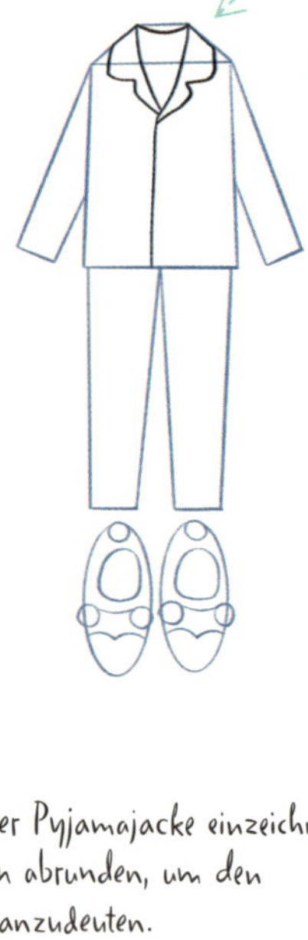

4 Den Kragen mit Fineliner zeichnen. Details der Hausschuhe ausarbeiten.

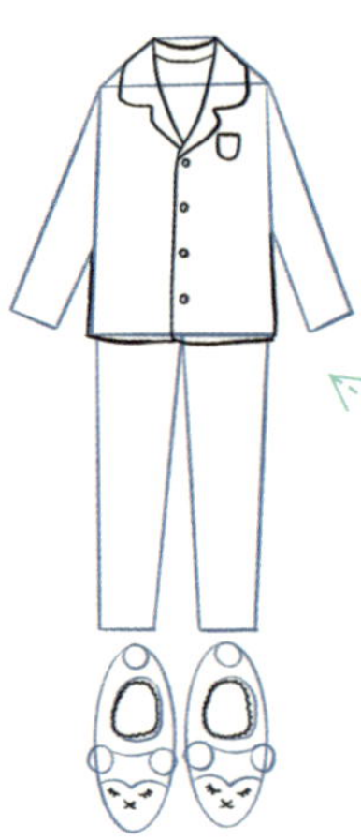

5 Einzelheiten der Pyjamajacke einzeichnen, dabei die Ecken abrunden, um den weichen Stoff anzudeuten.

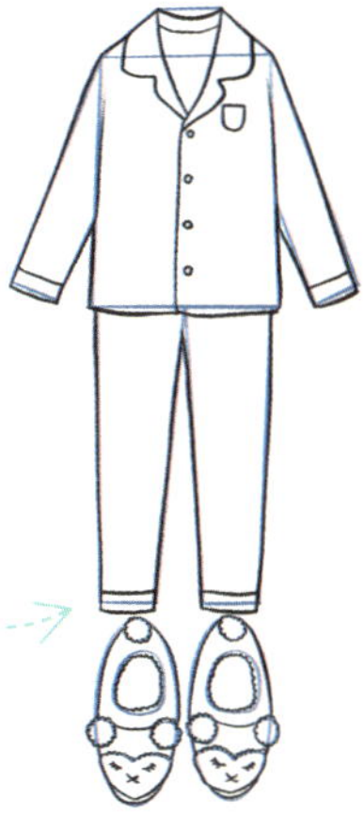

6 Weitere Details mit Fineliner nachzeichnen.

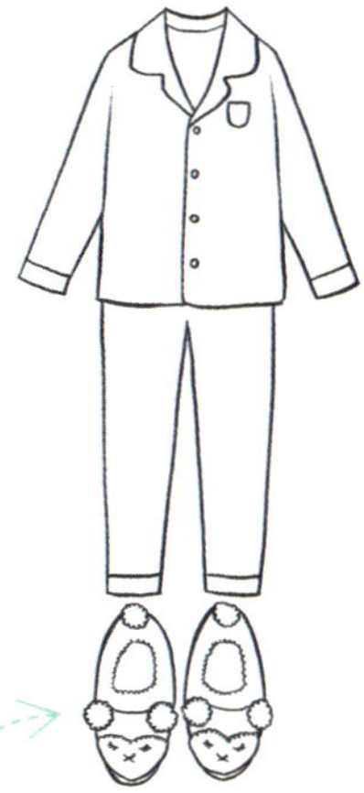

7 Die Hilfslinien ausradieren.

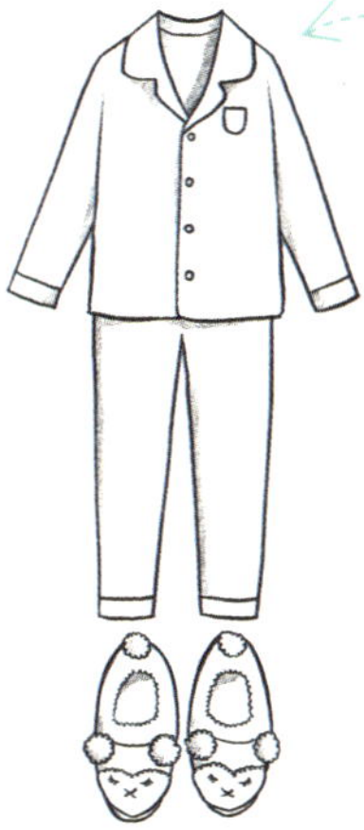

8 Schattierungen einfügen.

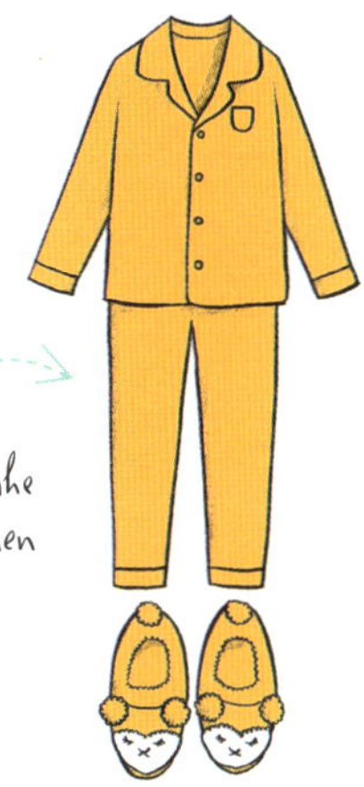

9 Pyjama und Hausschuhe kolorieren. Dabei können Sie sich an der vorgeschlagenen Farbpalette orientieren.

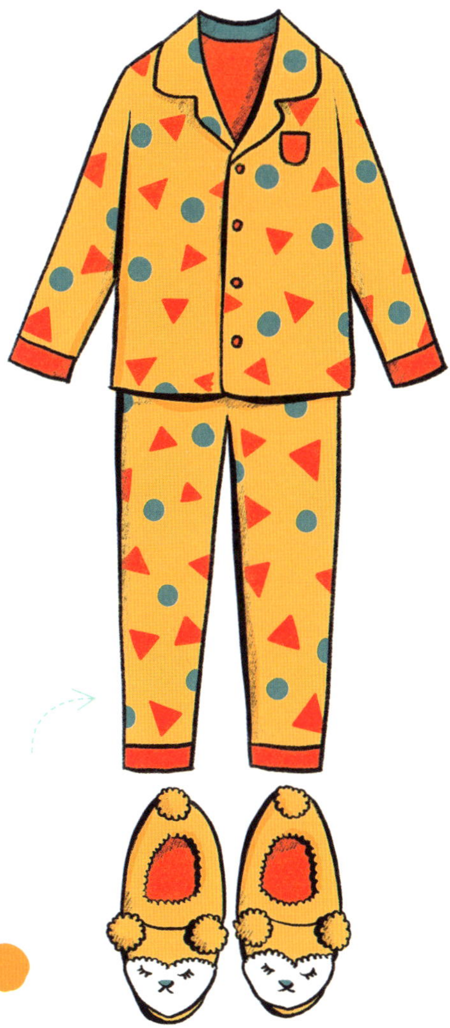

10 Zuletzt das Muster auf dem Stoff gestalten.

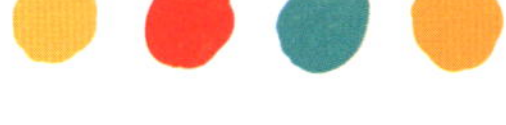

Kleiderschrank

So ein altmodischer Kleiderschrank sieht edel aus.
Hier sind die Lieblingsklamotten bestens verstaut.

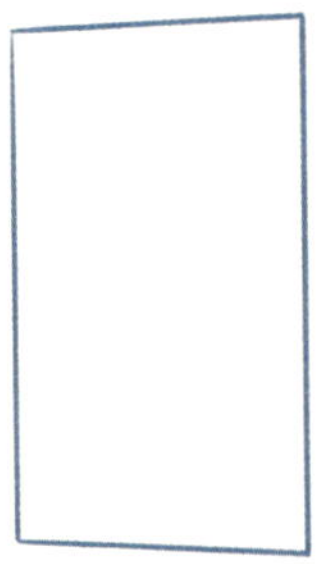

1 Mit einer rechteckigen Form beginnen.

2 Volumen, Beine und den oberen Giebel andeuten.

3 Die Türen grob andeuten.

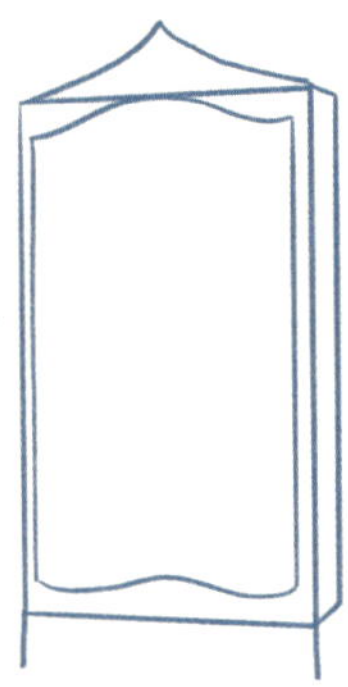

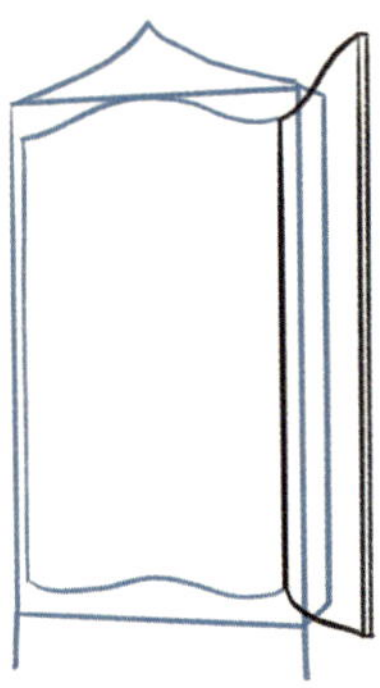

4 Die offene Tür mit Fineliner einzeichnen.

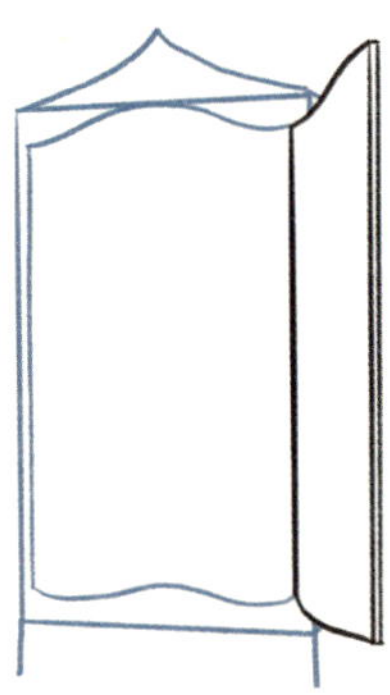

5 Die Linien, die sich hinter der Tür befinden, ausradieren.

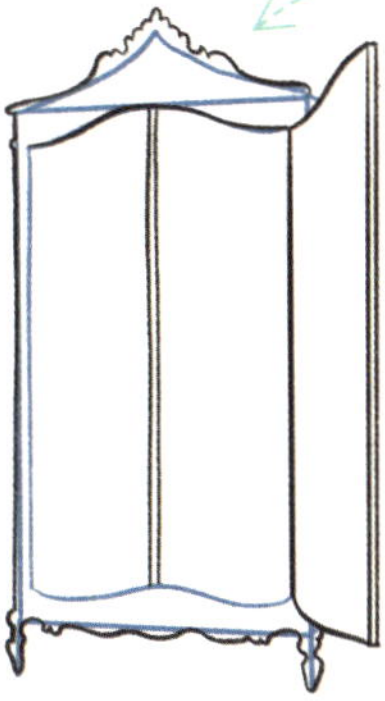

6 Verschnörkelte Details andeuten und die geschlossene Tür zeichnen.

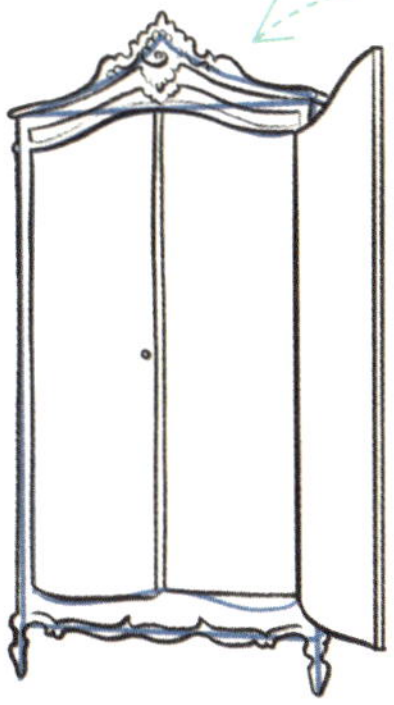

7 Die Details mit Fineliner weiter ausarbeiten.

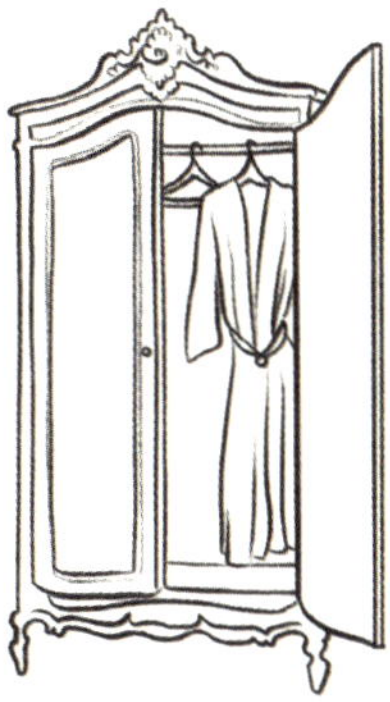

8 Die Hilfslinien ausradieren. Einen Morgenmantel in den Schrank zeichnen.

9 Den Schrank mit Braun oder Gelb kolorieren.

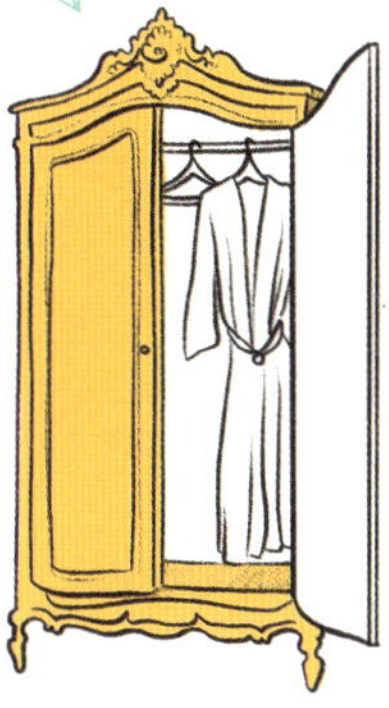

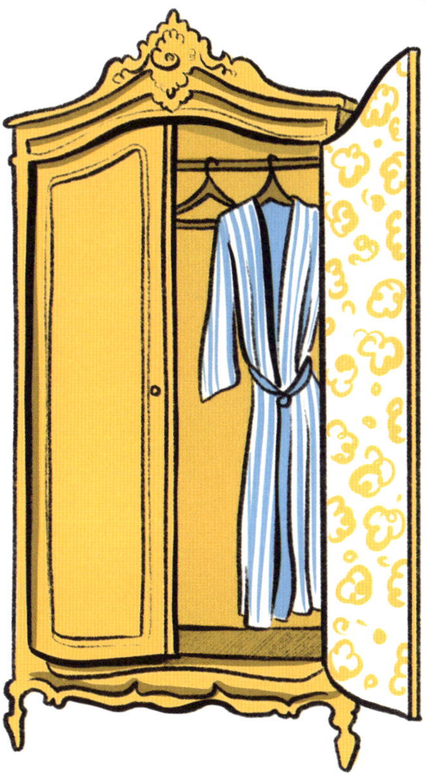

10 Morgenmantel und Innenseite der Tür mit verschiedenen Mustern verzieren. Details des Schranks durch Schatten hervorheben.

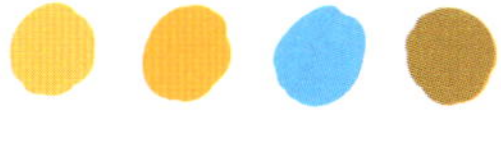

Wecker

So ein Wecker im Retro-Stil holt auch die hartnäckigste Schlafmütze aus dem Schlummer.

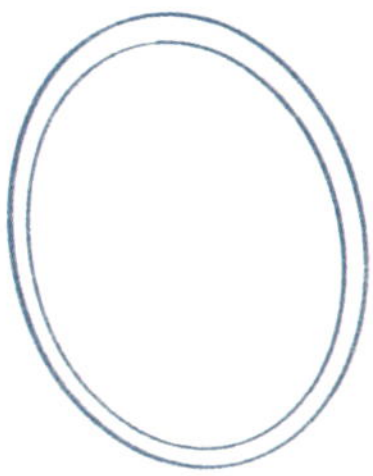

1 Mit zwei ineinanderliegenden Kreisen beginnen.

2 Einen zweiten Kreis nach links versetzt zeichnen. Der Abstand bestimmt, wie dick der Wecker wird.

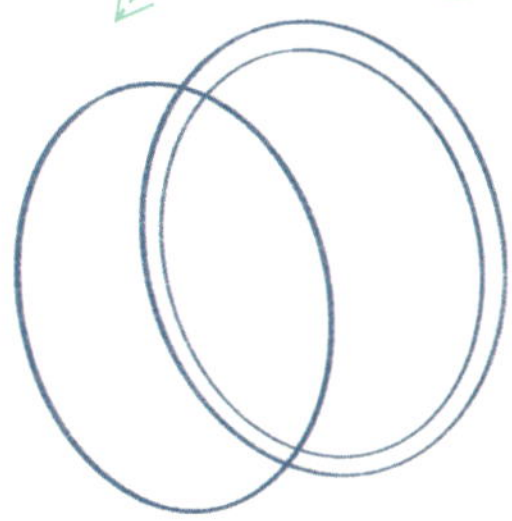

3 Die Kreise mit Fineliner verbinden.

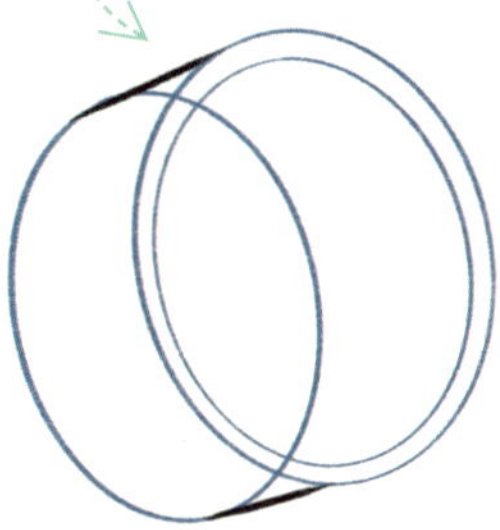

4 Die Konturen mit Fineliner nachzeichnen, dann die Hilfslinien ausradieren.

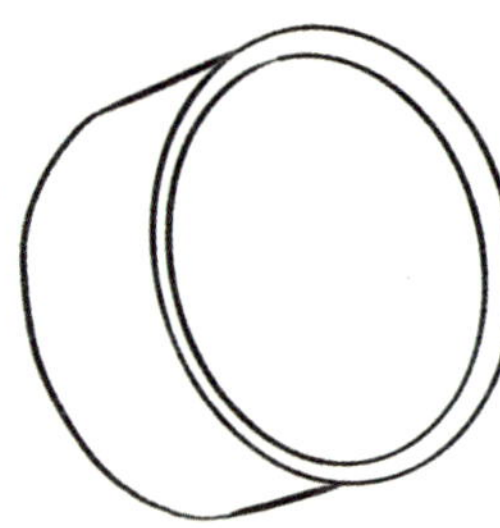

5 Mit Bleistift die Positionen der Füße und Glocken andeuten.

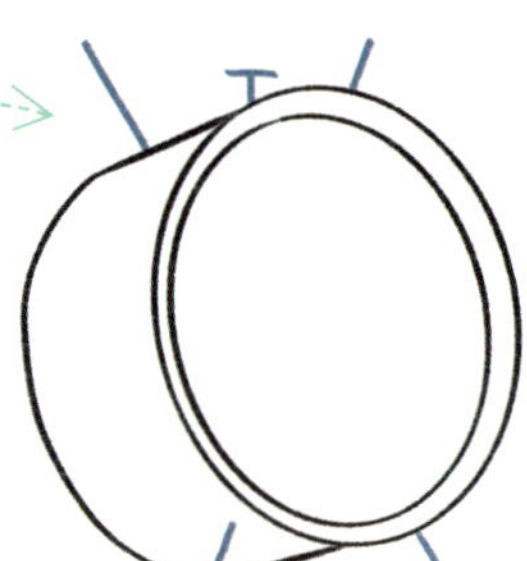

6 Die Details genauer ausarbeiten.

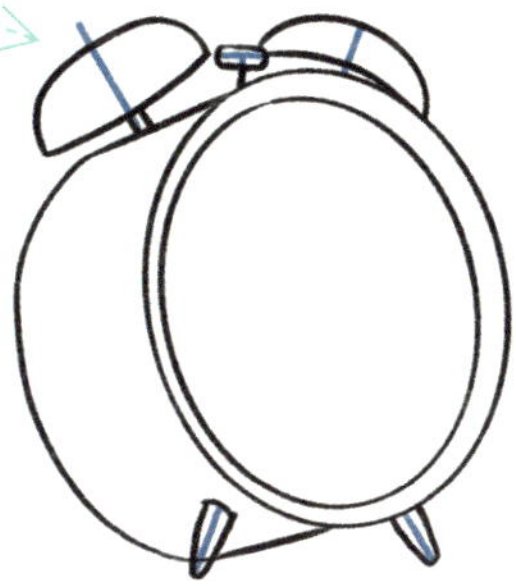

7 Alle Hilfslinien ausradieren. Den Bügel zwischen den Glocken einzeichnen.

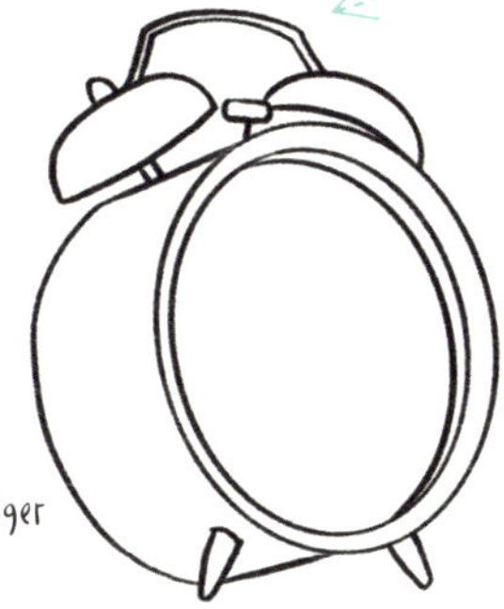

8 Zifferblatt und die Zeiger der Uhr zeichnen und einige Schattierungen hinzufügen.

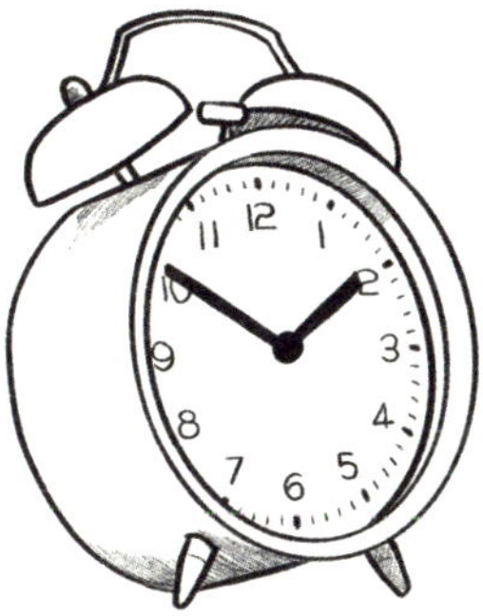

9 Das Gehäuse des Weckers kolorieren.

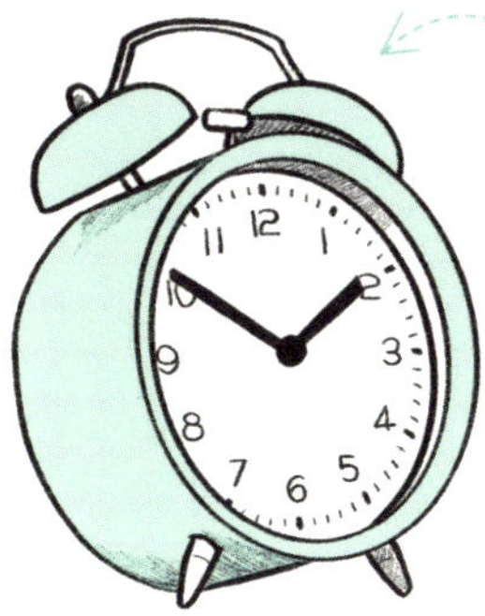

10 Für die plastische Wirkung dunklere Schatten und hellere Lichter einfügen.

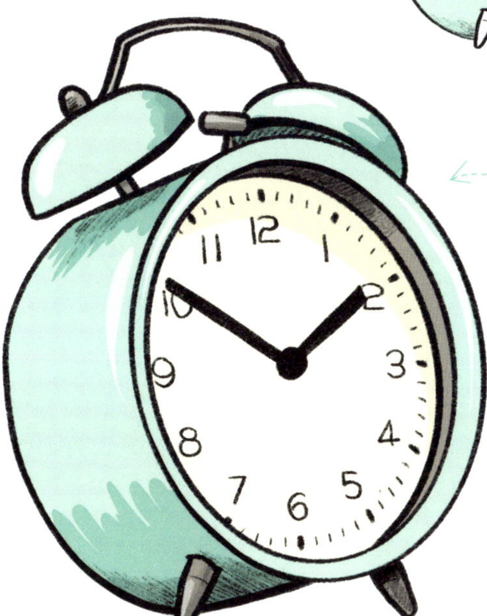

Spiegel

Erst durch die Reflexe auf dem Glas wird erkennbar, dass dies kein leerer Bilderrahmen ist.

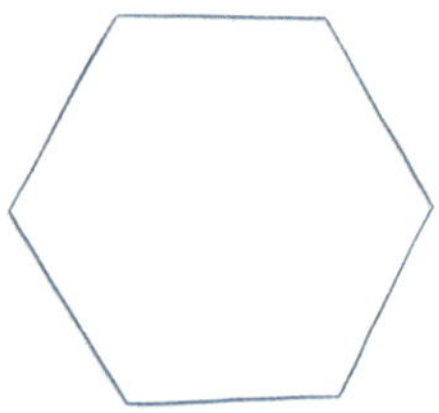

1 Mit einem Sechseck beginnen.

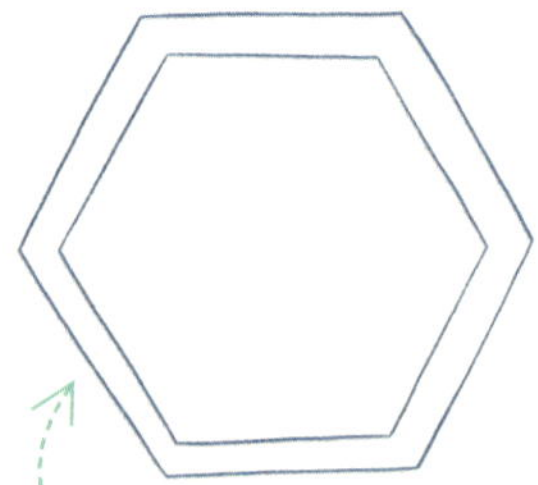

2 Ein zweites Sechseck um das erste zeichnen.

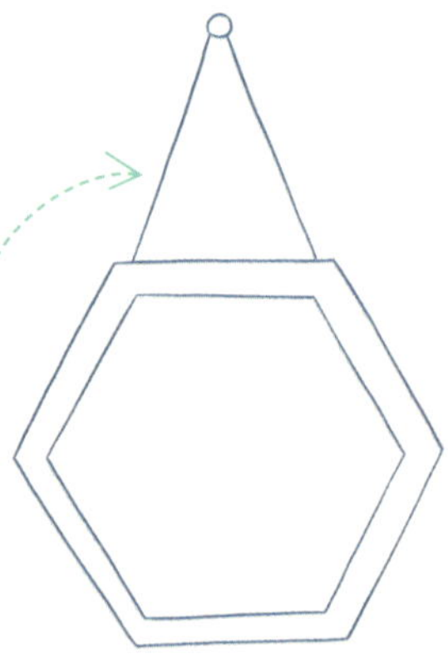

3 Die Aufhängeschnur und den Nagel mit einfachen Strichen andeuten.

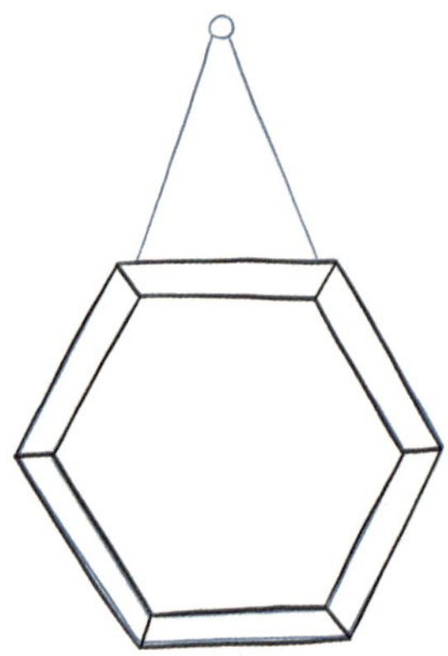

4 Wenn die Form stimmt, die Linien mit Fineliner nachziehen.

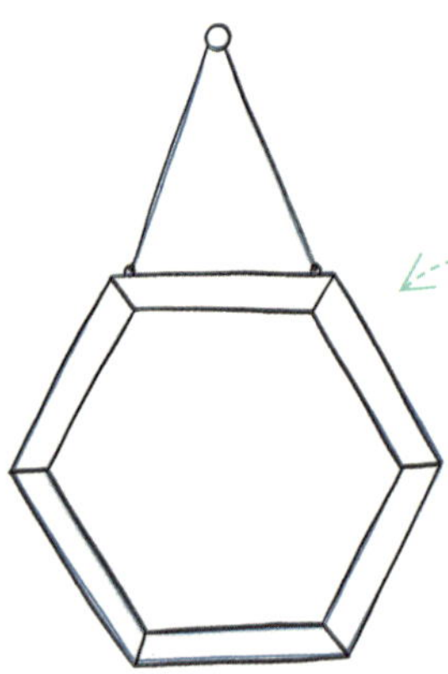

5 Schnur und Nagel nachzeichnen.

6 Die Hilfslinien ausradieren.

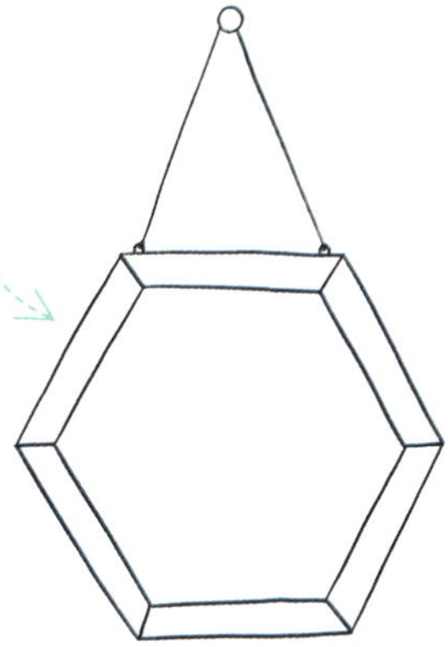

7 Schattierungen auf dem Spiegelrahmen einfügen.

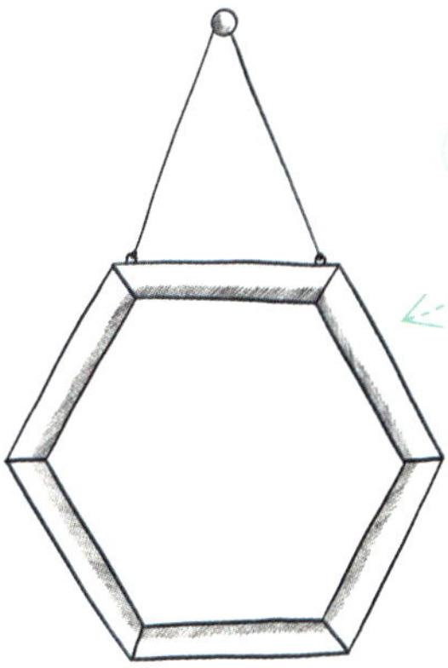

8 Das Glas mit hellem Blau kolorieren.

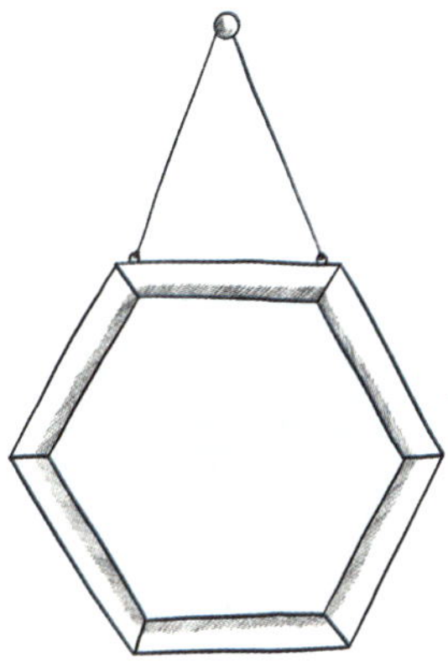

9 Einige dunklere Striche auf dem Glas einfügen. Den Rahmen mit Hellgrau kolorieren.

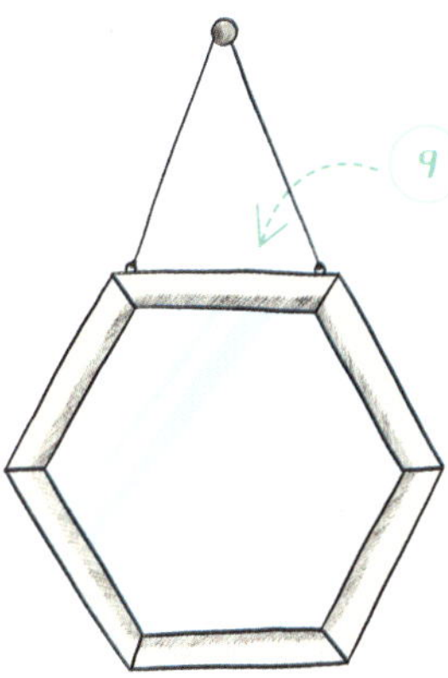

10 Zuletzt das Muster einzeichnen. Am inneren Rand des Rahmens ist es dunkler.

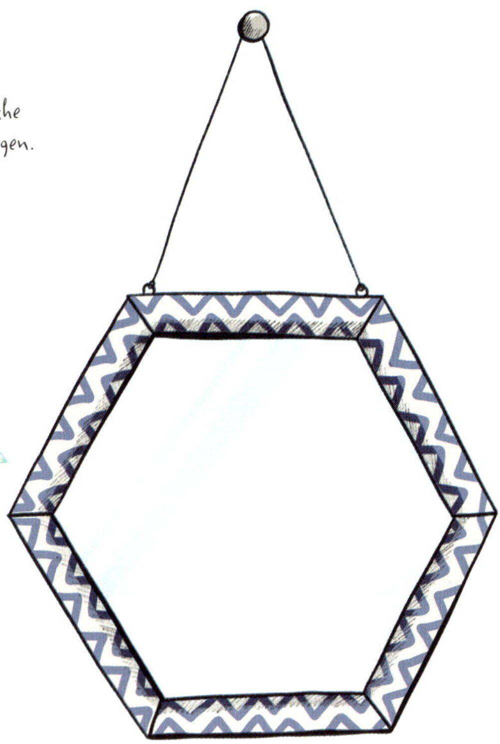

Bett

Beim Bett kommt es auf Komfort an. Um die weichen Decken anzudeuten, werden alle Ecken abgerundet. Zeichnen Sie auch einige Falten ein.

1 Für die Matratze einen flachen Quader zeichnen.

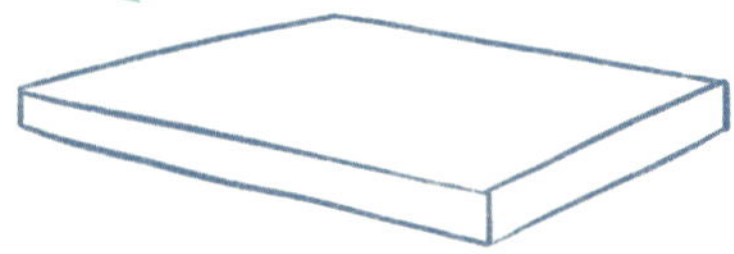

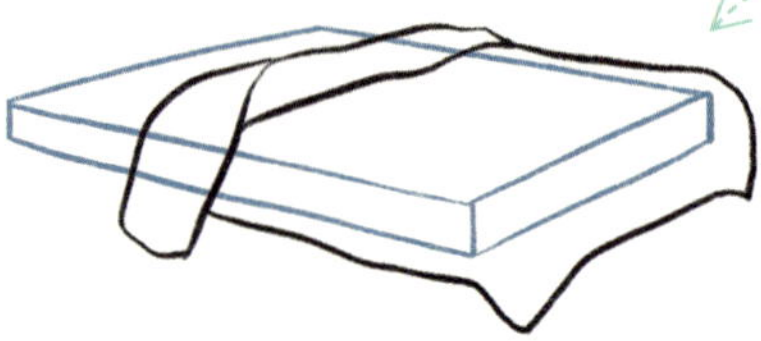

2 Die Bettdecke mit weichen Strichen einfügen.

3 Laken und Kissen andeuten.

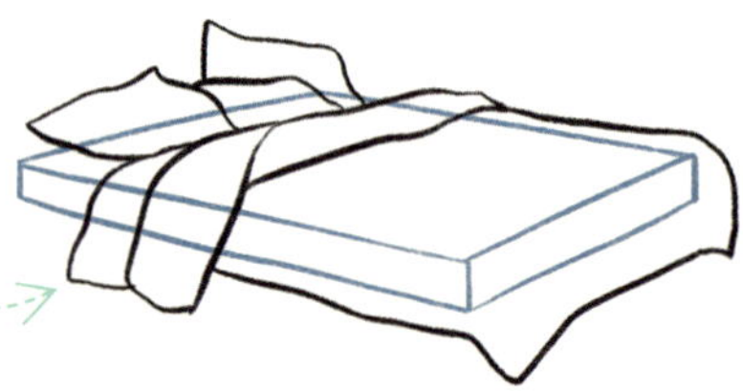

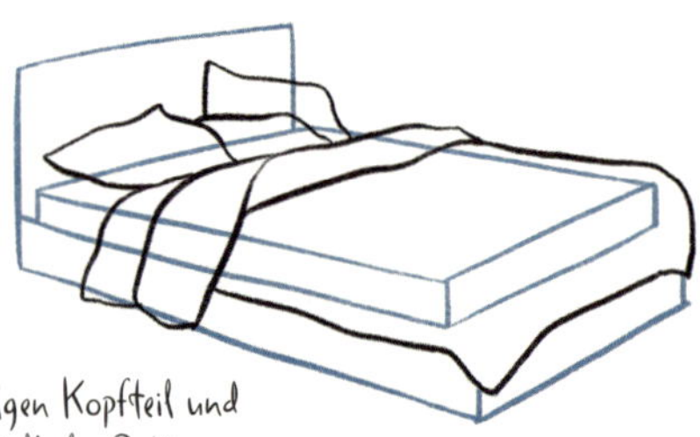

4 Nun folgen Kopfteil und Untergestell des Betts.

5 Das Kopfteil mit Fineliner nachzeichnen, dabei die Ecke abrunden.

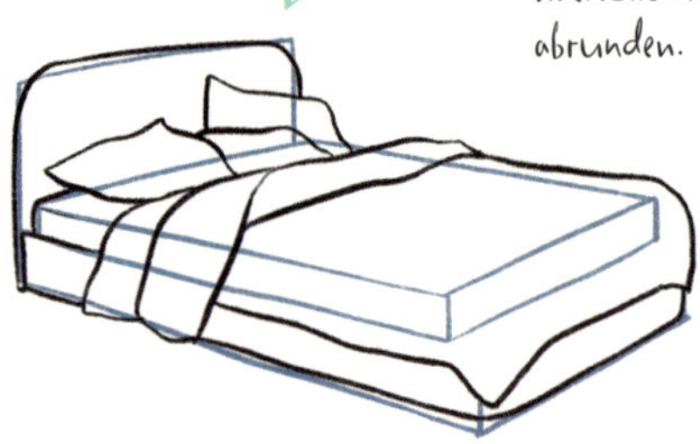

6 Die Hilfslinien ausradieren.

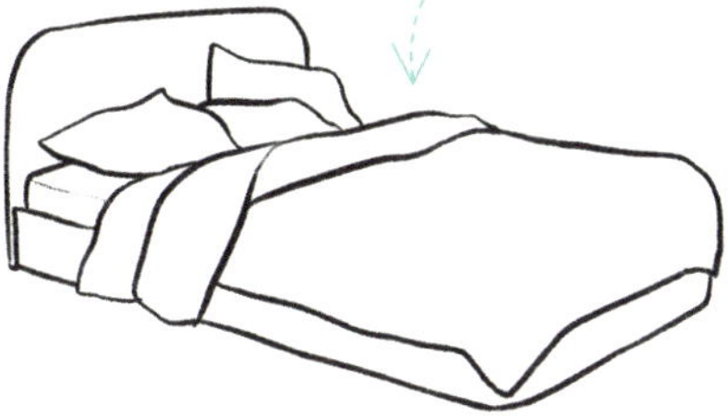

7 Das Muster auf Bettdecke und Kissen einzeichnen.

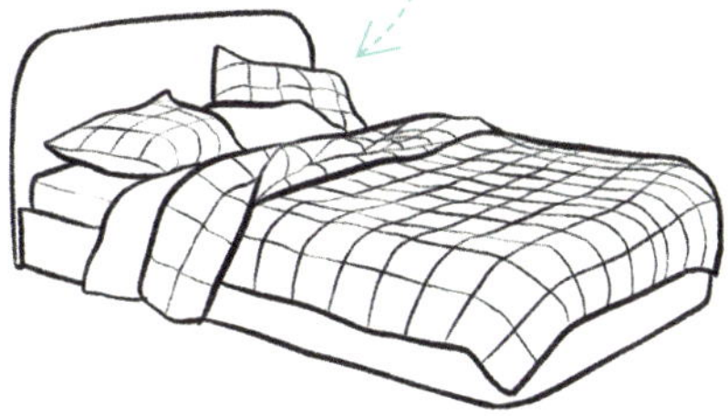

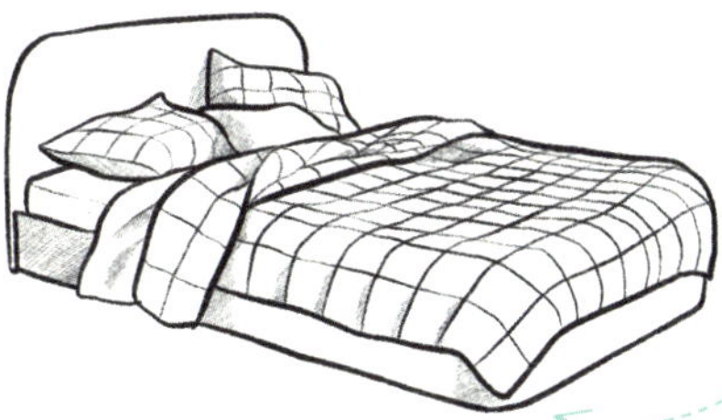

8 Das Untergestell schattieren, damit es räumlich wirkt.

9 Kopfteil, Bettgestell, Decke und Kissen kolorieren.

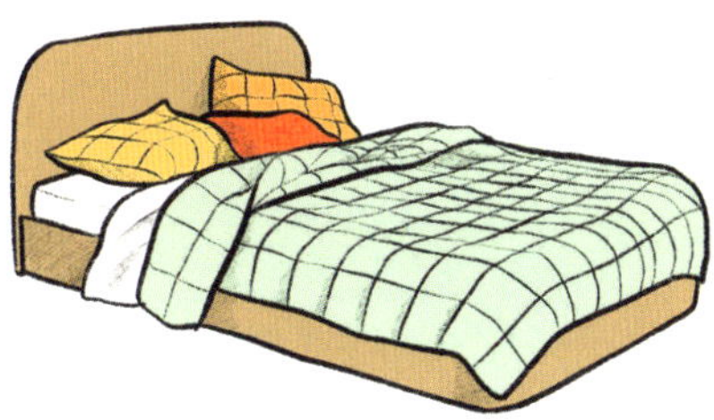

10 Das Muster der Bettwäsche mit kräftigeren Farben ausarbeiten.

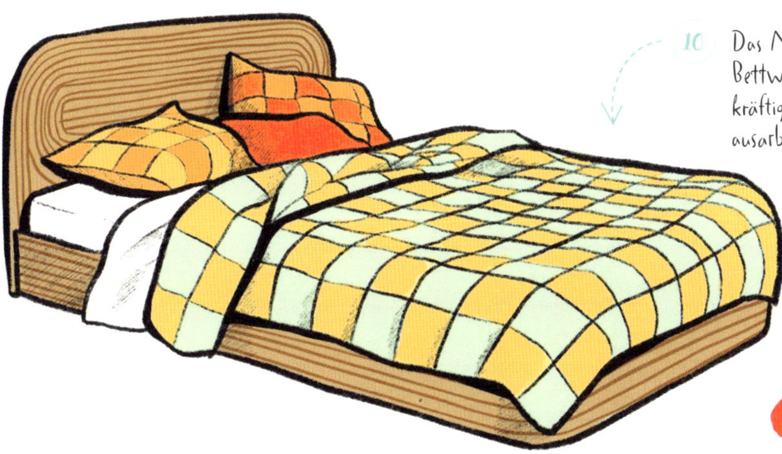

Blumenvase

Gibt es einen besseren Raumschmuck als einen großen Blumenstrauß in einer hübschen Vase?

1 Mit zwei rechteckigen Formen beginnen.

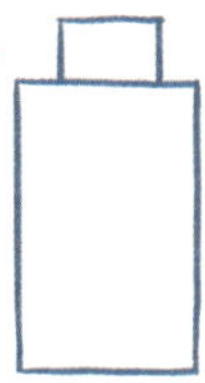

2 Den oberen Rand der Vase anfügen.

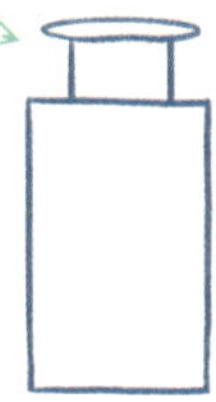

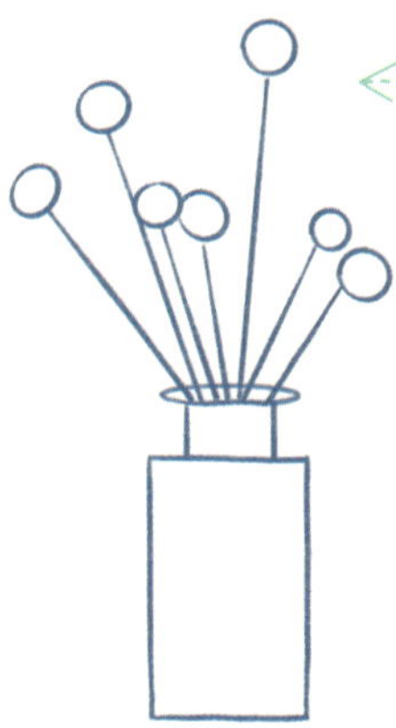

3 Mit Bleistift die Stiele und Blüten grob andeuten.

4 Weitere Blumen andeuten, damit der Strauß schön füllig aussieht.

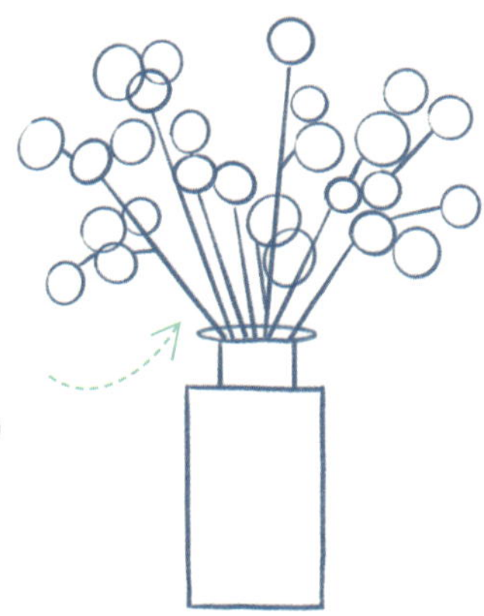

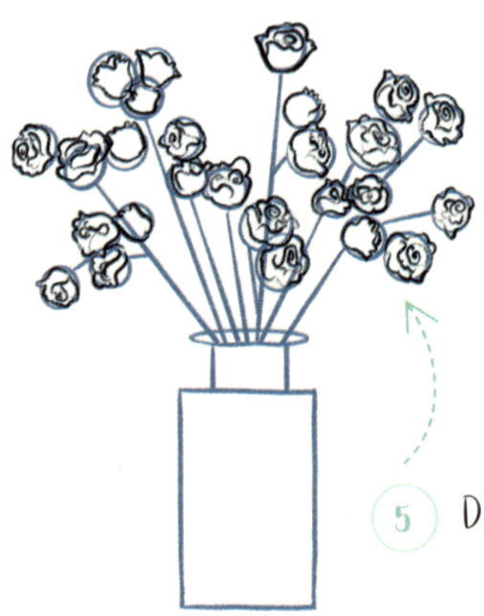

5 Die Blüten genauer ausarbeiten.

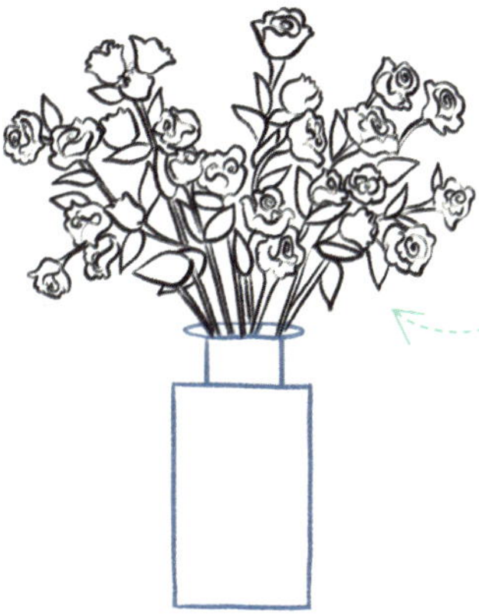

6 Weitere Details der Blüten und Blätter einzeichnen.

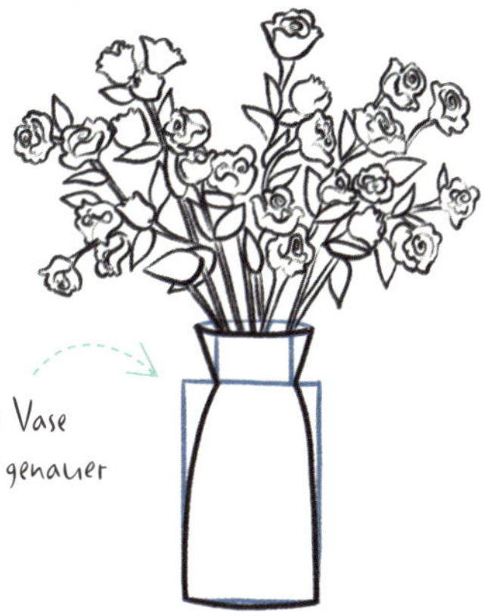

7 Die Form der Vase mit Fineliner genauer ausarbeiten.

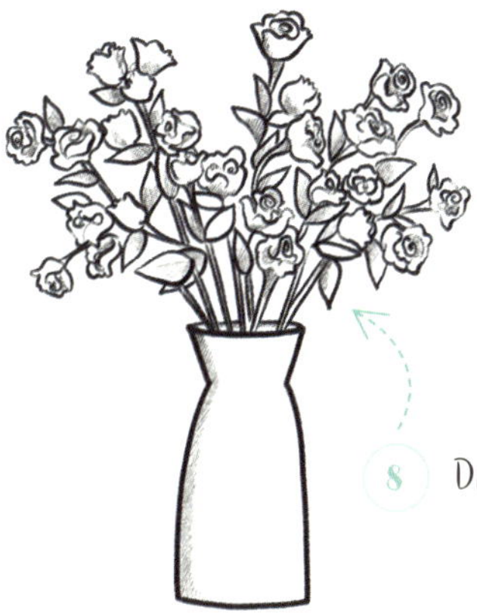

8 Die Hilfslinien ausradieren.

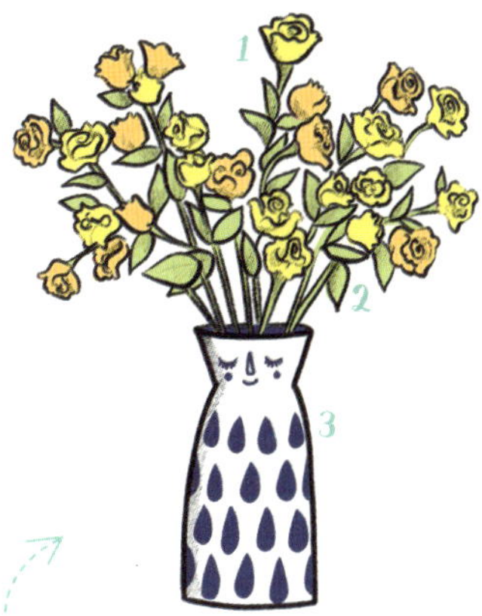

9 Mit dem Kolorieren beginnen: (1) Gelb und Orange für die Blüten; (2) Grün für die Blätter; (3) Blau für die Vase.

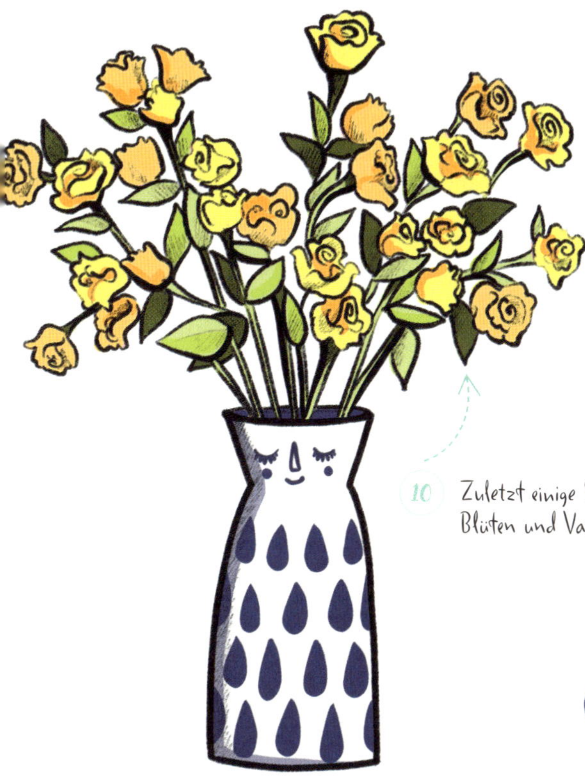

10 Zuletzt einige Schatten auf Blüten und Vase einfügen.

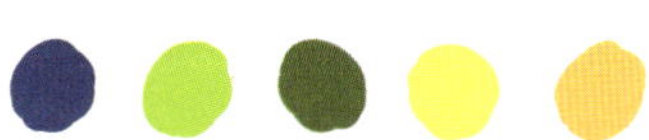

In meiner Küche

Teekanne und Tassen

Eine frisch gebrühte Tasse Tee wärmt schön durch. Das kommt hier auch durch die warmen Farben von Kanne und Tassen zum Ausdruck.

1 Mit einem Rechteck für die Kanne und zwei angedeuteten Tassen beginnen.

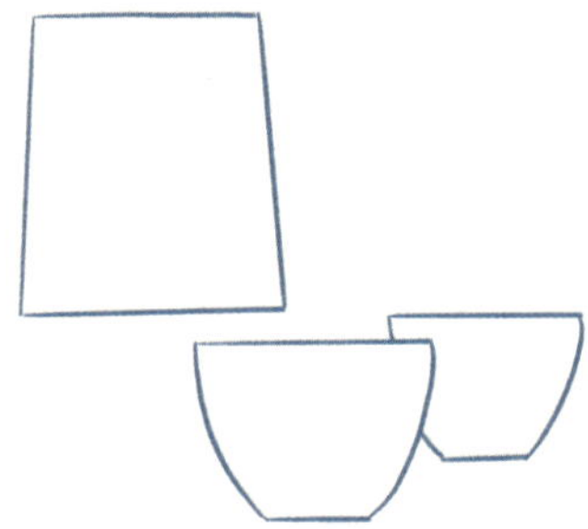

2 Die Henkel sowie Deckel und Tülle der Kanne anfügen.

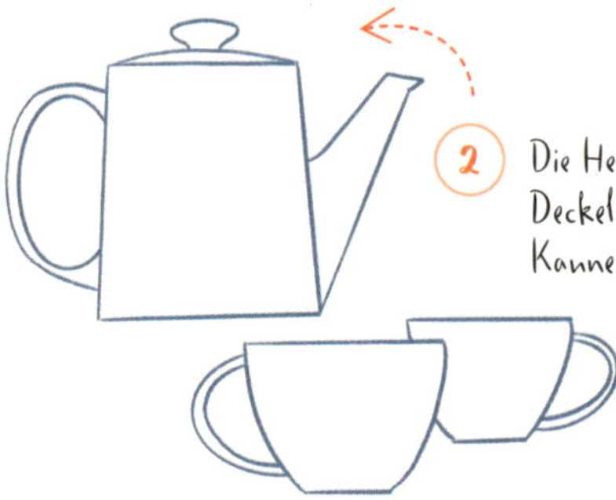

3 Erste Striche mit Fineliner nachzeichnen, dabei die Formen genauer ausarbeiten.

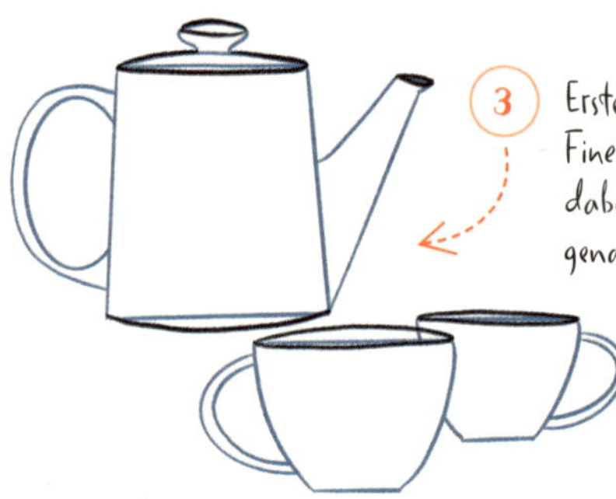

4 Alle Bleistiftstriche mit Fineliner nachzeichnen.

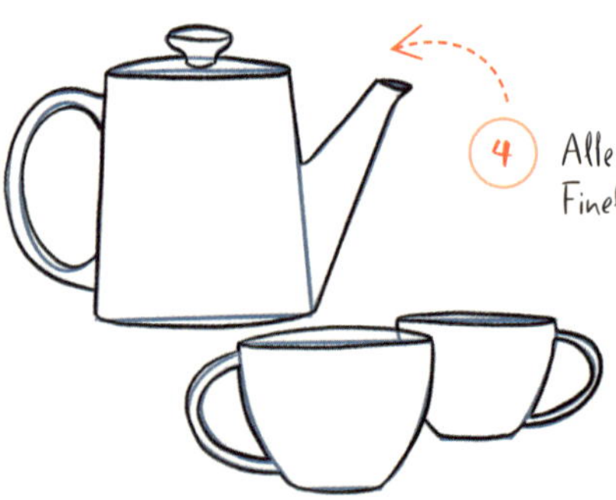

5 Die Hilfslinien ausradieren.

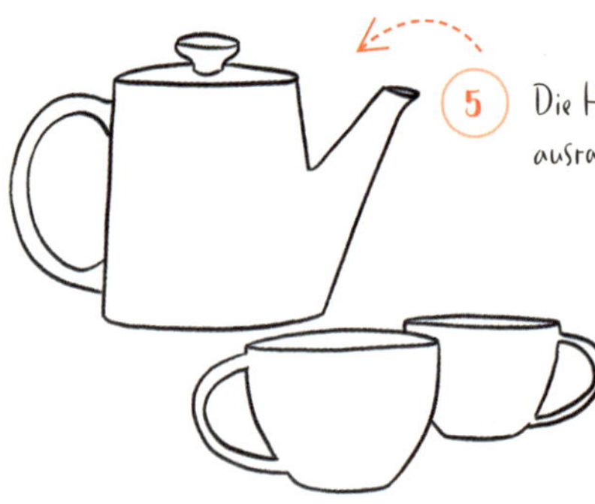

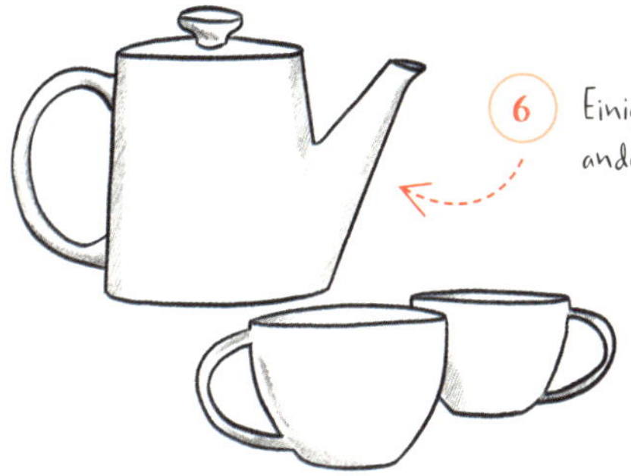

6 Einige Schatten andeuten.

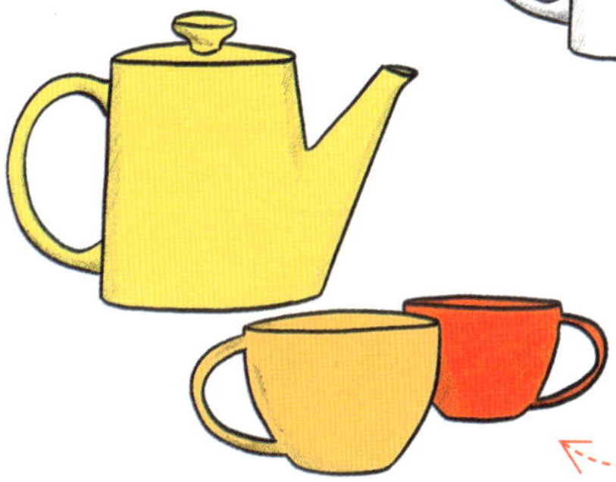

7 Die Kanne in Gelb kolorieren, die Tassen in zwei Orangetönen.

8 Henkel und Deckel der Kanne in den Farben der Tassen ausmalen.

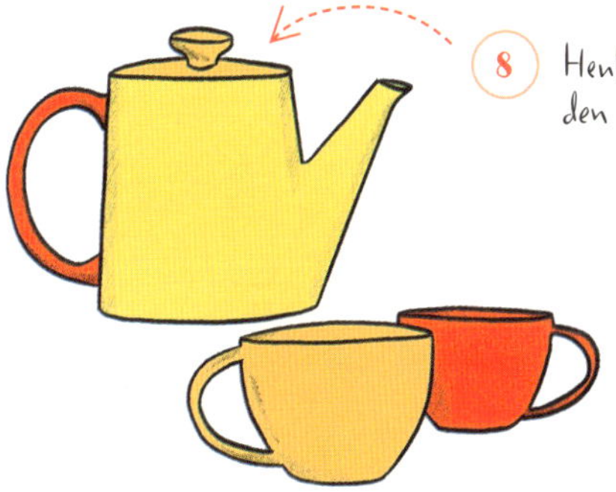

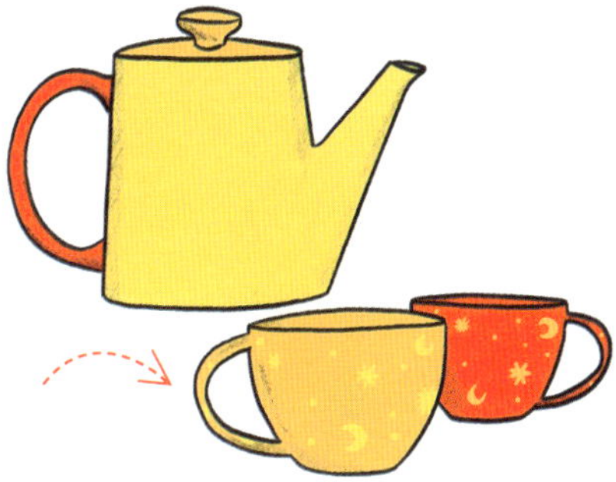

9 Muster auf die Tassen zeichnen, zum Beispiel Sterne und Monde.

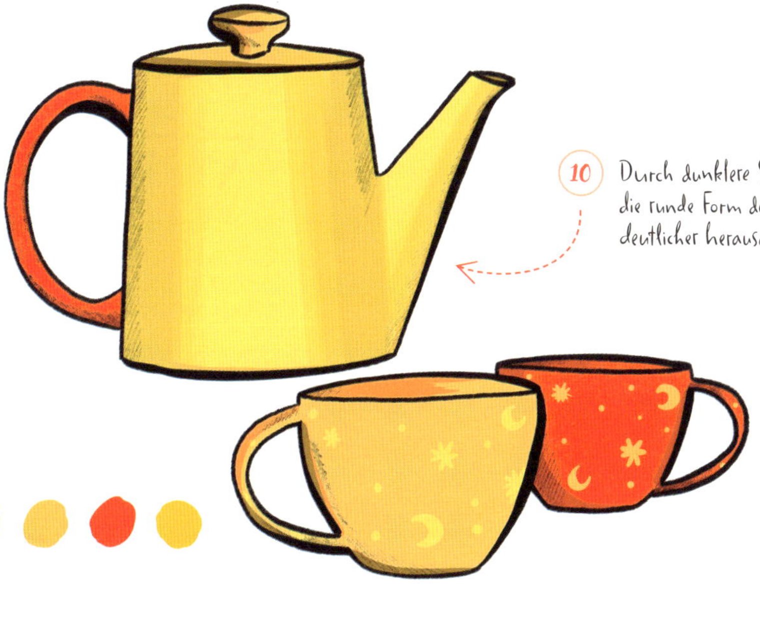

10 Durch dunklere Schatten die runde Form der Kanne deutlicher herausarbeiten.

Espressokocher

Durch die senkrechten Striche wirkt der Espressokocher sehr realistisch.

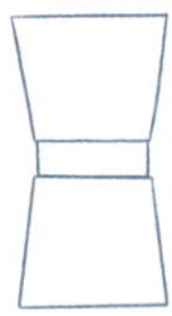

1 Den Umriss aus einfachen Formen zusammensetzen.

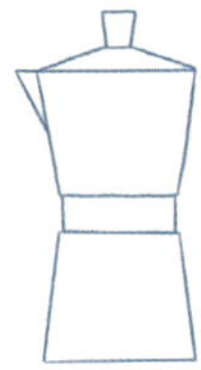

2 Tülle und Deckel anfügen.

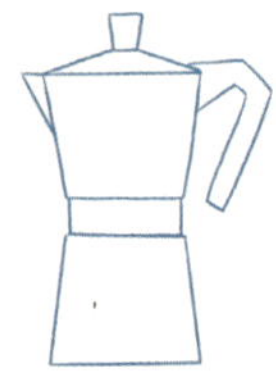

3 Den Griff zeichnen.

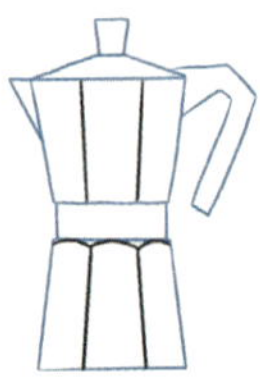

4 Die Form durch senkrechte Striche herausarbeiten.

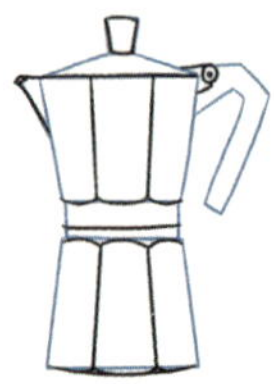

5 Erste Konturen mit Fineliner nachzeichnen.

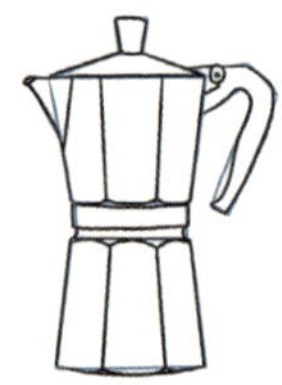

6 Alle Umrisslinien nachziehen.

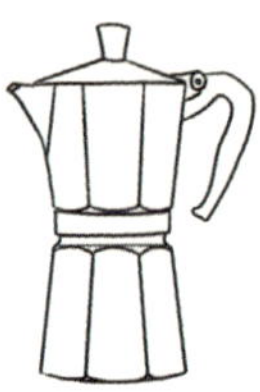

7 Die Hilfslinien ausradieren.

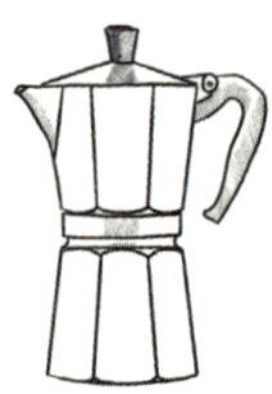

8 Schattierungen einfügen.

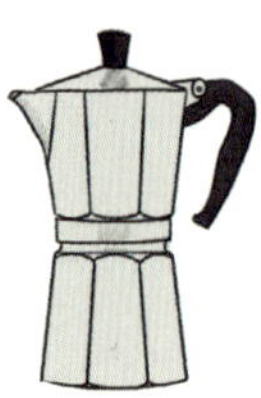

9 Den Espressokocher silbergrau kolorieren.

10 Die plastische Wirkung durch helle und dunkle Farbtöne herausarbeiten.

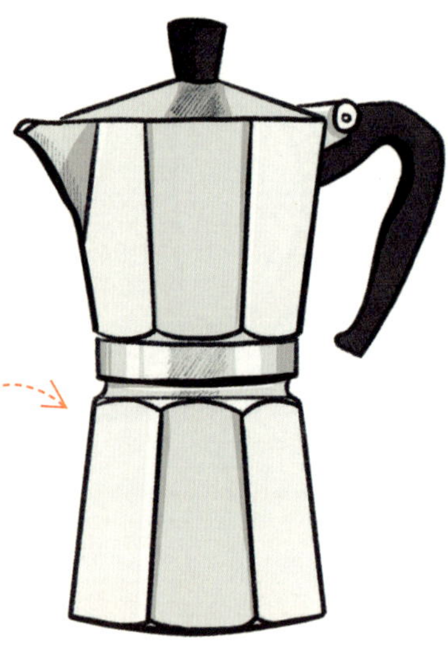

Besteck

Die Formen sind ganz einfach. Reflexe bringen den metallischen Glanz zum Ausdruck.

1 Die Griffe des Bestecks mit länglichen Formen andeuten.

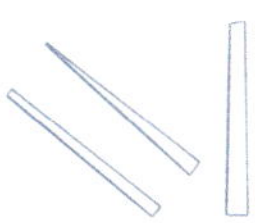

2 An jeden Griff eine weitere Form anfügen. So werden Messer, Gabel und Löffel erkennbar.

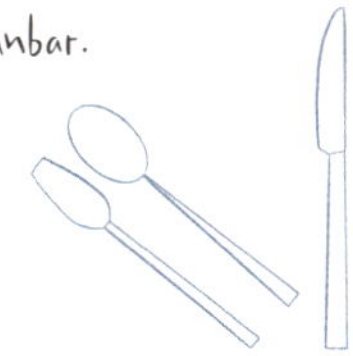

3 Erste Details einzeichnen, beispielsweise die Zinken der Gabel.

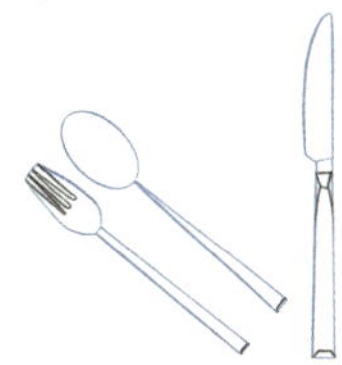

4 Löffelrundung und Messerklinge mit Fineliner nachzeichnen.

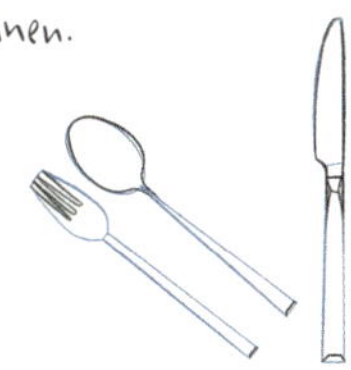

5 Ale anderen Umrisse mit Fineliner nachziehen.

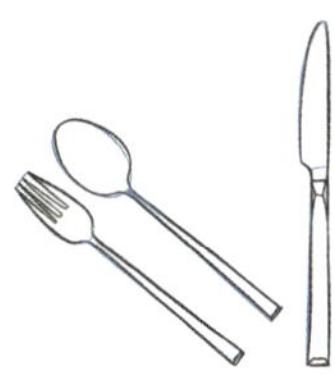

6 Die Hilfslinien ausradieren.

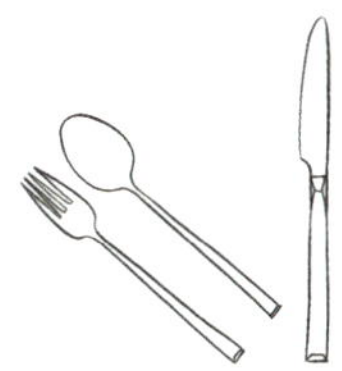

7 Einige kleine Schatten andeuten.

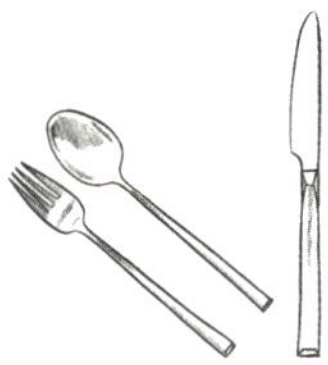

8 Das Besteck mit Gold oder Silber kolorieren.

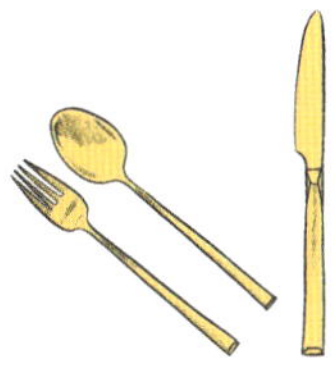

9 Lichtreflexe durch weiße Striche andeuten.

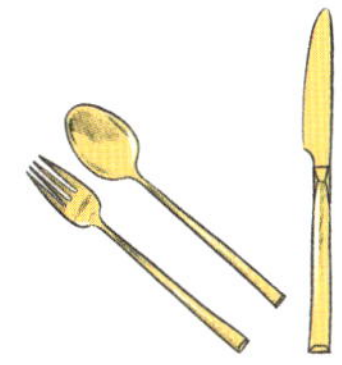

10 Die plastischen Formen durch dunklere Striche herausarbeiten.

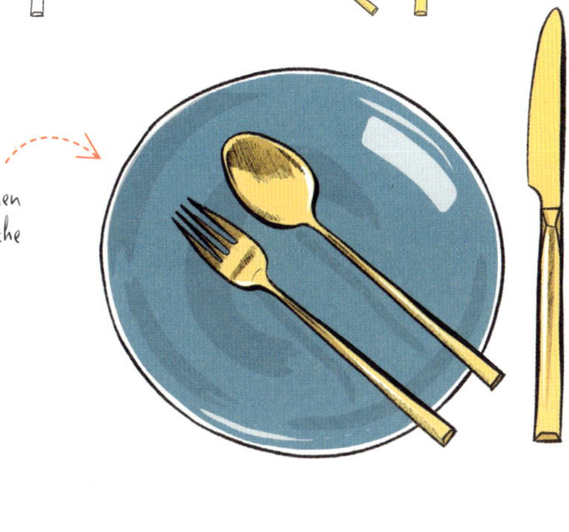

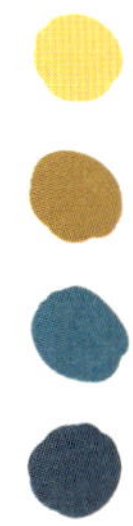

Wasserkrug

Der zweifarbige Krug im Retrostil ist leicht zu zeichnen und sieht hübsch aus.

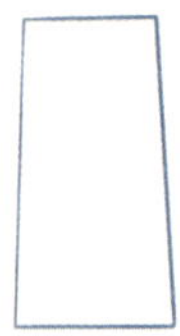

1 Mit einem hohen Trapez beginnen.

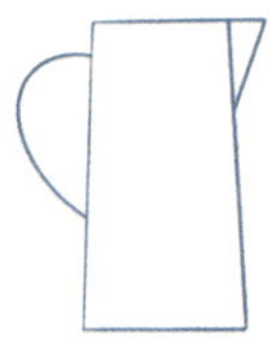

2 Tülle und Henkel andeuten.

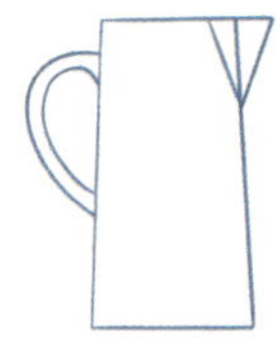

3 Tülle und Henkel deutlicher ausarbeiten.

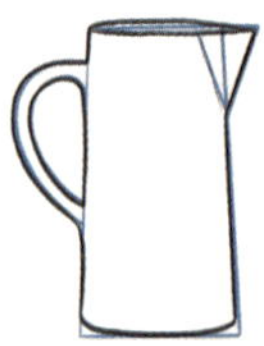

4 Mit Fineliner nachzeichnen, dabei die Form plastisch herausarbeiten.

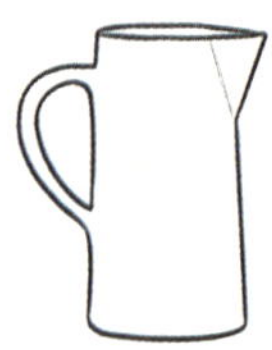

5 Die Hilfslinien ausradieren.

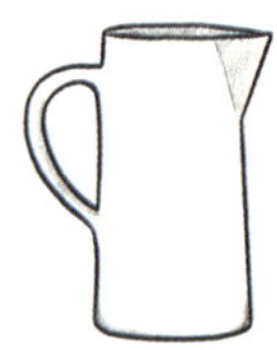

6 Schatten einfügen.

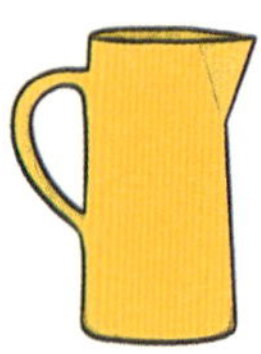

7 Den Krug in der Grundfarbe kolorieren.

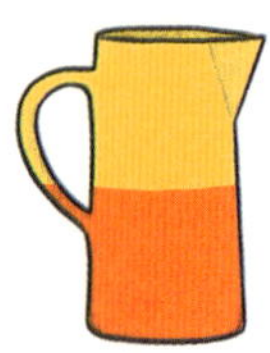

8 Für den unteren Teil eine andere Farbe verwenden.

9 Auf dem unteren Teil ein Muster einzeichnen.

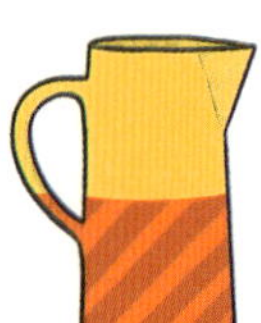

10 Lichtreflexe und Schatten einfügen.

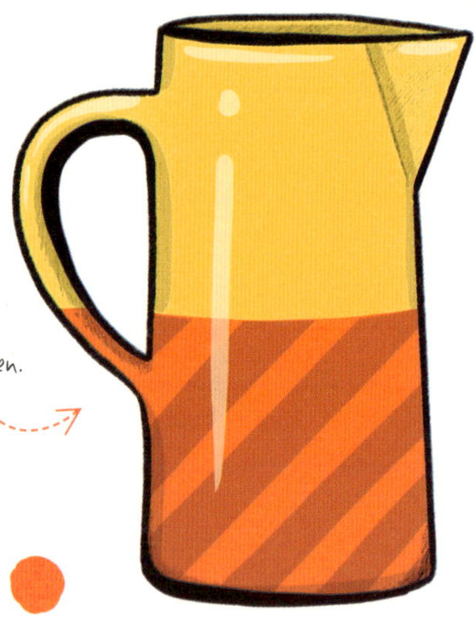

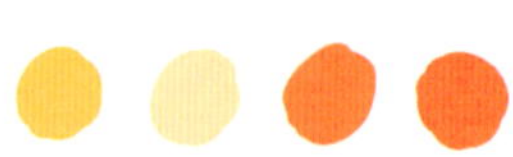

Olivenöl-Flasche

Mit frischen Kräutern schmeckt das Öl für den Salat gleich viel besser.

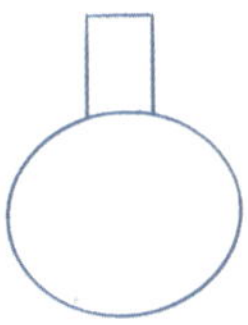

1 Einen Kreis mit einem Rechteck obendrauf zeichnen.

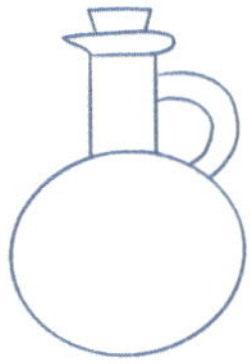

2 Ausguss, Korken und Griff andeuten.

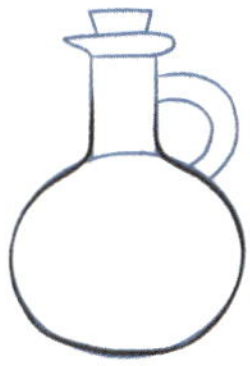

3 Die Form mit Fineliner genauer ausarbeiten.

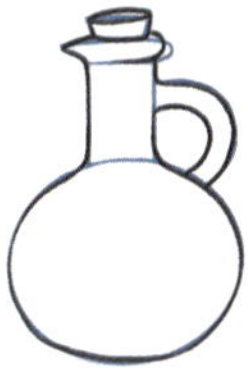

4 Die restlichen Umrisse mit Fineliner nachzeichnen.

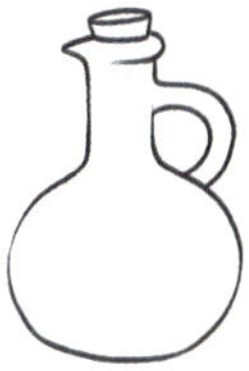

5 Die Hilfslinien ausradieren.

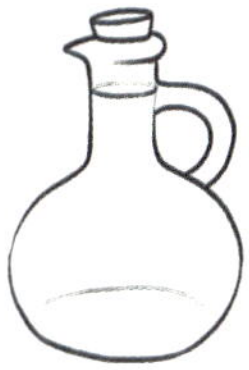

6 Den Boden der Flasche und den Stand des Öls mit Bögen andeuten.

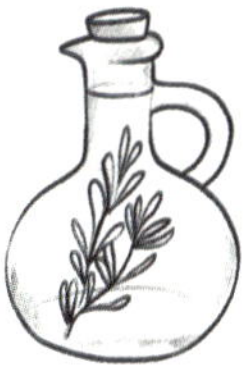

7 Die Kräuter skizzieren und Schatten andeuten.

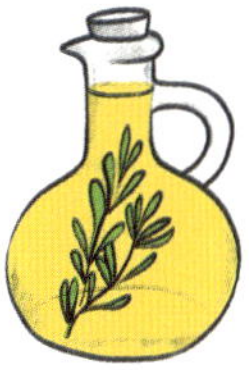

8 Öl und Kräuterzweig kolorieren.

9 Den Korken braun eintönen, das Glas hellgrau.

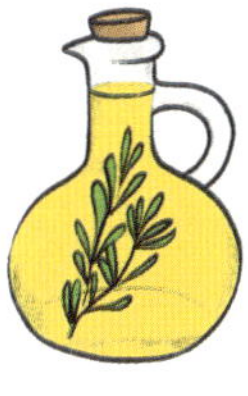

10 Zuletzt Lichtreflexe und Schatten andeuten.

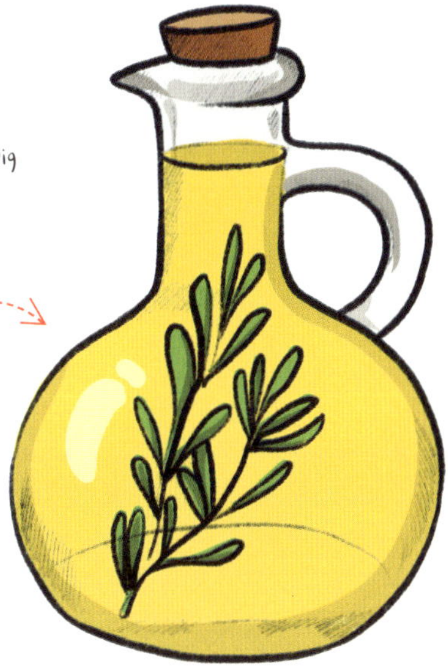

Toaster und Wasserkocher

Vergessen Sie nicht Details wie Knöpfe, Hebel, Griffe und Ausgießer, denn dadurch werden Ihre Gegenstände realistischer.

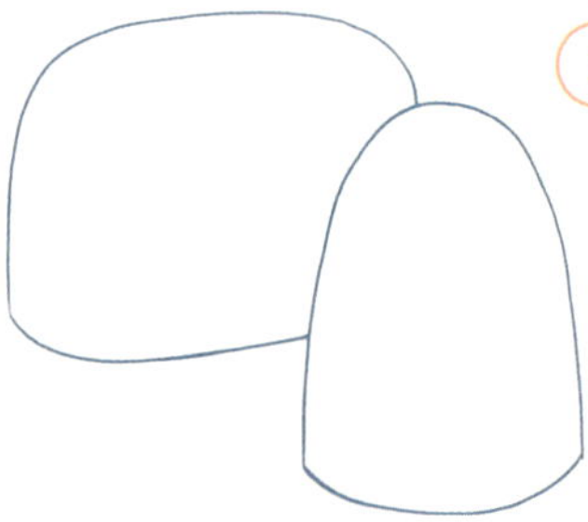

1 Die Grundformen von Toaster und Wasserkocher mit einfachen Grundformen andeuten.

2 Erste Details einzeichnen, zum Beispiel Griff und Tülle.

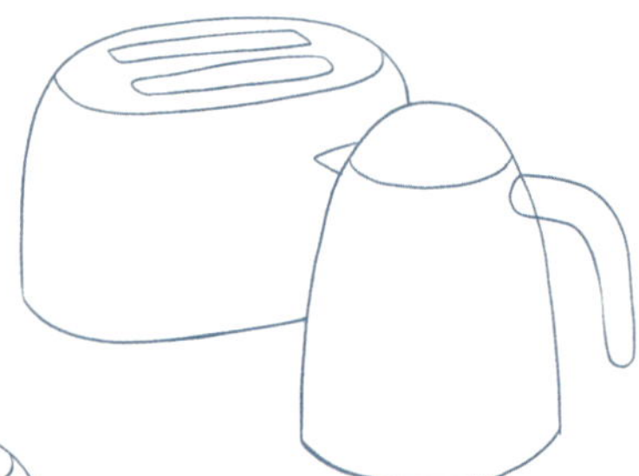

3 Mit Fineliner zwei Scheiben Brot im Toaster und die Böden der beiden Geräte einfügen.

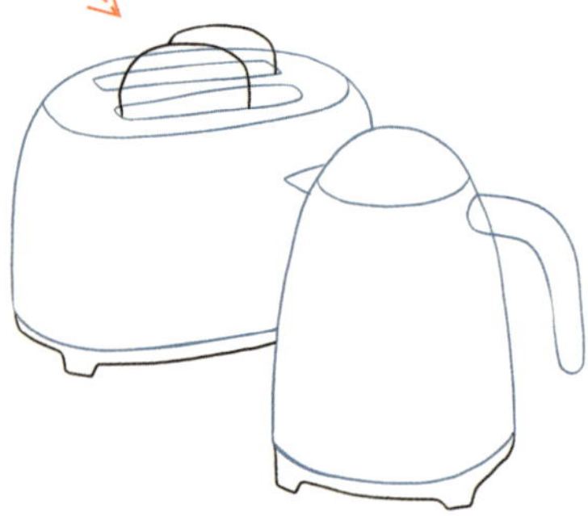

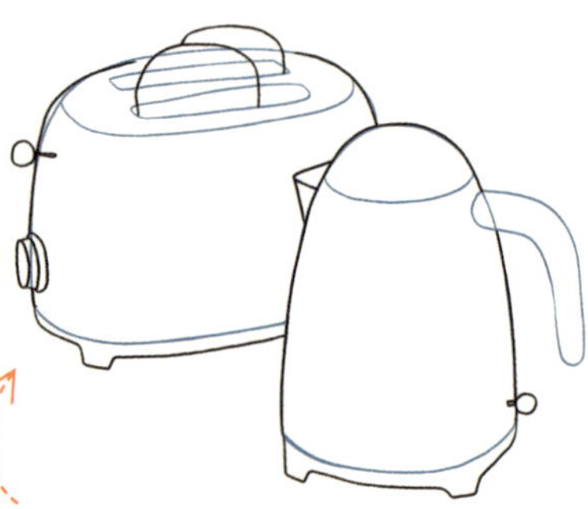

4 Mit Fineliner weitere Details wie Knöpfe und einen Hebel hinzufügen.

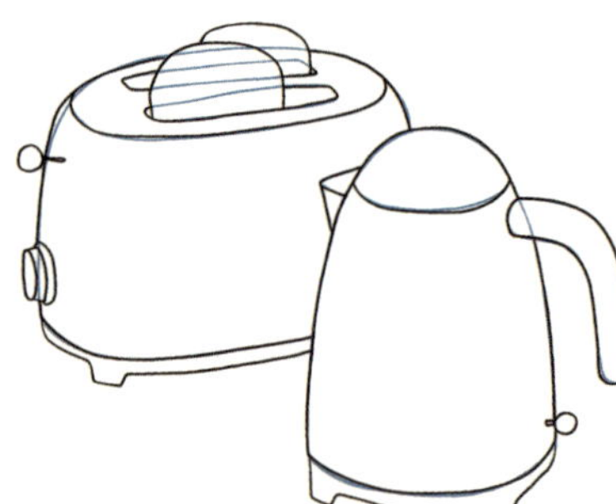

5 Alle übrigen Konturen nachzeichnen.

6 Die Hilfslinien ausradieren.

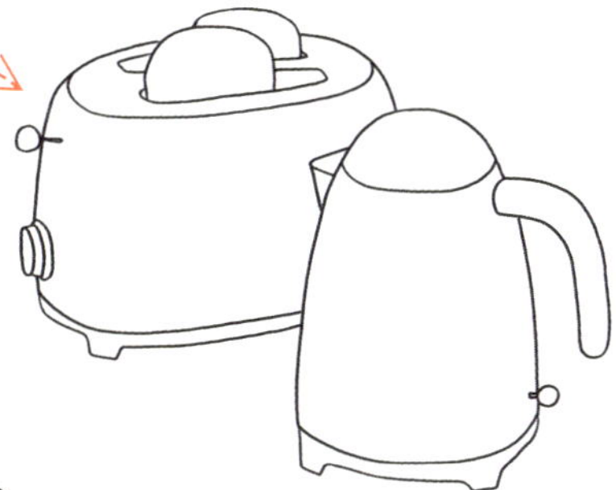

7 Weitere Details einzeichnen, um die Objekte interessanter zu gestalten.

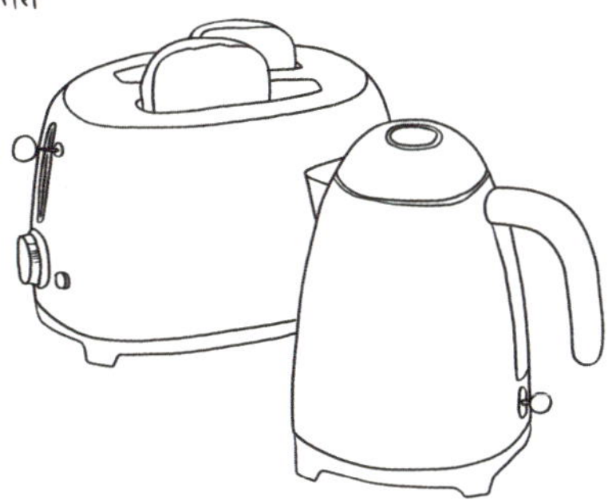

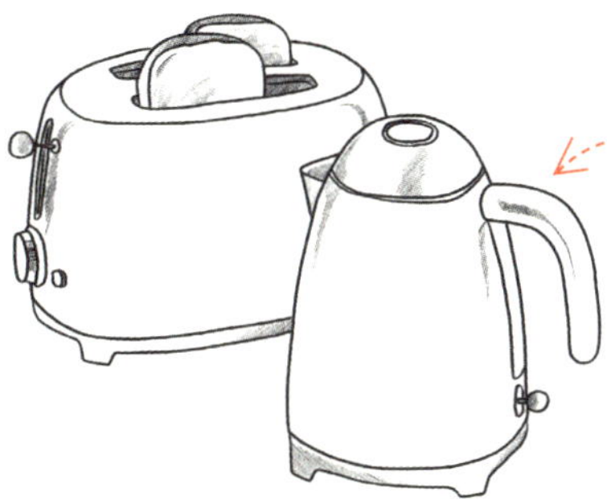

8 Schatten einfügen.

9 Beide Geräte mit Grün und Silber kolorieren.

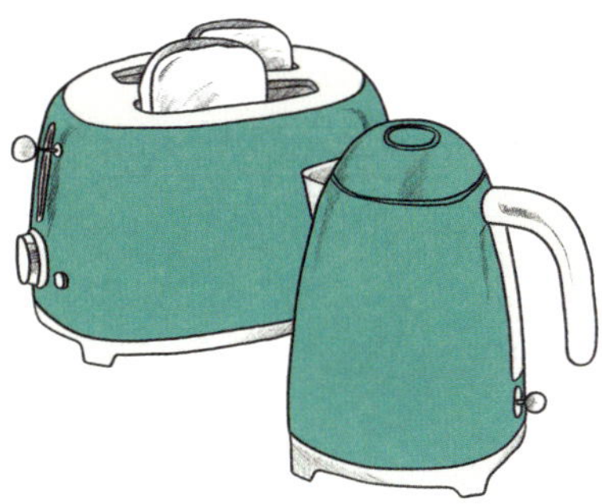

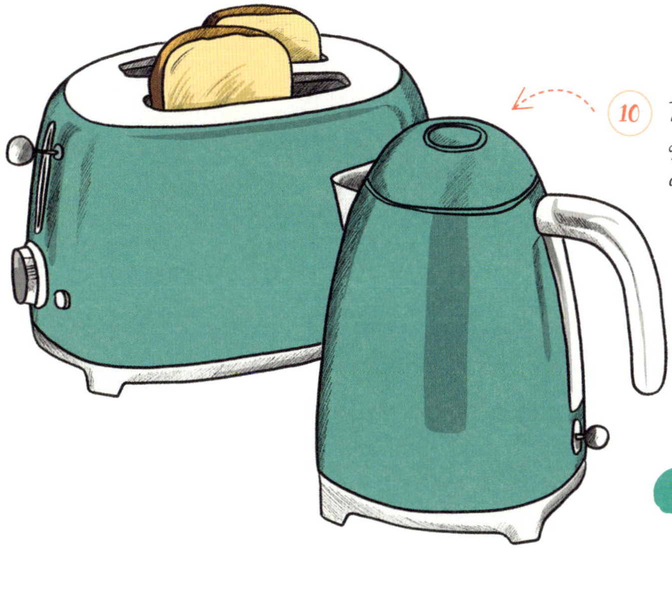

10 Zuletzt dem Toast etwas Farbe geben und dunklere Schatten auf den Geräten einfügen.

Obstkorb

Wichtig ist, leicht erkennbare Früchte zu zeichnen.
Die Ananas gibt dem Ensemble eine exotische Note.

1 Für den oberen Rand des Korbs ein flaches Oval zeichnen.

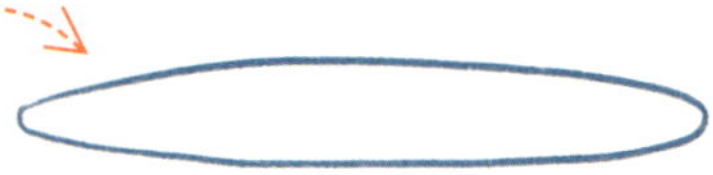

2 Darunter ein kleines Oval für den Boden zeichnen. Beide Ovale mit Bögen verbinden.

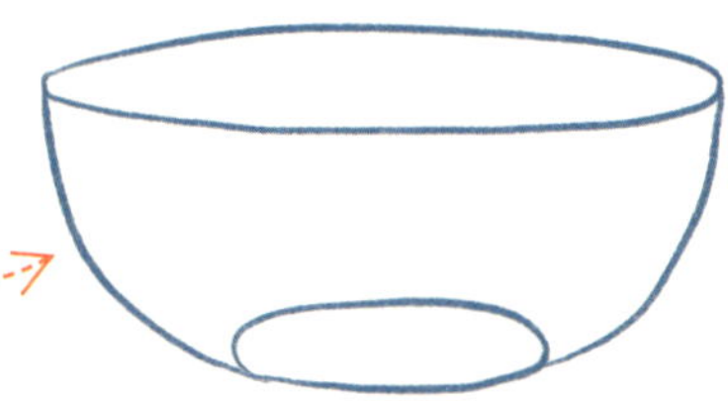

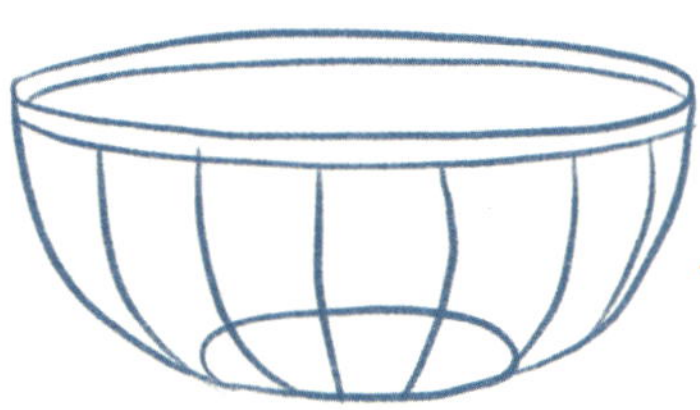

3 Durch vertikale Bögen die Form des Korbs verdeutlichen.

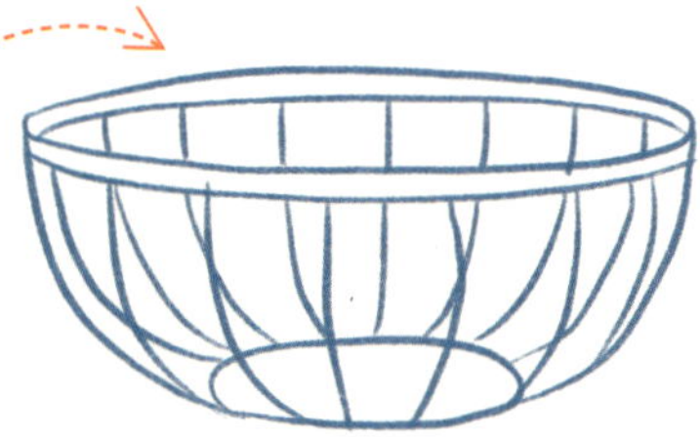

4 Weitere Bögen auf der Rückseite des Korbs einzeichnen.

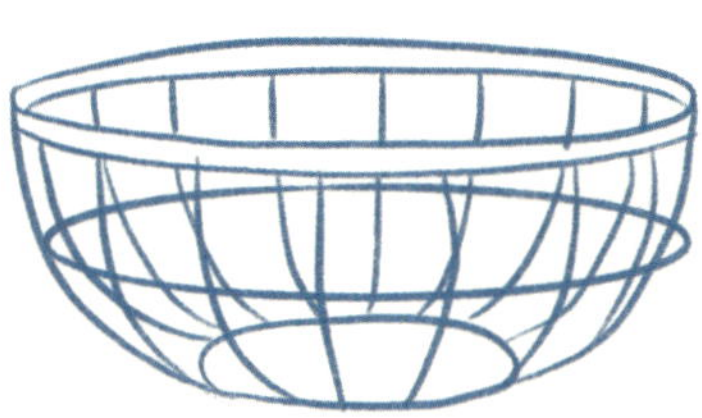

5 Ein Oval in der Mitte einzeichnen.

6 Nur im vorderen Bereich des Korbs die Linien mit Fineliner nachziehen.

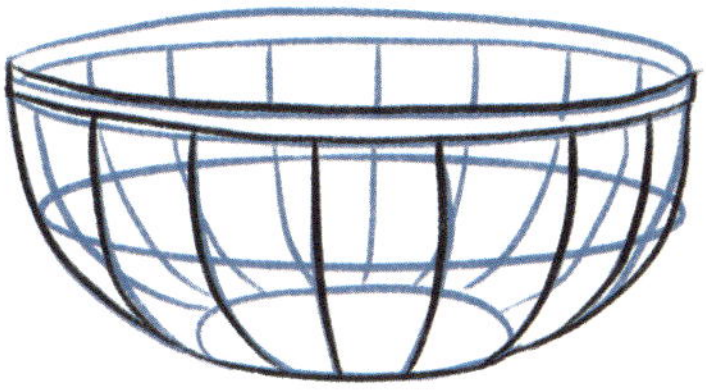

7 Die Früchte mit Bleistift skizzieren.

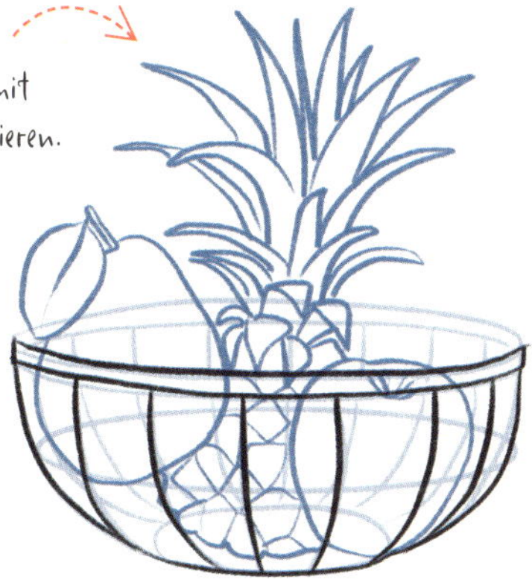

8 Die Umrisse nachzeichnen, dann die Bleistiftstriche ausradieren.

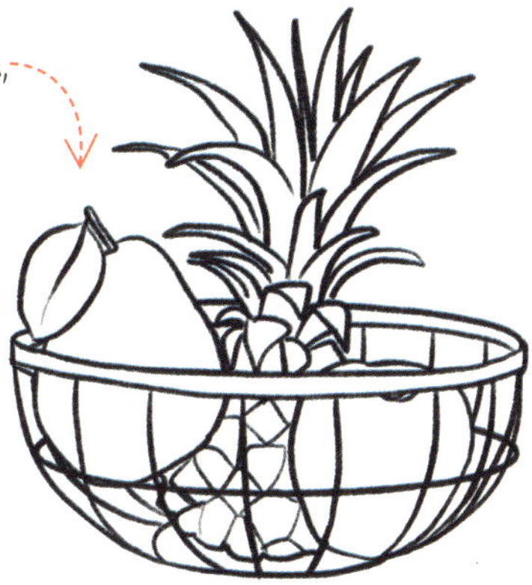

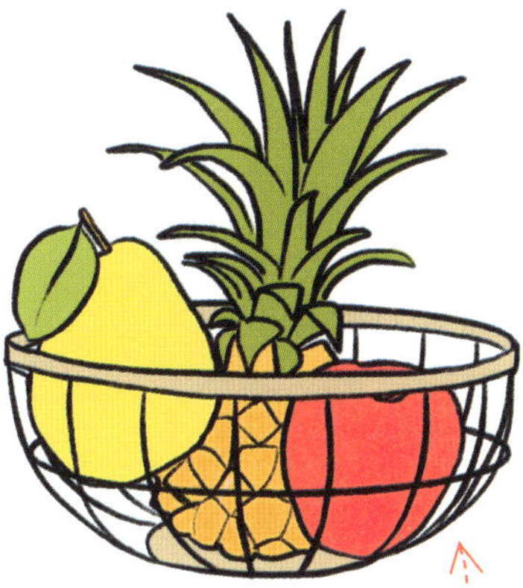

9 Die Früchte mit leuchtenden Farben kolorieren, den Korb mit Braun.

10 Die Früchte mit dickeren Strichen und einigen Schatten ausarbeiten.

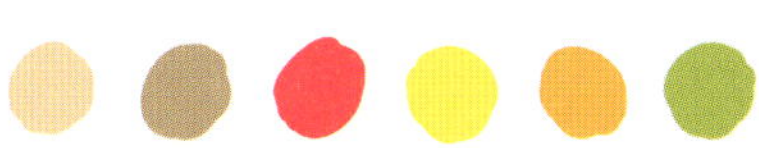

Kochutensilien

Schauen Sie sich Ihre eigenen Kochutensilien genau an, bevor Sie beginnen, dieses Motiv zu zeichnen.

1 Für die Griffe längliche Formen zeichnen.

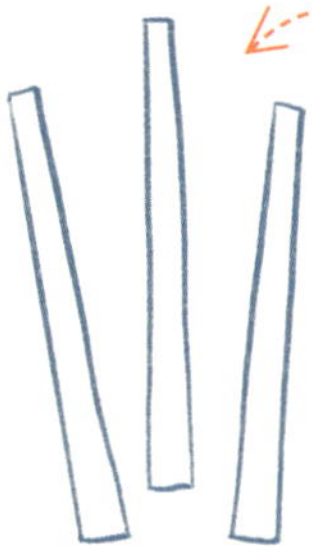

2 Die Oberteile auf den Griffen andeuten.

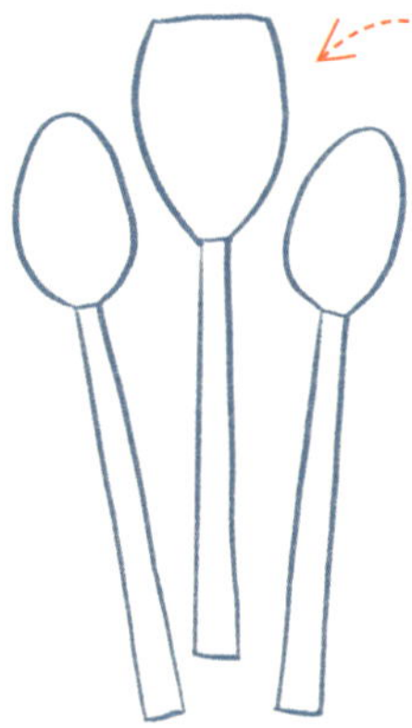

3 Die Umrisse mit Fineliner nachzeichnen, dabei verfeinern.

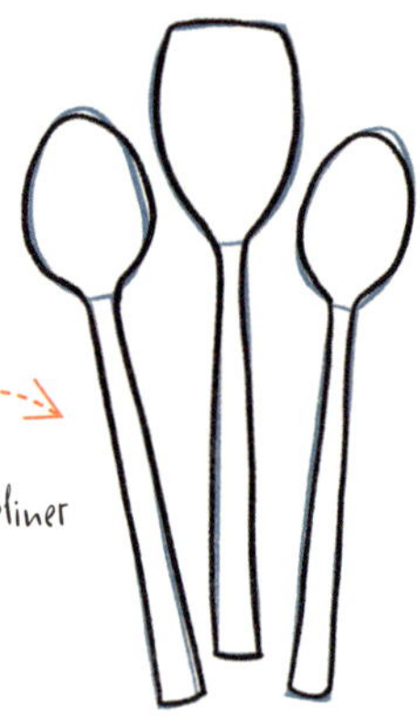

4 Die Hilfslinien ausradieren.

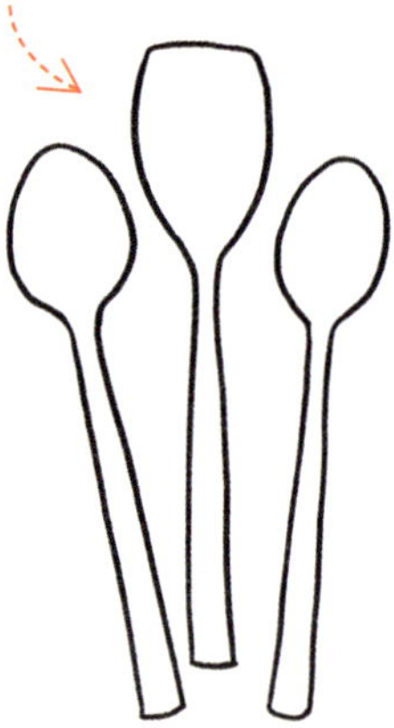

5 Auf zwei Utensilien die Schlitze oder Rillen andeuten.

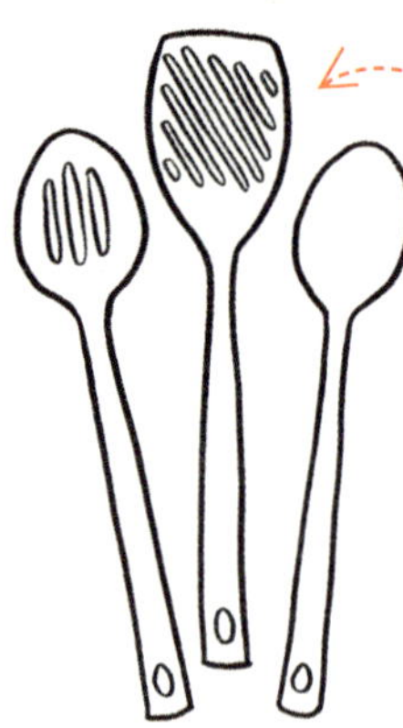

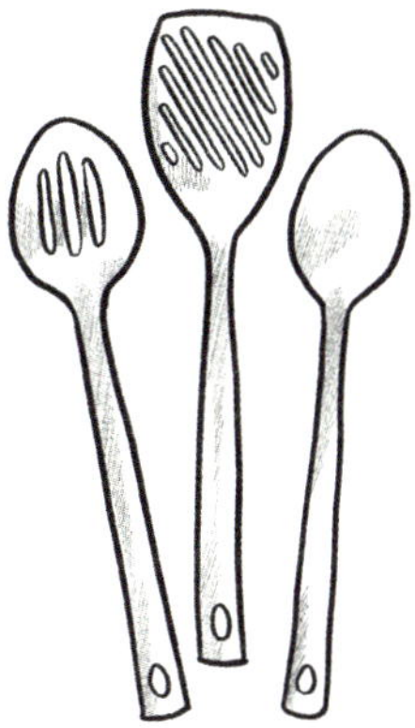

6 Einige Schatten einzeichnen.

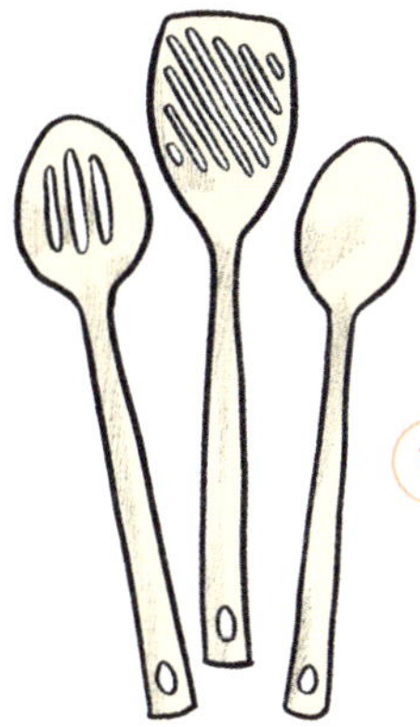

7 Die Utensilien mit Hellbraun kolorieren.

8 Für die oberen Teile ein kräftiges Blau verwenden.

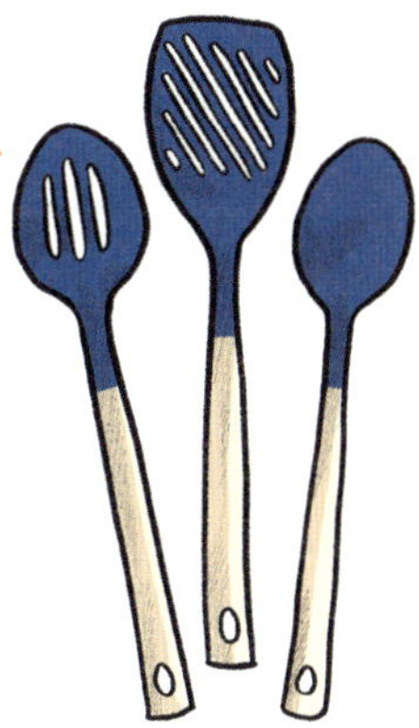

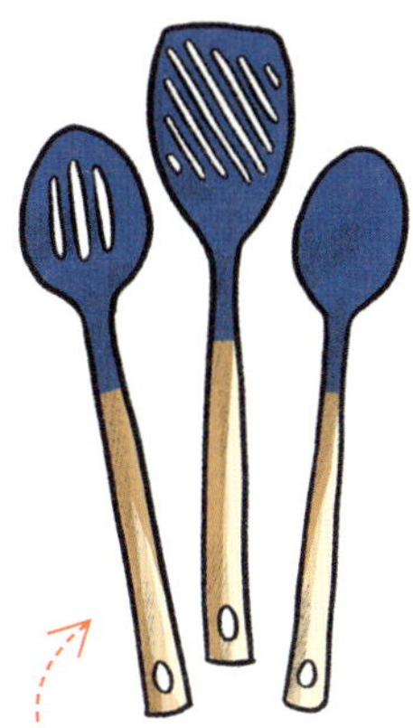

9 Die Schatten auf dem Griffen mit dunklerem Braun andeuten.

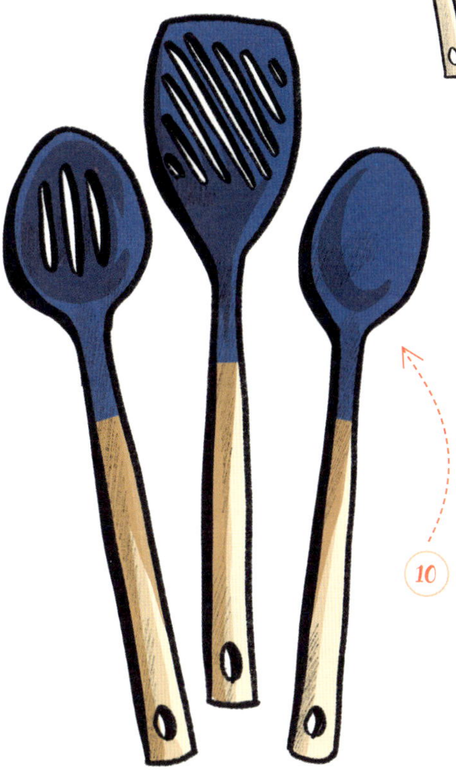

10 Zuletzt die Utensilien mit Schatten in dunklem Blau plastisch ausarbeiten.

Tisch und Stühle

Durch die schlichte Linienführung wirkt dieses Ensemble modern.
Die Texturen werden nur angedeutet.

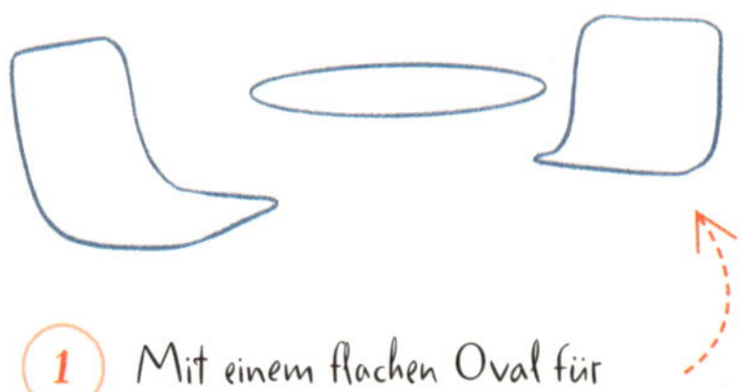

1 Mit einem flachen Oval für die Tischplatte beginnen. Daneben die Formen der Stühle skizzieren.

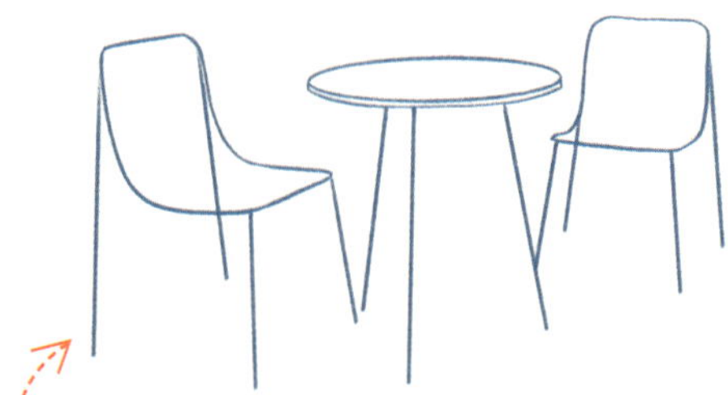

2 Für die Beine einfache gerade Striche anfügen.

3 Die Beinlinien wie abgebildet verstärken, um das moderne Design erkennbar zu machen.

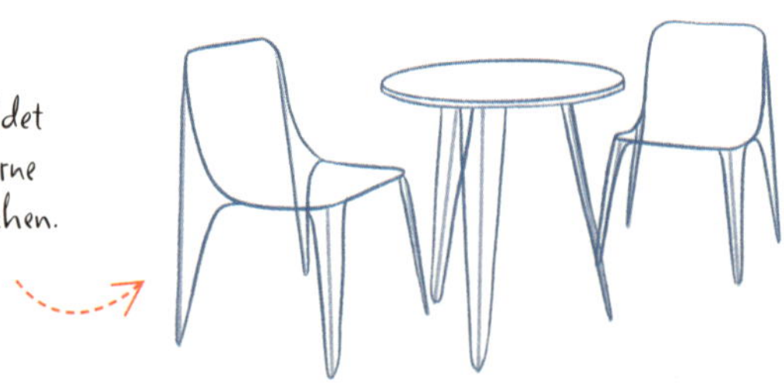

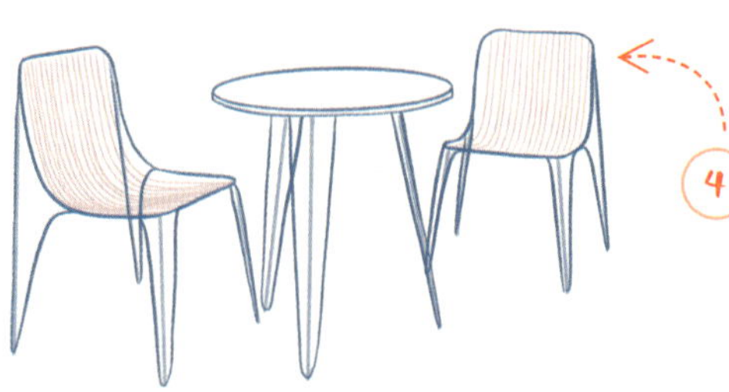

4 Die Sitze mit senkrechten Strichen in Rosa schraffieren.

5 Die Umrisse der Stühle mit rosa Fineliner nachzeichnen, dann die Bleistiftstriche ausradieren.

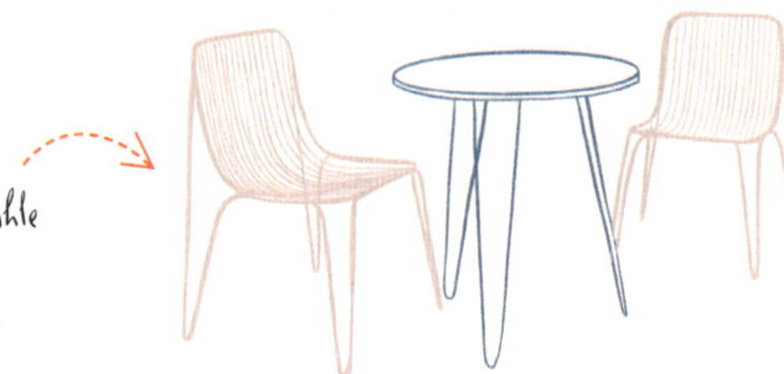

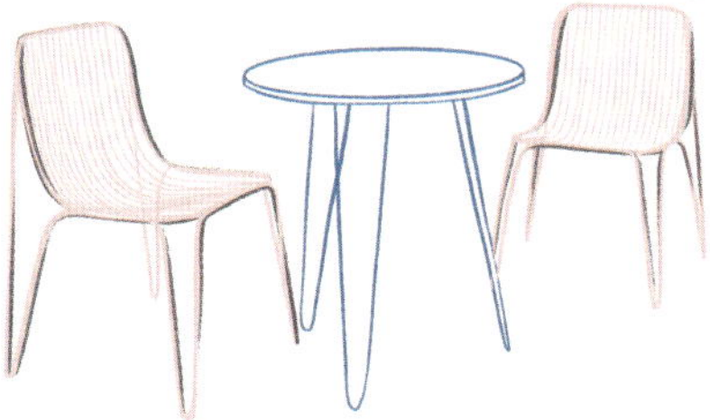

6 Die Gestelle der Stühle dunkler nachzeichnen.

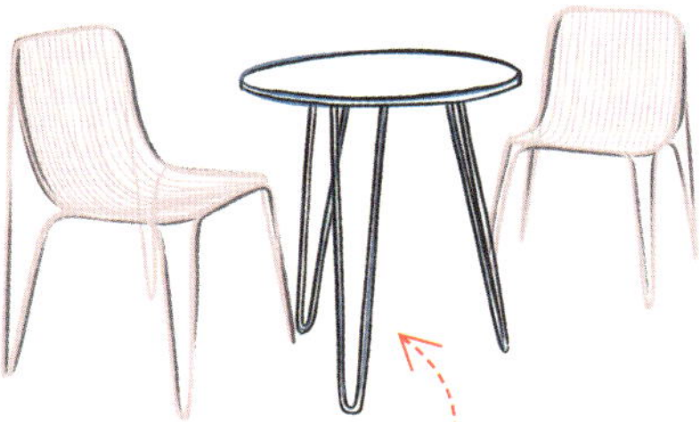

7 Alle Hilfslinien ausradieren.

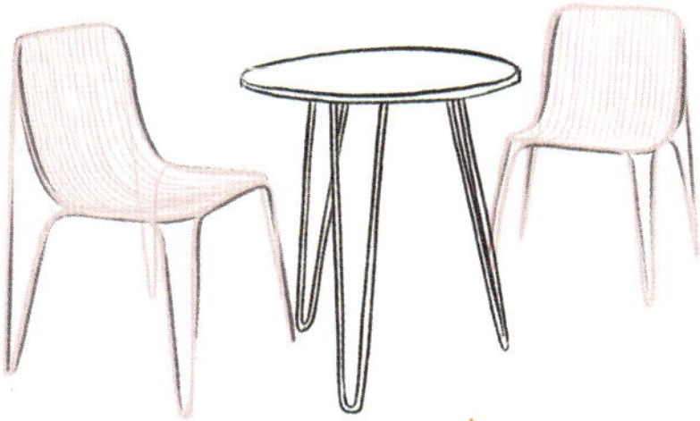

8 Die Umrisse des Tischs nachzeichnen.

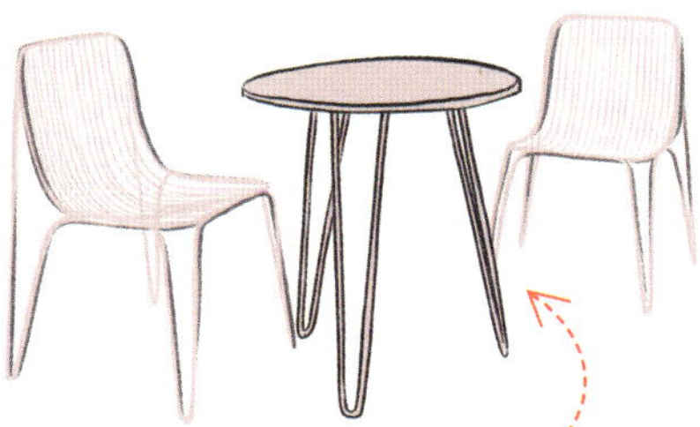

9 Den Tisch mit Pink kolorieren.

10 Auf dem Tisch dunklere Schatten andeuten und einige Striche des Motivs verstärken. Jetzt fehlt nur noch eine Blumenvase oder eine andere Dekoration auf dem Tisch.

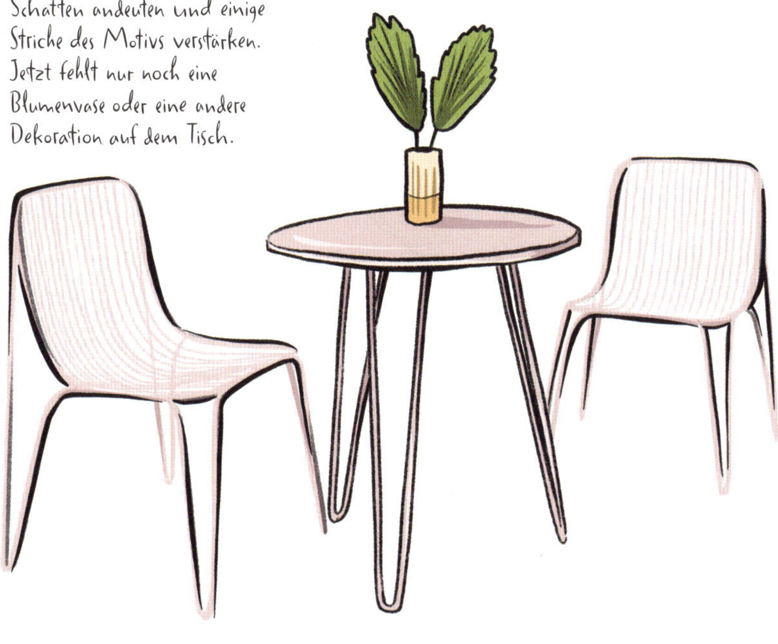

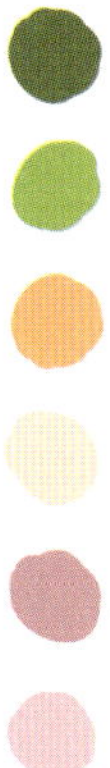

Radio

Beim Kochen kann man gut Radio hören. Köche mit Liebe zum Detail mögen es, wenn das Gerät farblich zur Einrichtung passt!

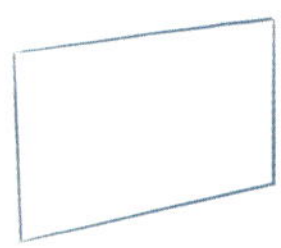

1 Ein perspektivisch verkürztes Rechteck zeichnen.

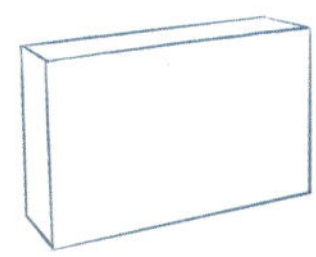

2 Zu einem flachen Quader ausarbeiten.

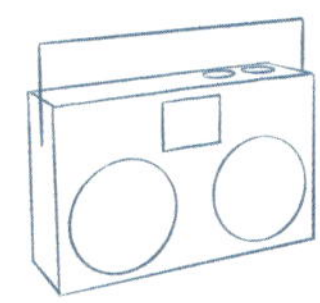

3 Details durch Kreise und Rechtecke andeuten.

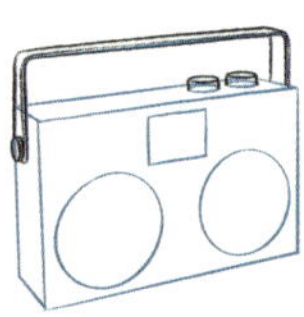

4 Den Griff mit Fineliner einzeichnen.

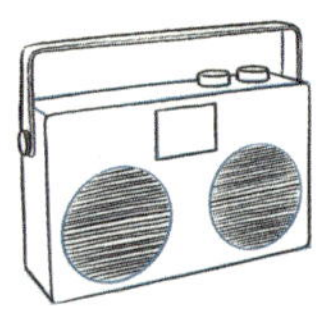

5 Umrisse und Details mit Fineliner nachzeichnen.

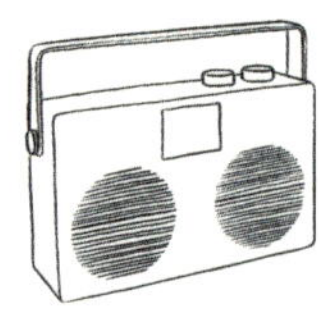

6 Die Hilfslinien ausradieren.

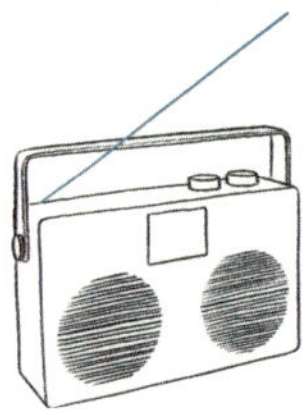

7 Die Antenne mit Bleistift andeuten.

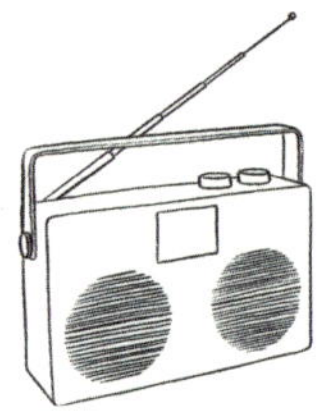

8 Die fünfteilige Antenne mit Fineliner nachzeichnen.

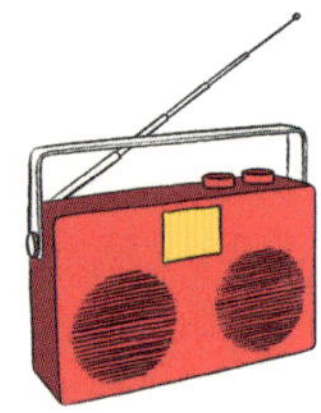

9 Das Radio kolorieren. Für die Seiten dunklere Farbtöne verwenden.

10 Letzte Details in Farbe ausarbeiten.

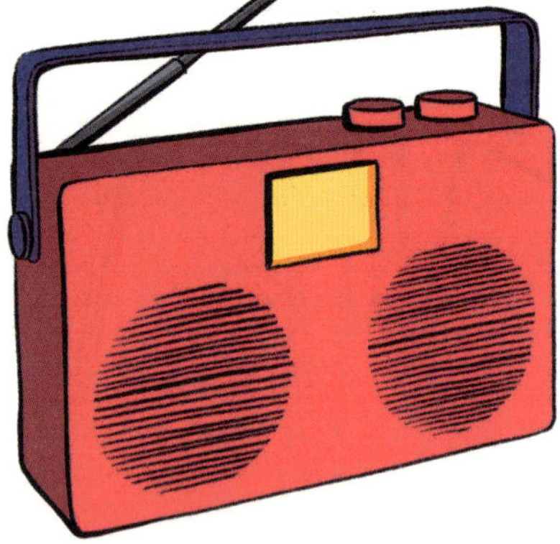

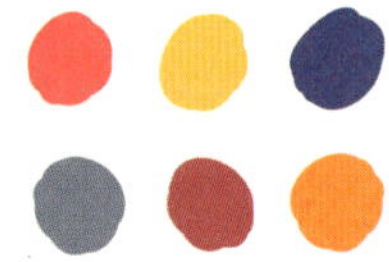

Marmeladenglas

Zeigen Sie Ihre Talente am Herd. Präsentieren Sie Ihre selbstgemachte Marmelade in einem Glas mit Häubchen und Etikett.

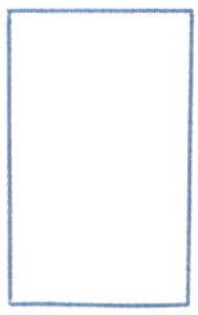

1 Zeichnen Sie ein Rechteck.

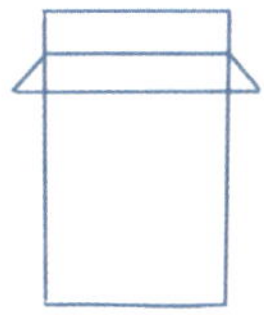

2 Ein flaches Trapez einfügen. Seine Ecken stehen seitlich über das Rechteck hinaus.

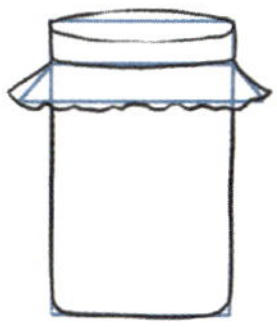

3 Ein Oval für den Deckel und den Rüschenrand des Häubchens zeichnen.

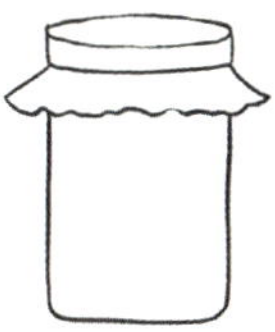

4 Überflüssige Hilfslinien ausradieren.

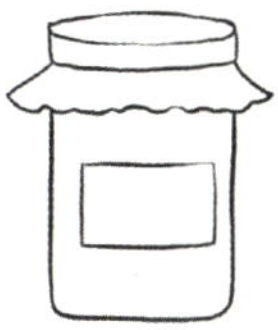

5 Als Etikett ein Rechteck zeichnen.

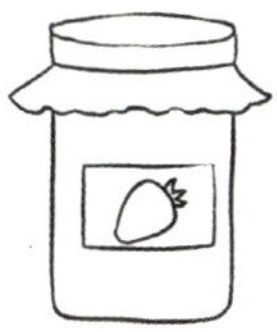

6 Die Erdbeere auf dem Etikett skizzieren.

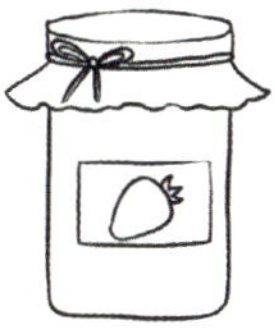

7 Die kleine Schleife am Häubchen andeuten.

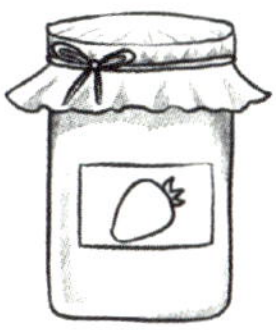

8 Schatten einfügen.

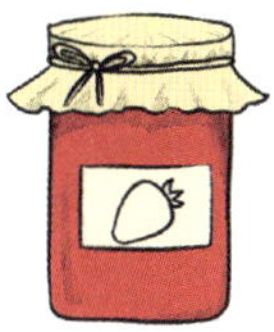

9 Glas und Häubchen kolorieren.

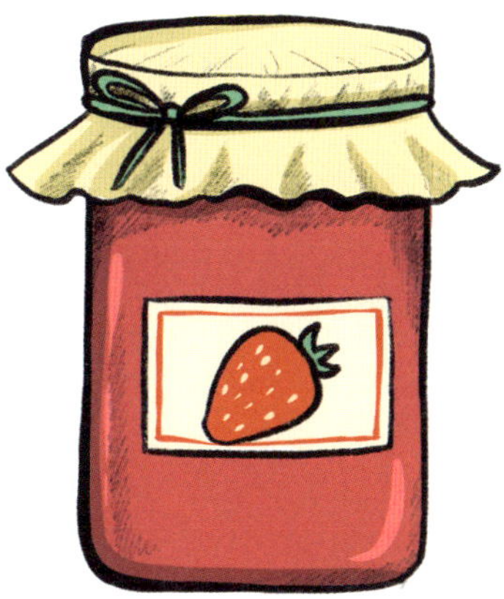

10 Lichter auf dem Glas und Schatten auf dem Häubchen einfügen. Die Erdbeere ausarbeiten.

Waage

So eine Waage im Vintage-Stil sieht toll aus.
Hat jemand Appetit auf einen Smoothie?

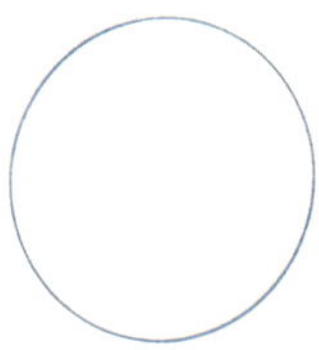

1 Mit einem Kreis für die Anzeige beginnen.

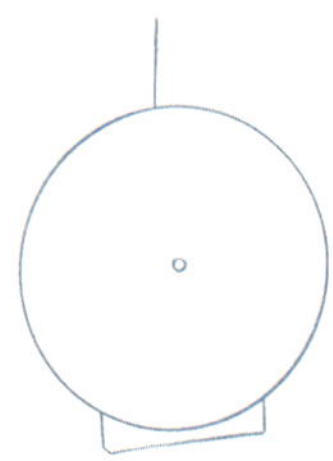

2 Einen winzigen Kreis in die Mitte setzen, unten einen eckigen Fuß und oben eine senkrechte Linie anfügen.

3 Die Waagschale zeichnen und den Fuß etwas deutlicher ausarbeiten.

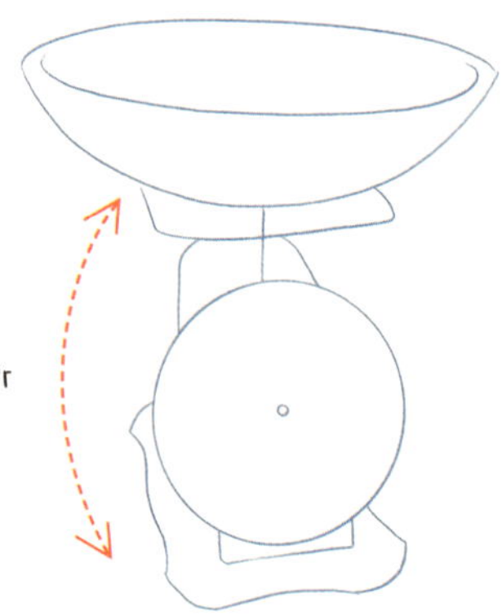

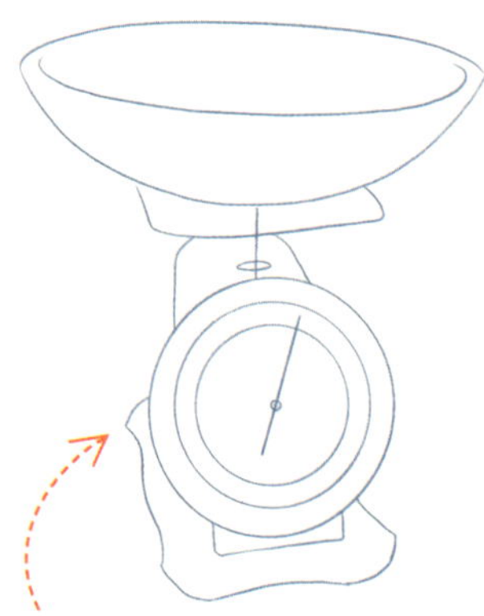

4 Kleinere Kreise in die Anzeige zeichnen, dann den Zeiger einfügen.

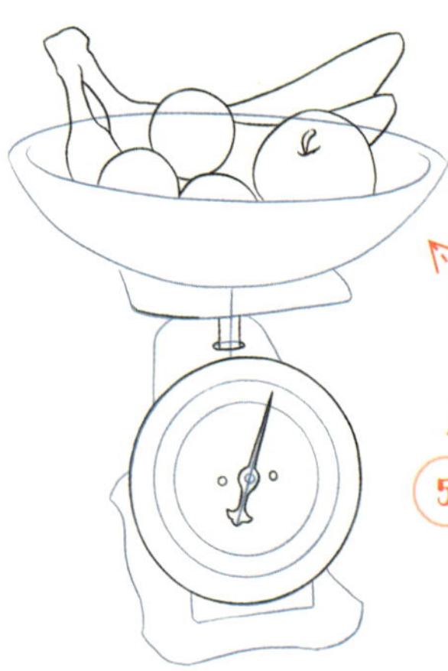

5 Die Früchte in der Waagschale skizzieren, dann Anzeige und Zeiger mit Fineliner nachzeichnen.

6 Die restlichen Umrisse mit Fineliner nachzeichnen.

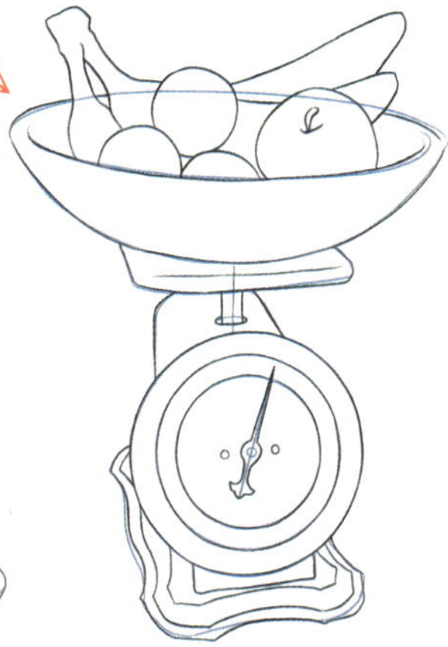

7 Die Hilfslinien ausradieren.

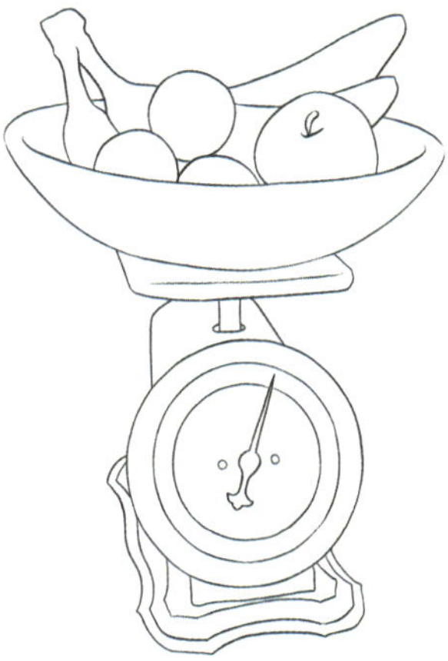

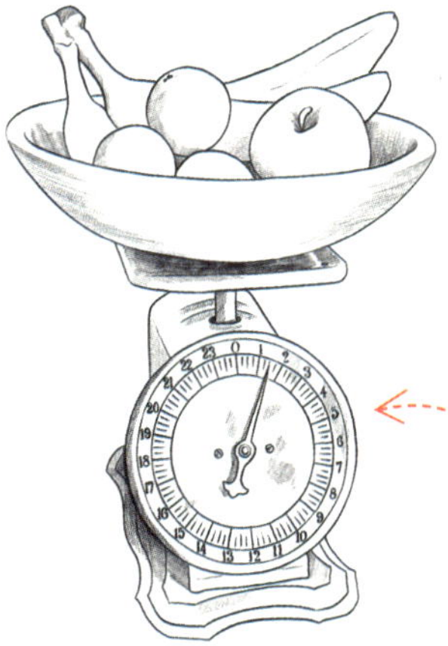

8 Ziffern auf der Anzeige einzeichnen, dann einige Schatten andeuten.

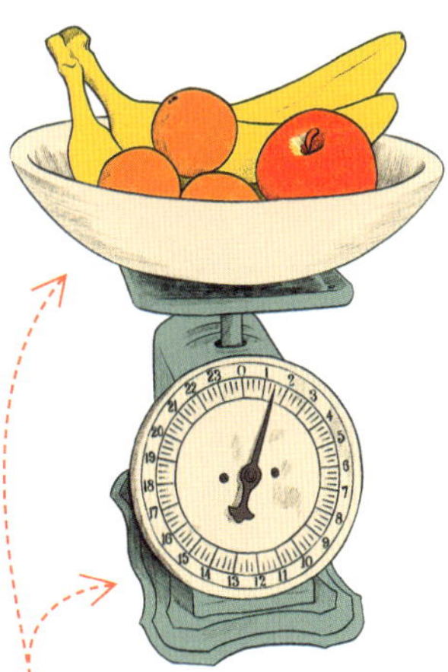

9 Das Obst mit Gelb und Orange kolorieren. Für die Waage mattes Grün und Beige verwenden.

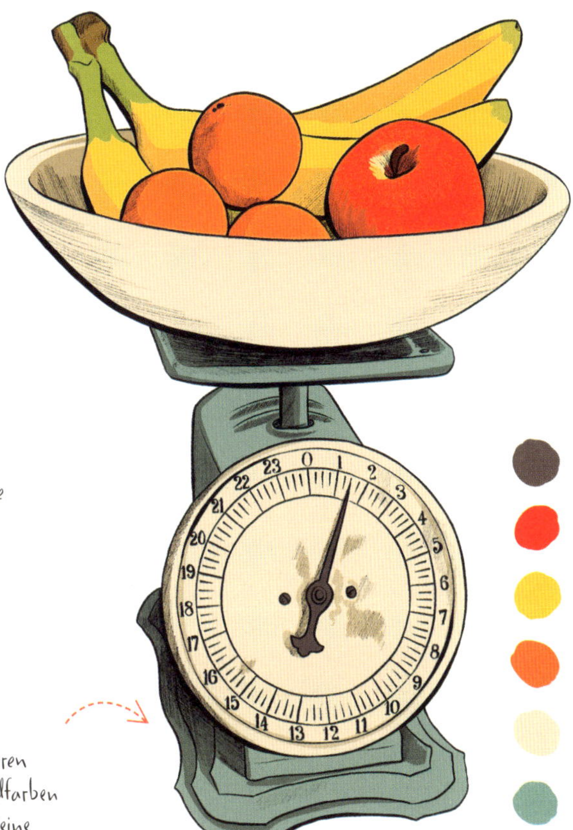

10 Schatten in dunkleren Nuancen der Grundfarben geben dem Motiv seine plastische Wirkung.

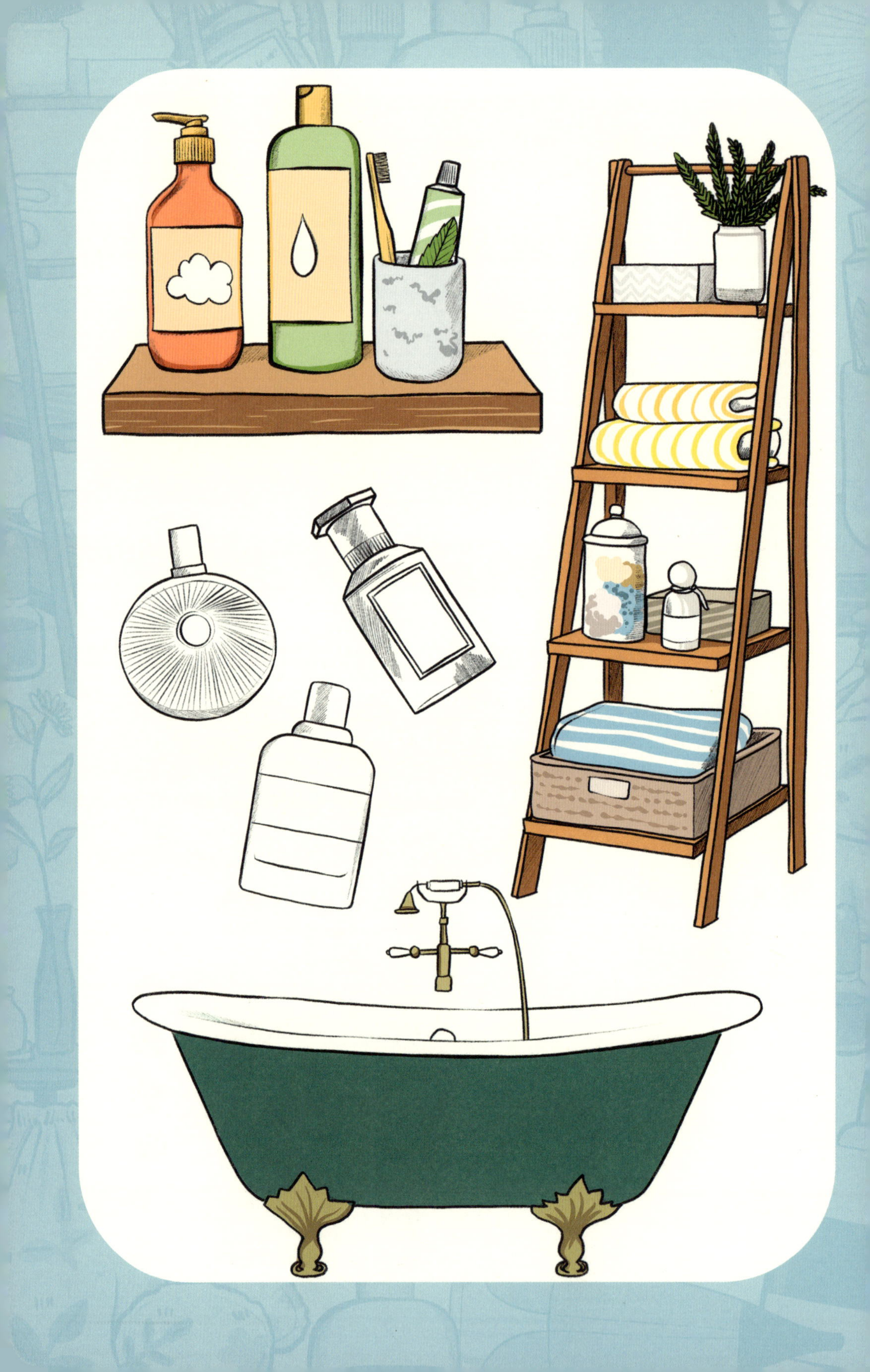

In meinem Badezimmer

Badewanne

In so einer klassischen Rollrandwanne mit Zierfüßen wird das Bad zum Fest.

1 Mit einer Trapezform anfangen.

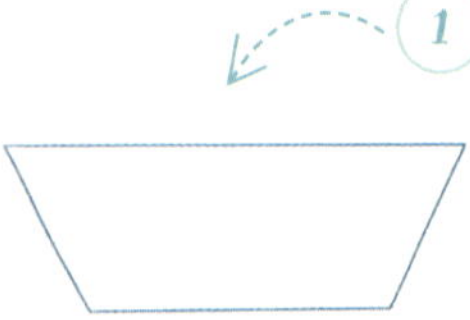

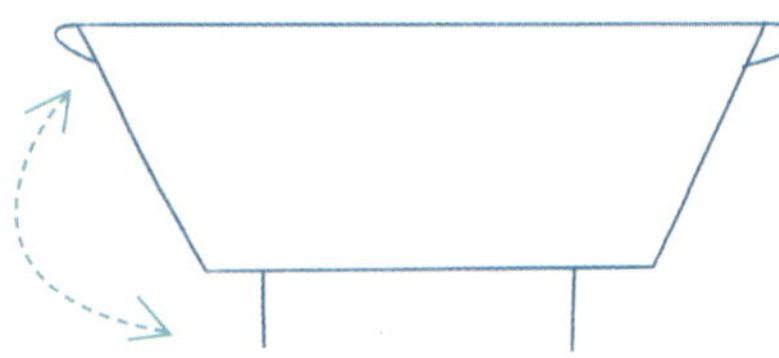

2 Kleine Bögen an den oberen Ecken anfügen. Die Füße mit senkrechten Strichen andeuten.

3 Den oberen Rand mit Fineliner genauer ausarbeiten.

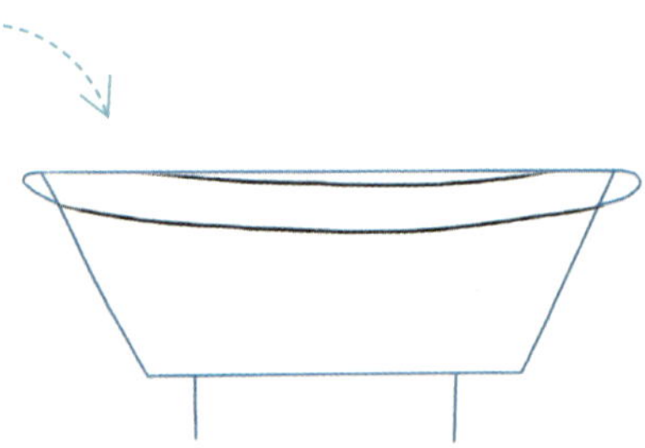

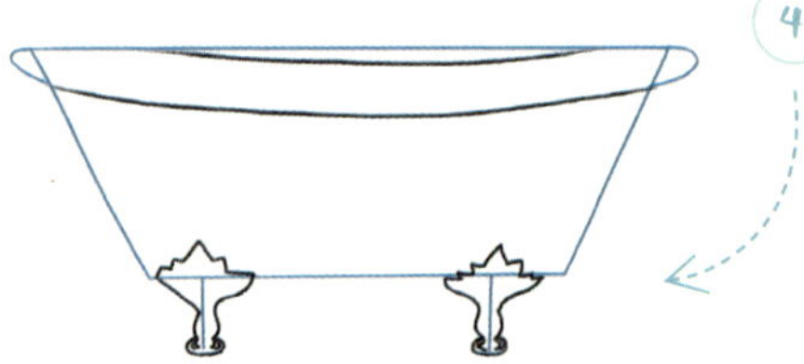

4 Die Zierfüße detailliert zeichnen.

5 Mit Bleistift den Wasserhahn und den Duschkopf vorzeichnen.

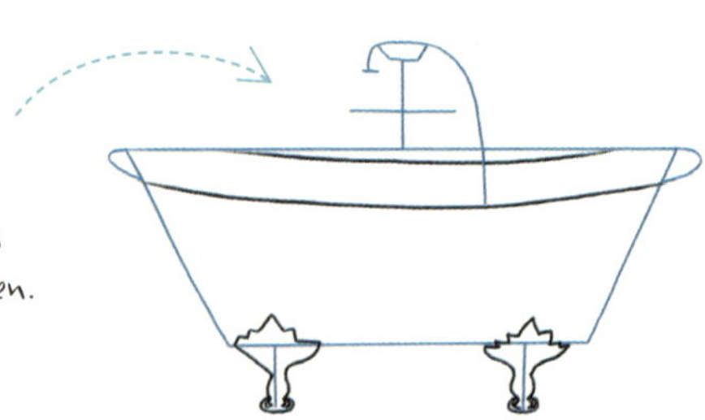

6 Die restlichen Umrisse der Wanne mit dem Fineliner nachzeichnen.

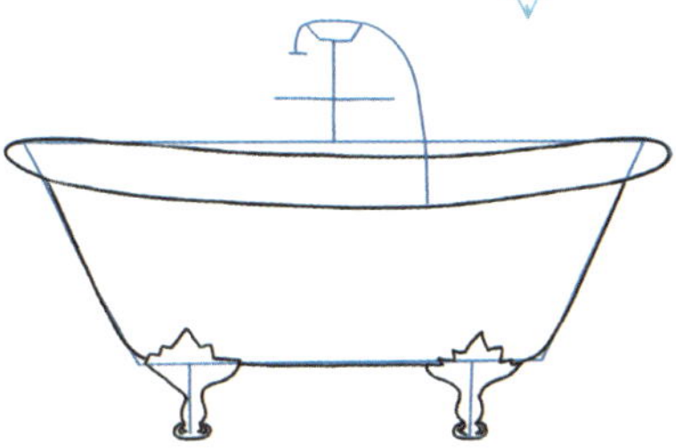

7 Auch Wasserhahn und Dusche mit Fineliner ausarbeiten.

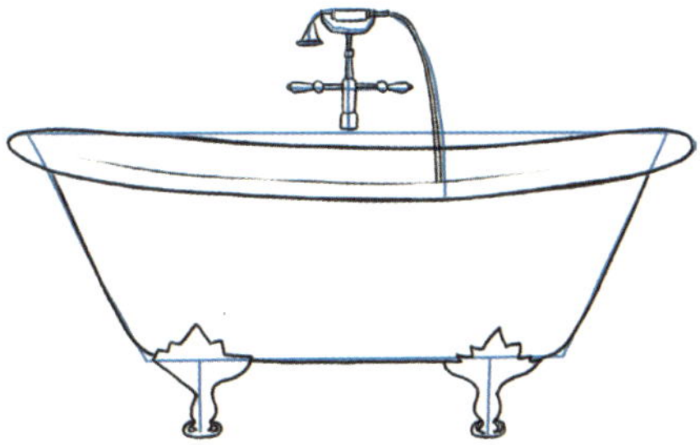

8 Die Hilfslinien ausradieren.

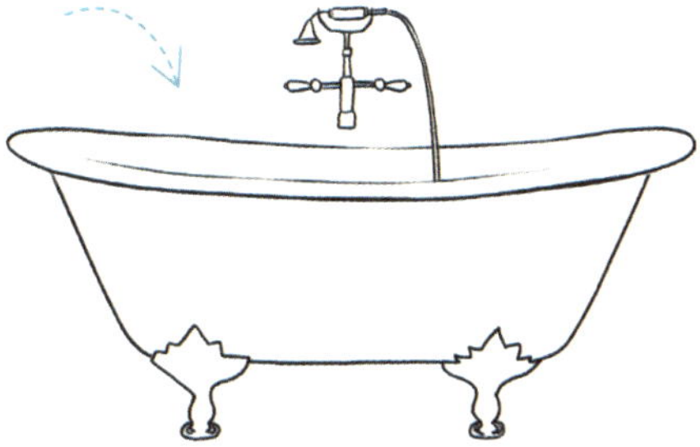

9 Wasserhahn und Füße in Hellbraun und Gold kolorieren, die Wanne selbst in Grün.

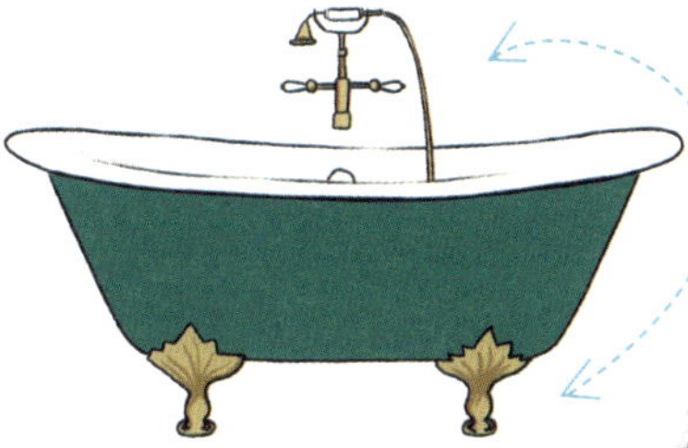

10 Mit einigen Schatten die plastische Wirkung herausarbeiten.

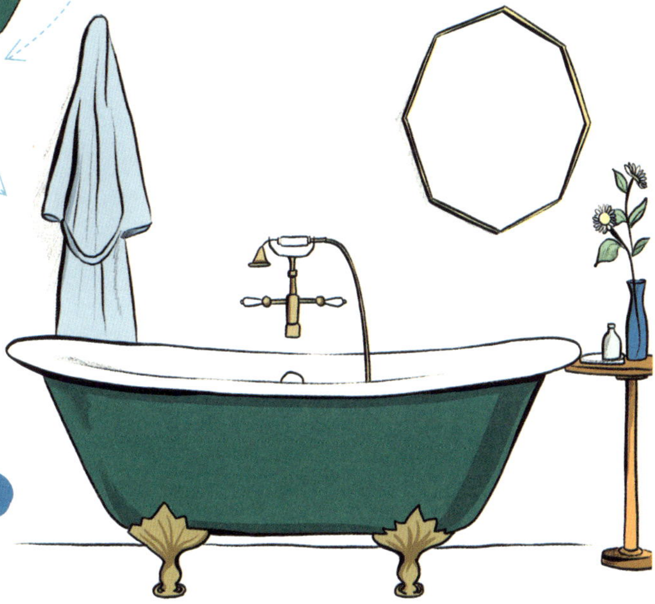

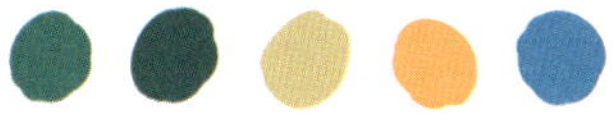

Föhn, Kamm und Bürste

Nach dem Bad oder der Dusche müssen die Haare getrocknet und gestylt werden.

1 Zuerst die Formen von Kamm, Föhn und Bürste mit Bleistift grob skizzieren.

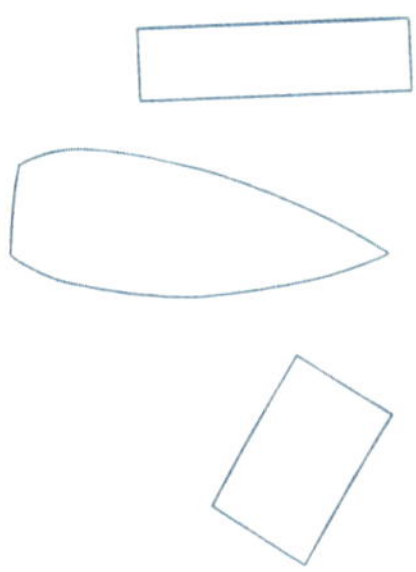

2 Die Griffe von Föhn und Bürste andeuten. Die Schmalseiten des Kamms abrunden.

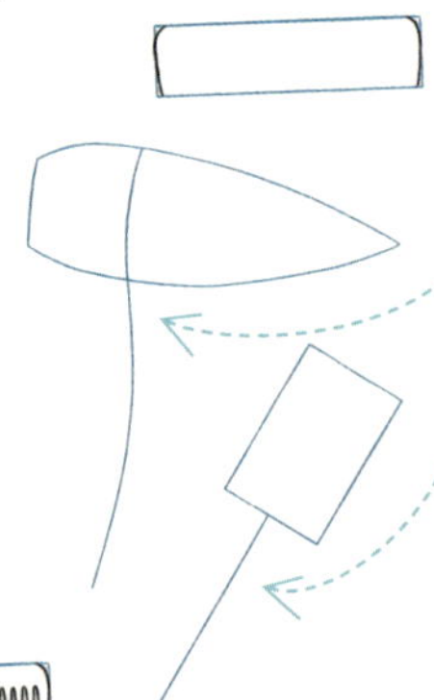

3 Erste Zähne des Kamms einzeichnen. Föhn und Bürste weiter ausarbeiten.

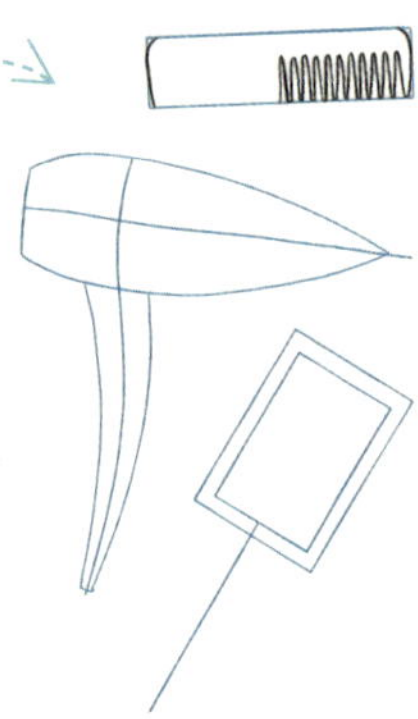

4 Den Kamm beenden. Die Umrisse des Föhns mit Fineliner nachzeichnen.

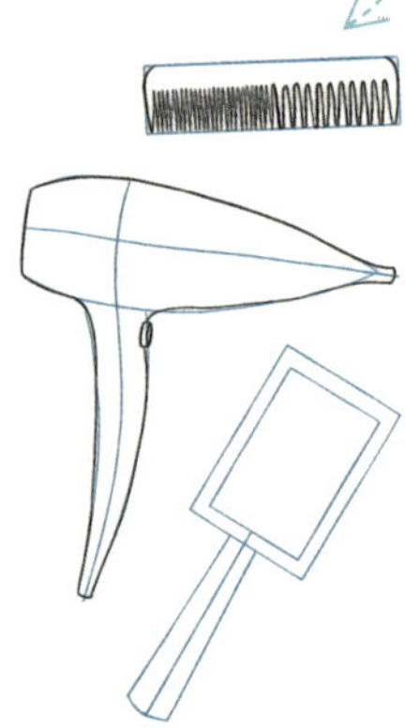

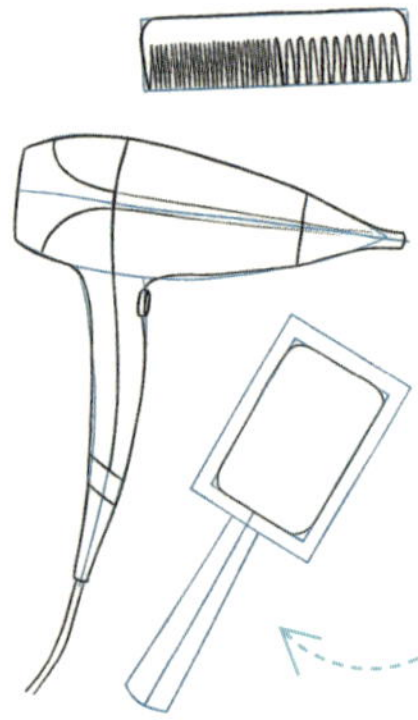

5 Das innere Rechteck der Bürste mit dem Fineliner nachziehen.

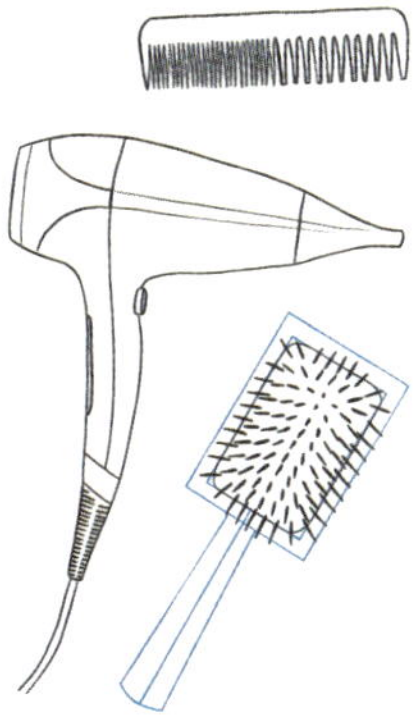

6 Die Hilfslinien von Föhn und Kamm ausradieren. Die Borsten der Bürste einfügen.

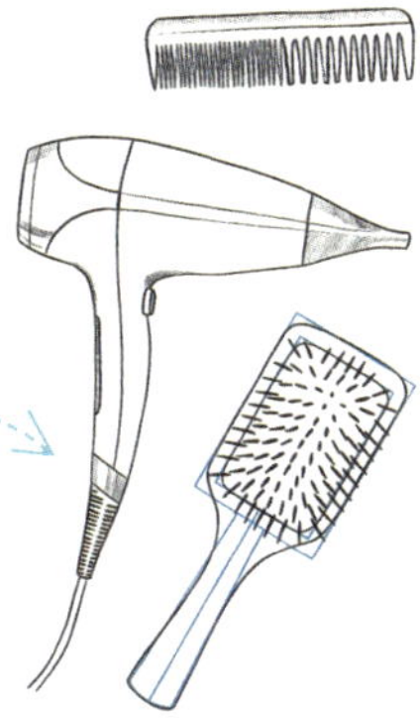

7 Einige Schatten auf Föhn und Kamm einzeichnen. Die Bürste mit Fineliner ausarbeiten.

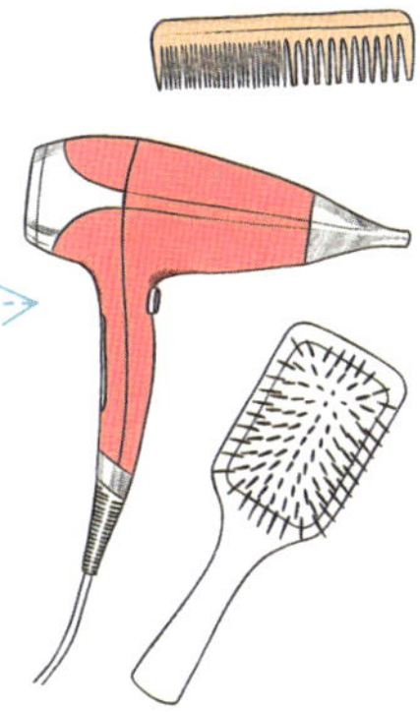

8 Kamm und Föhn kolorieren. Die Hilfslinien der Büste ausradieren.

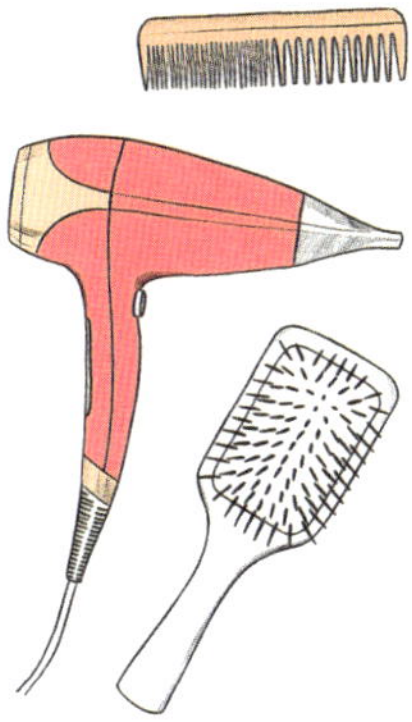

9 Den Föhn mit Farbe weiter ausarbeiten.

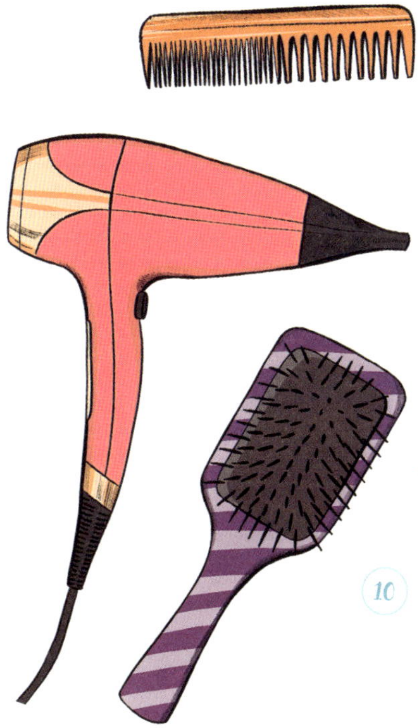

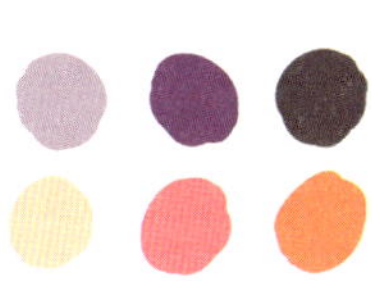

10 Die Bürste zweifarbig kolorieren. Auf allen Objekten dunklere Schatten einfügen.

Badezimmerregal

Auf so einem Leiterregal sind die Badezimmerutensilien gut verstaut,
und eine Pflanze findet auch noch Platz.

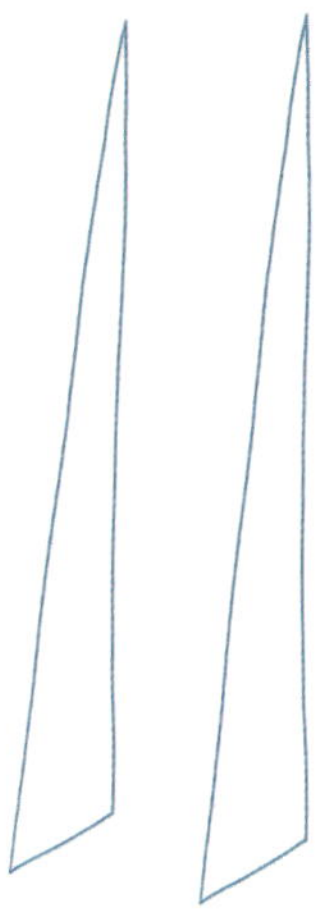

1 Zwei längliche Dreiecke nebeneinander zeichnen. Das rechte ist etwas höher als das linke. Das ist wichtig für die Perspektive.

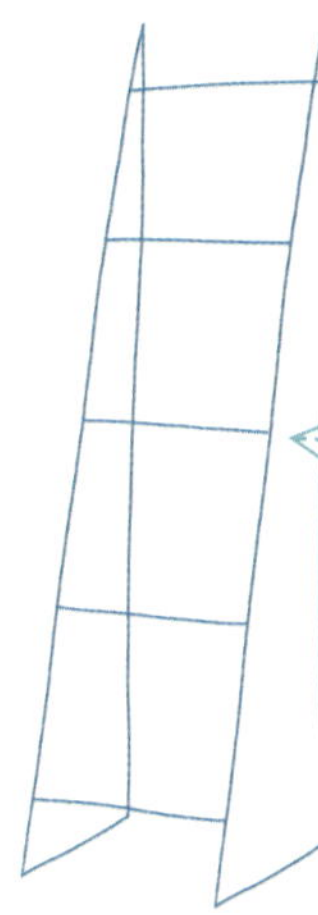

2 Die Dreiecke mit vier waagerechten Linien verbinden.

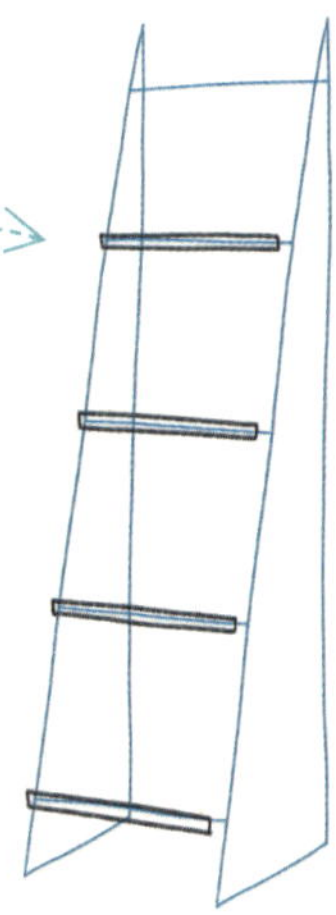

3 Die drei unteren Linien mit Fineliner ausarbeiten.

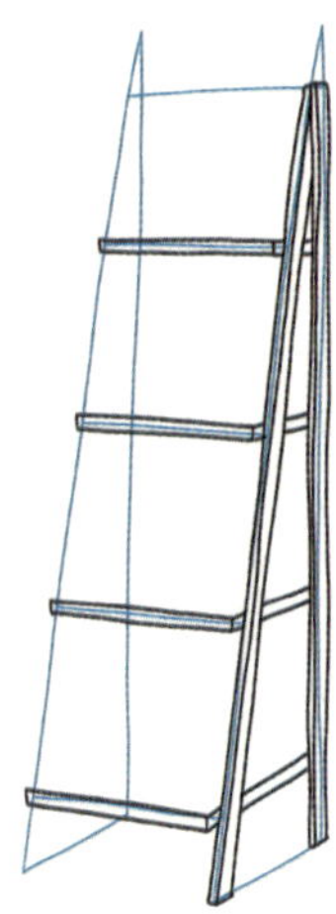

4 Das rechte Dreieck mit Fineliner nachzeichnen.

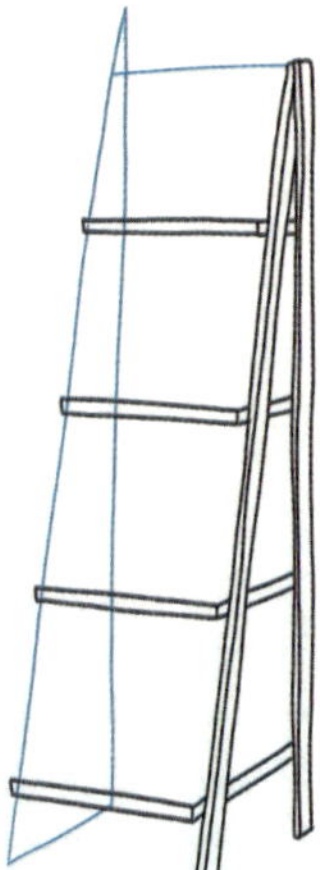

5 Die Hilfslinien des rechten Dreiecks ausradieren.

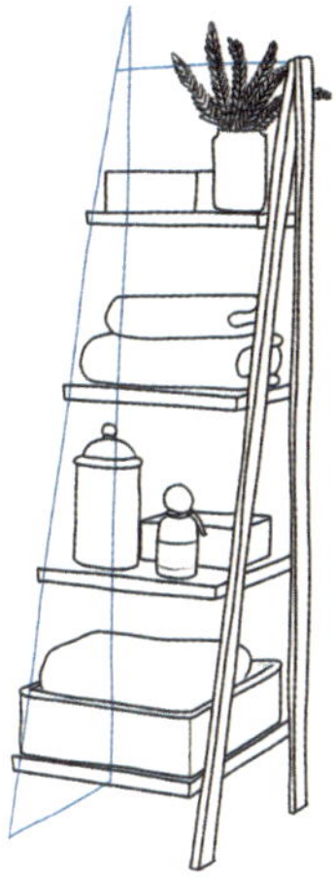

6 Nun die Objekte auf den Regalen zeichnen. Sie dürfen rechts nicht über das Dreieck hinausstehen.

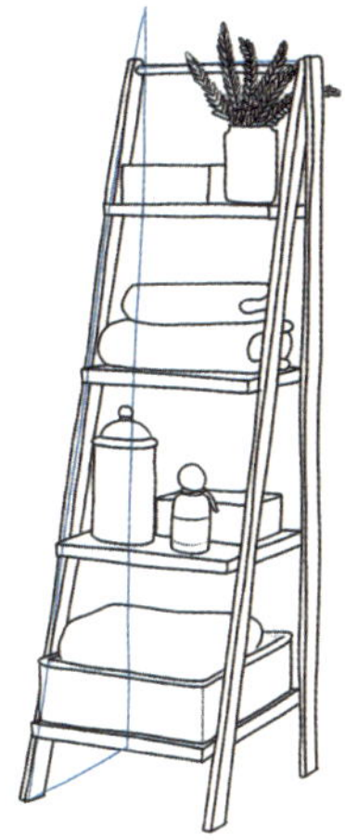

7 Den sichtbaren Teil des rechten Dreiecks mit Fineliner nachzeichnen.

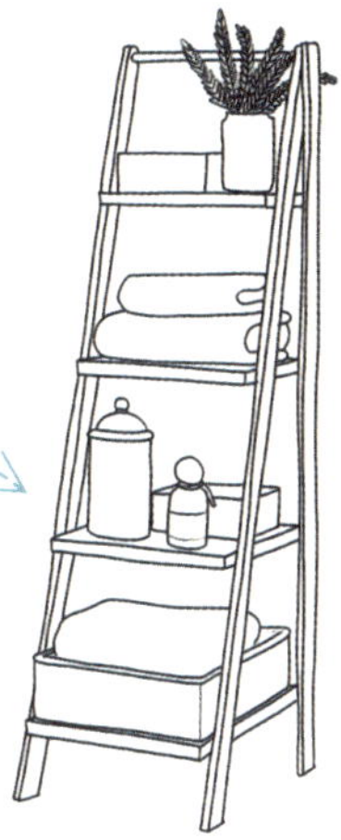

8 Alle noch sichtbaren Bleistiftstriche ausradieren.

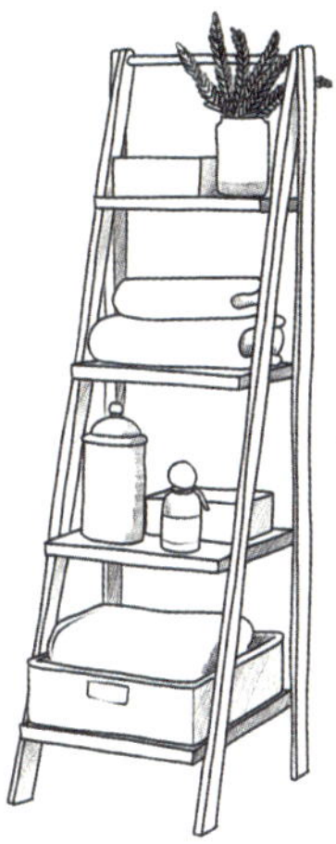

9 Mit Bleistift einige Schattierungen einfügen.

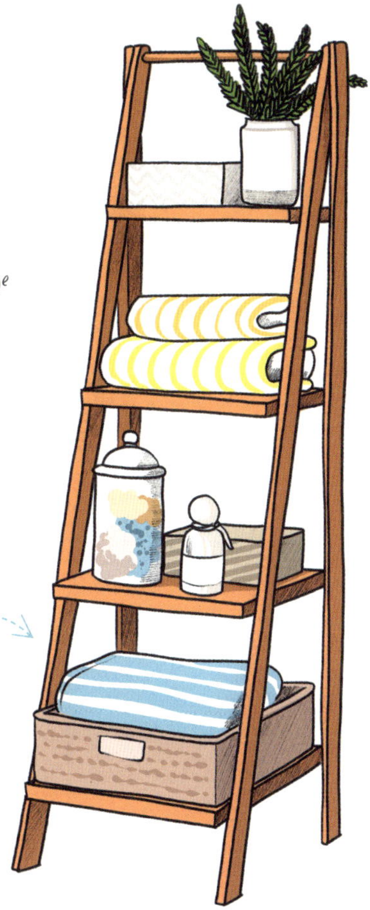

10 Zuletzt das Regal und seinen Inhalt mit verschiedenen Farben kolorieren.

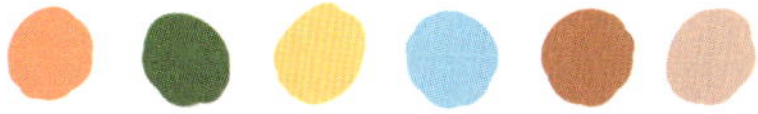

Seife, Zahnbürste & Co.

Mit hübschen Flacons und Behältern macht die Körperpflege gleich viel mehr Freude.

1 Mit drei rechteckigen Formen beginnen.

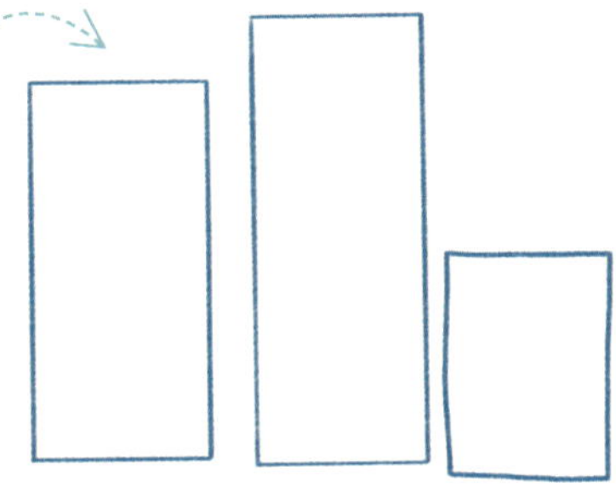

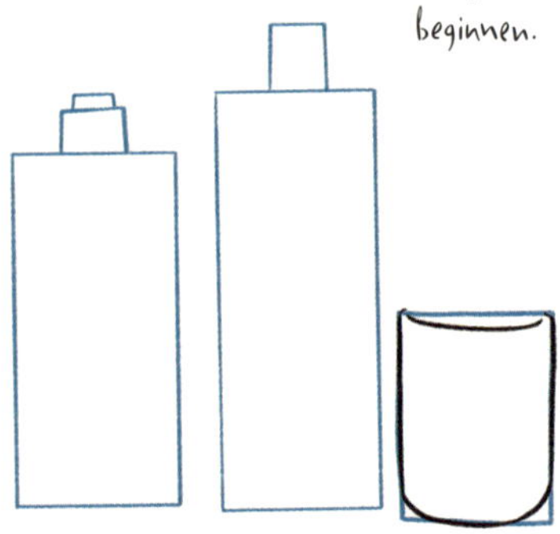

2 Auf die beiden linken Formen kleine Rechtecke setzen. Den Zahnputzbecher (rechts) mit Fineliner deutlicher ausarbeiten.

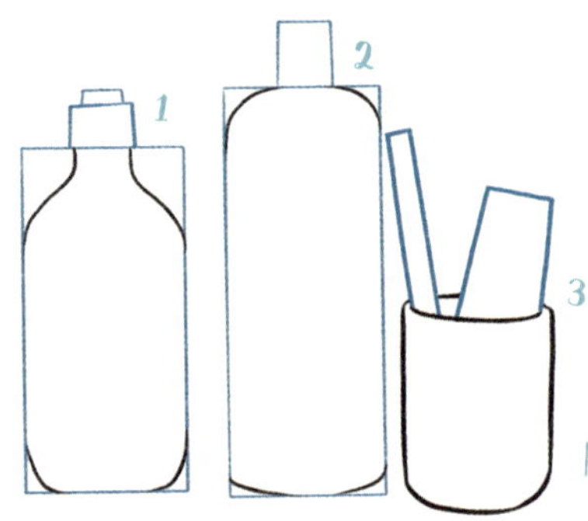

3 Erste Rundungen mit dem Fineliner einzeichnen. Im Becher zwei längliche Rechtecke für Zahnbürste und Tube vorzeichnen.

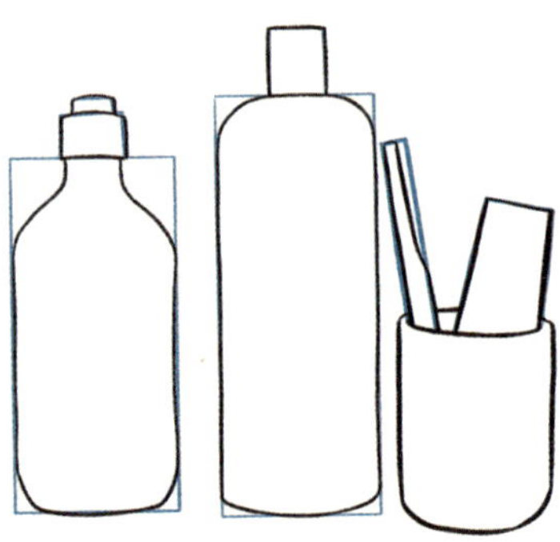

4 Die übrigen Umrisse mit Fineliner ausarbeiten.

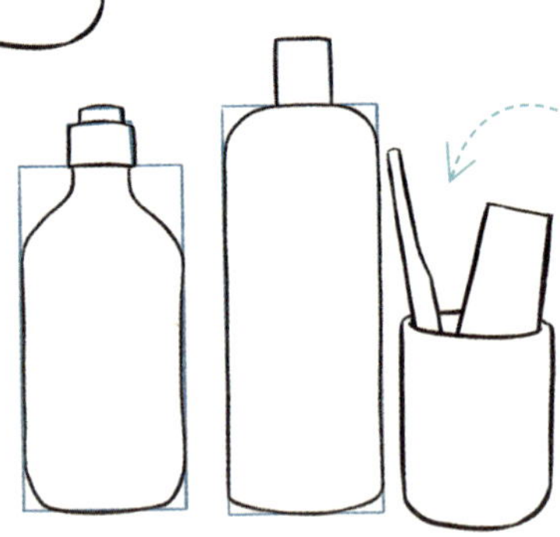

5 Hilfslinien von Zahnbürste und Tube ausradieren.

6 Alle übrigen Hilfslinien ausradieren. Die Borsten der Zahnbürste und den Deckel der Tube einzeichnen.

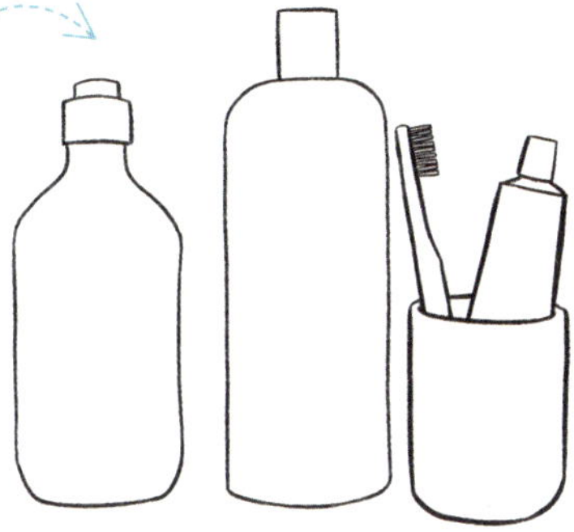

7 Erste Details einzeichnen, etwa den Pumpspender und die Etiketten. So sehen die Utensilien interessanter aus.

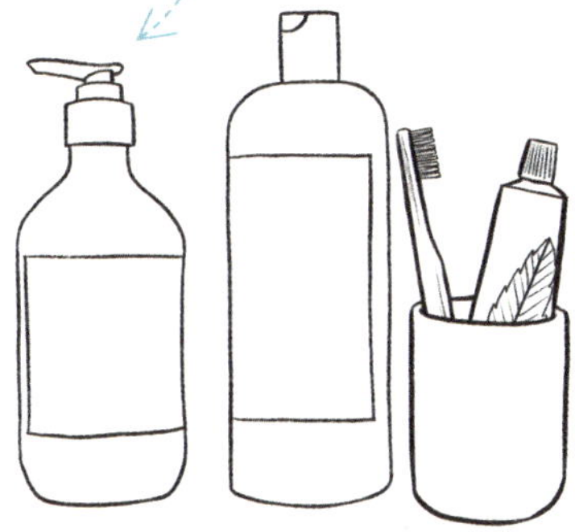

8 Einige Schatten andeuten.

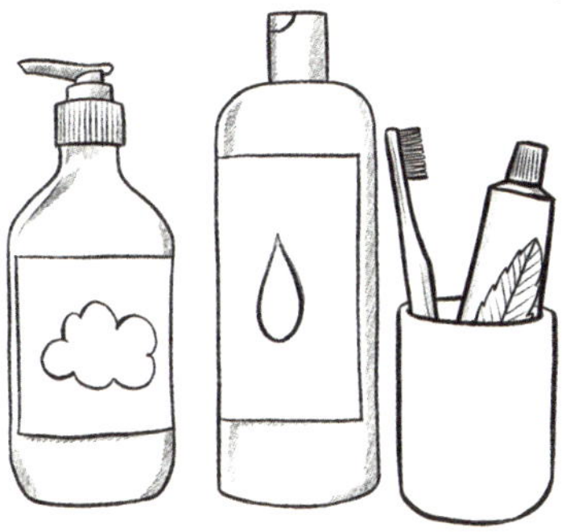

9 Die beiden Flaschen mit Orange, Gelb und Grün kolorieren.

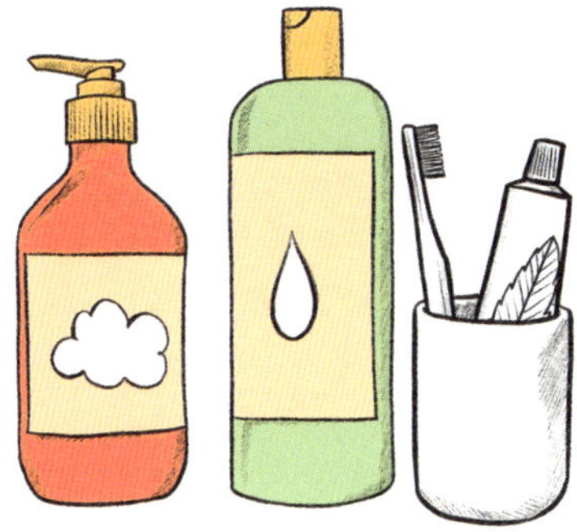

10 Zuletzt den Zahnputzbecher kolorieren und einige dunklere Schatten auf allen Utensilien andeuten.

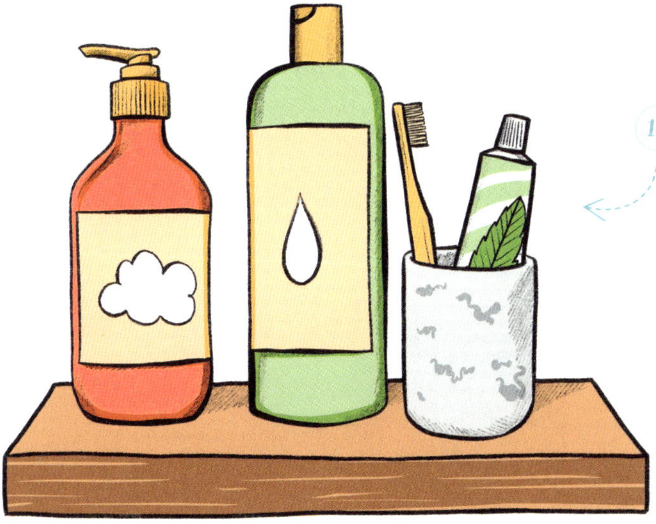

Wattepads

Wenn Sie Ihre Wattepads in so einem hübschen Beutel aufbewahren, sind sie immer griffbereit.

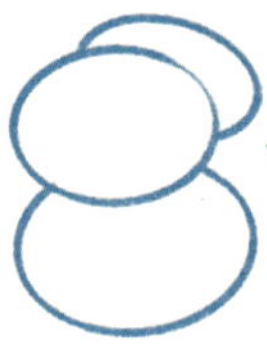

1 Zuerst drei überlappende Ovale zeichnen.

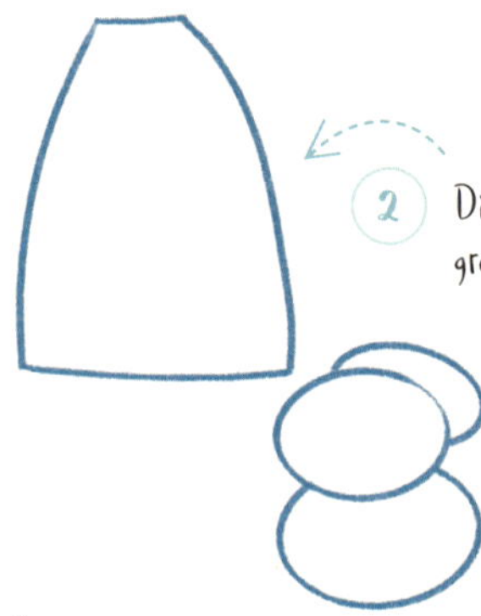

2 Die Form des Beutels grob andeuten.

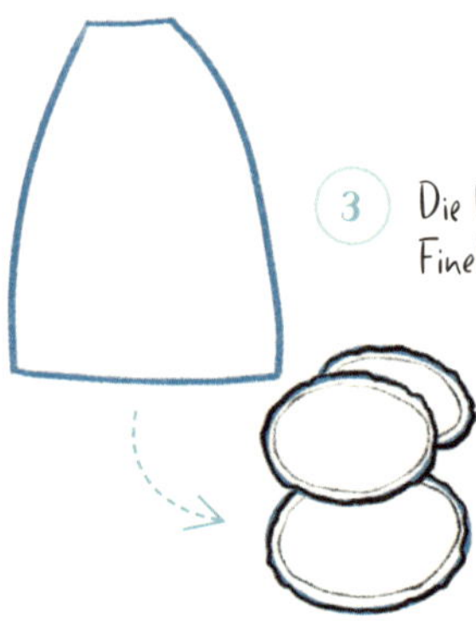

3 Die Umrisse der Ovale mit Fineliner nachzeichnen.

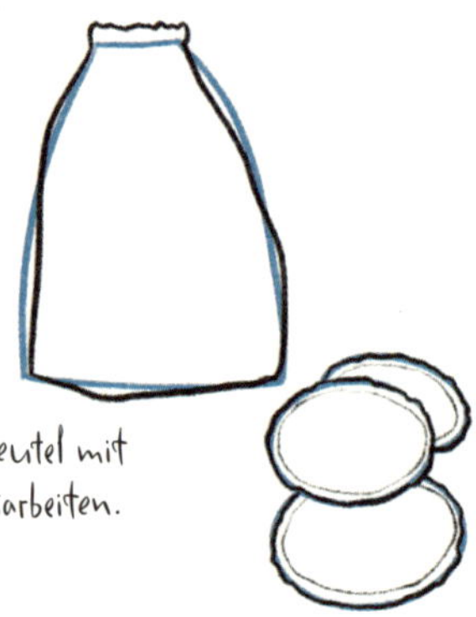

4 Auch den Beutel mit Fineliner ausarbeiten.

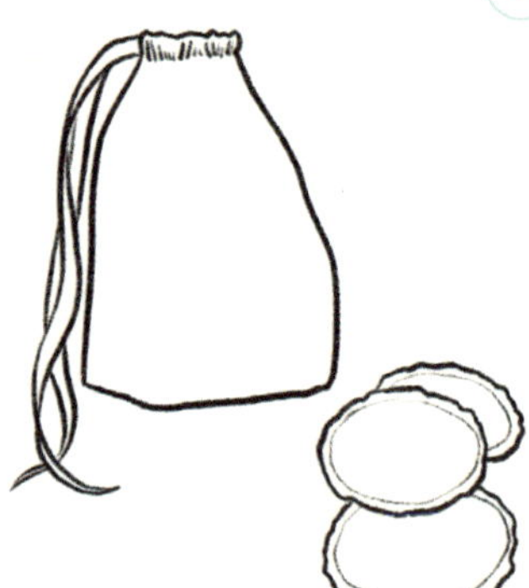

5 Die Hilfslinien ausradieren.

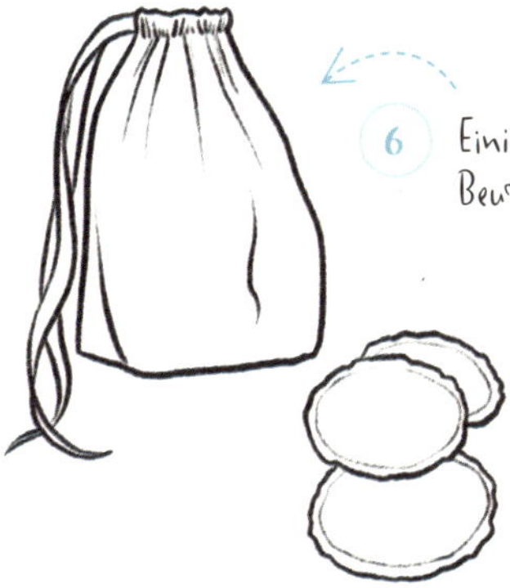

6 Einige Falten auf dem Beutel andeuten.

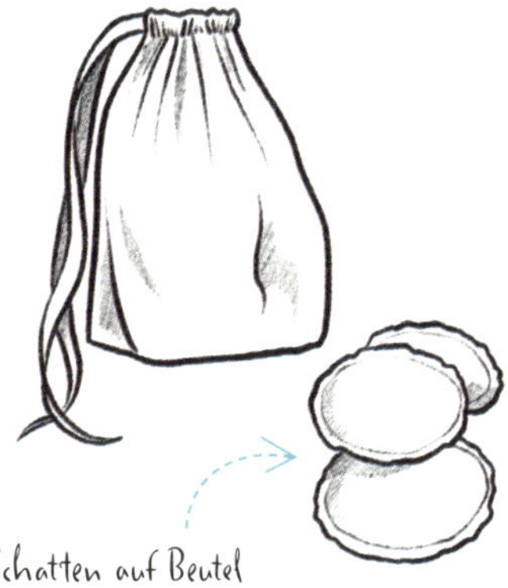

7 Schatten auf Beutel und Pads einzeichnen.

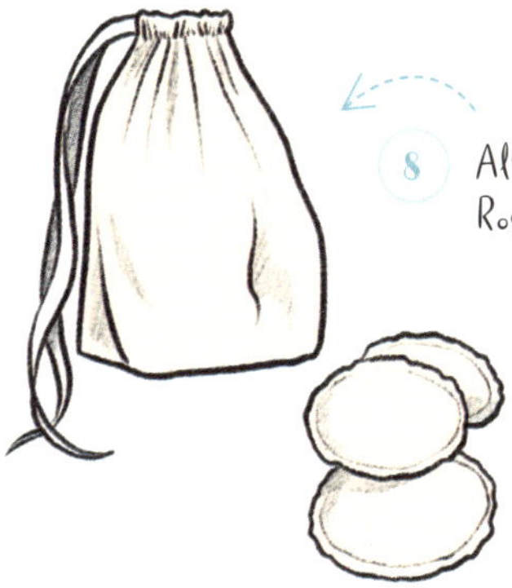

8 Alle Teile mit hellem Rosa kolorieren.

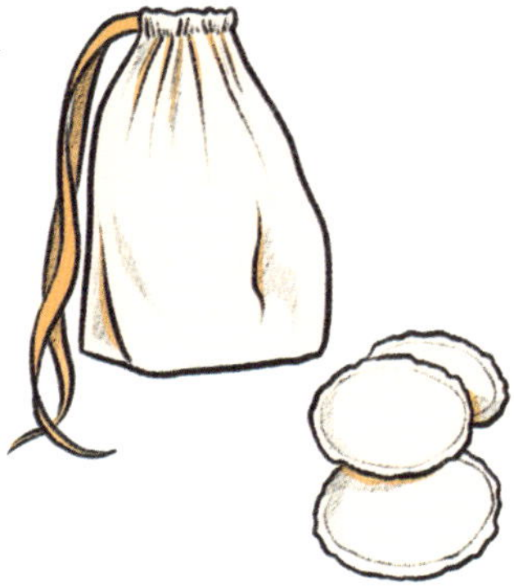

9 Die Kordel in Orange hervorheben.

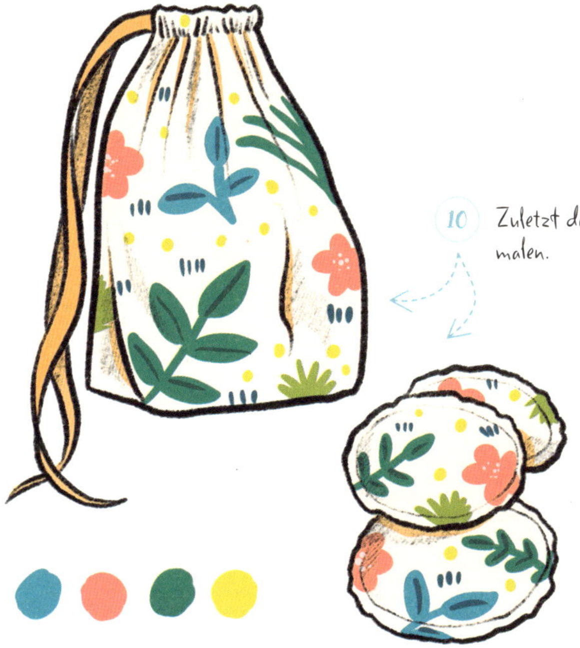

10 Zuletzt das Blumenmuster malen.

Parfümflaschen

Parfüm soll nicht nur gut duften. Auch die Flaschen sind oft dekorativ gestaltet – hier in drei verschiedenen Formen.

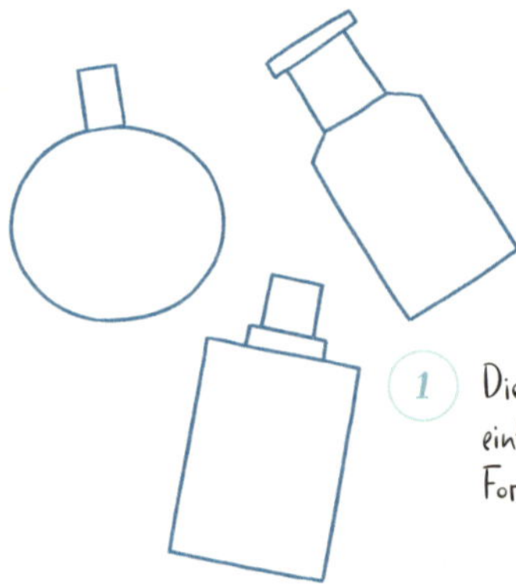

1 Die drei Flaschen aus einfachen geometrischen Formen zusammensetzen.

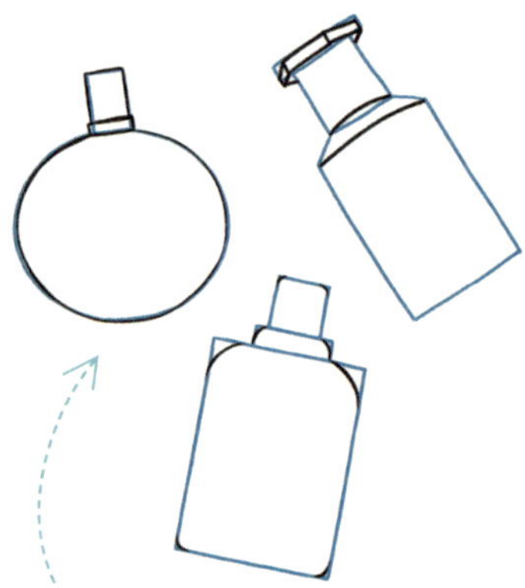

2 Erste Formen mit Fineliner nachzeichnen, dabei die Ecken abrunden.

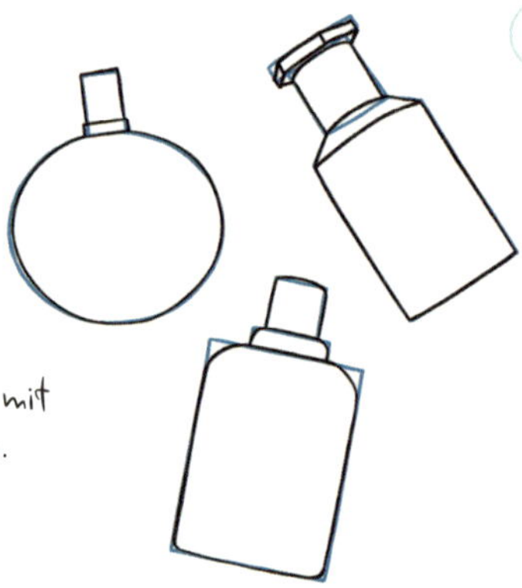

3 Alle Bleistiftstriche mit Fineliner nachziehen.

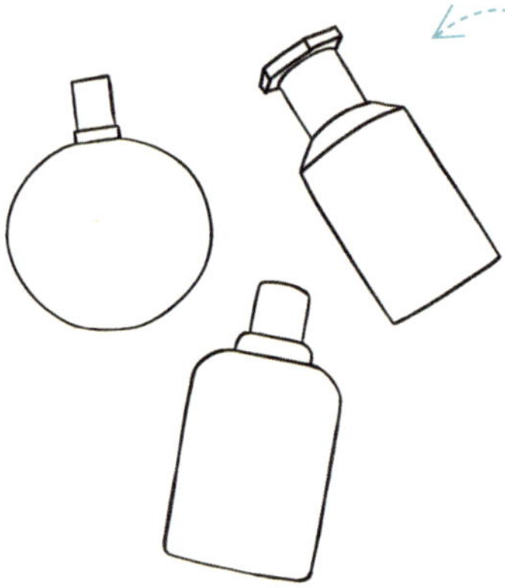

4 Die Hilfslinien ausradieren.

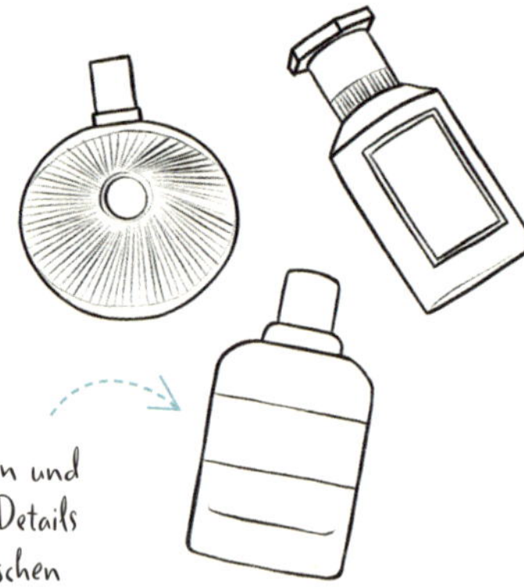

5 Etiketten und andere Details der Flaschen einzeichnen.

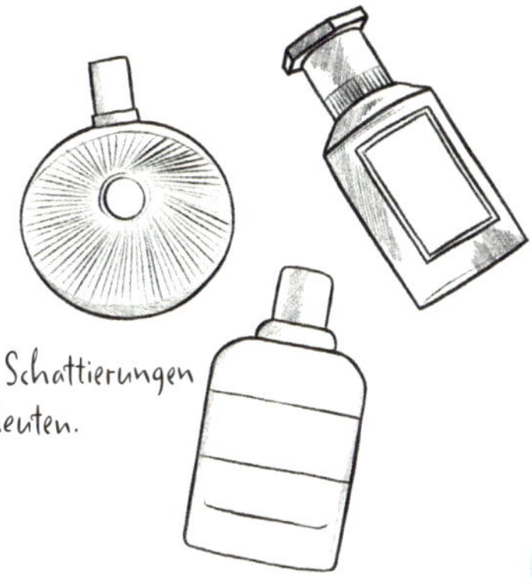

6 Die Schattierungen andeuten.

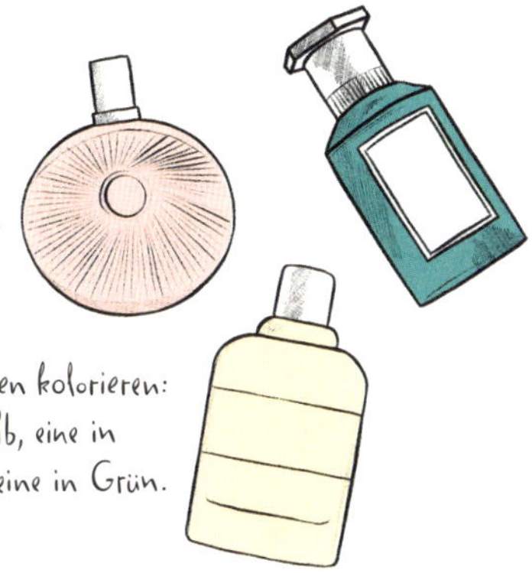

7 Die Flaschen kolorieren: eine in Gelb, eine in Rosa und eine in Grün.

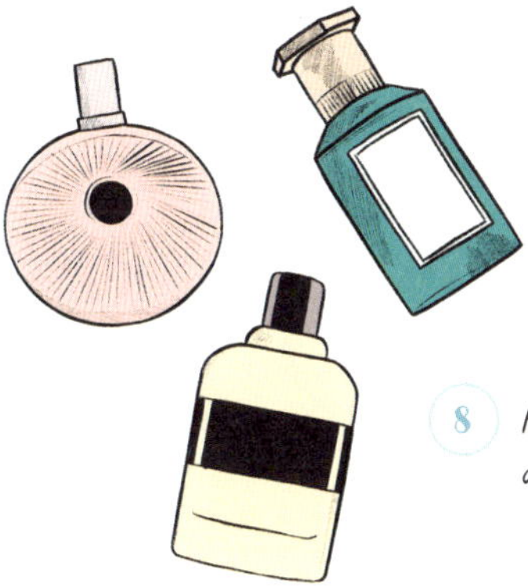

8 Auch die Deckel farbig ausgestalten.

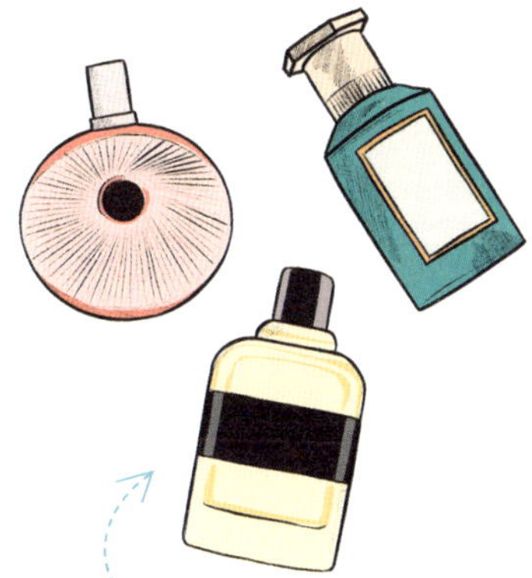

9 Durch Schatten die plastischen Formen herausarbeiten.

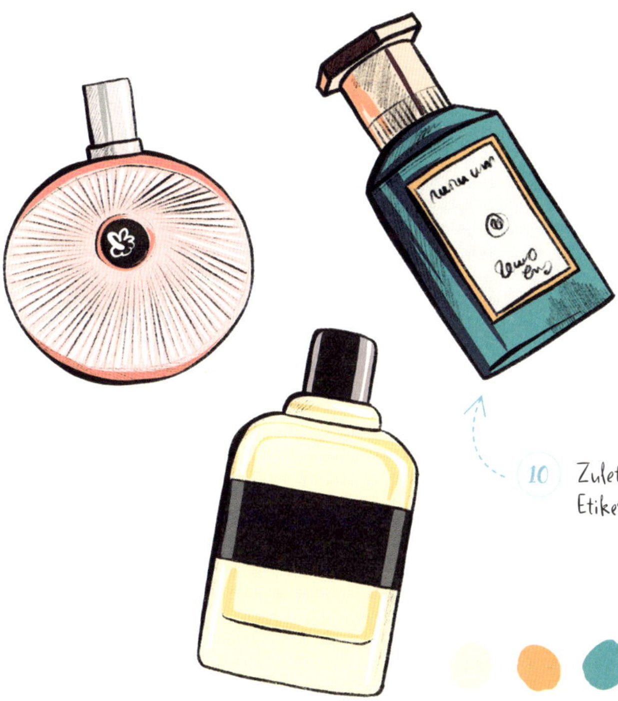

10 Zuletzt die Details der Etiketten ausarbeiten.

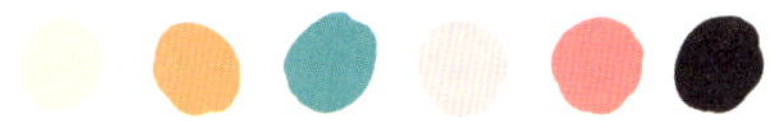

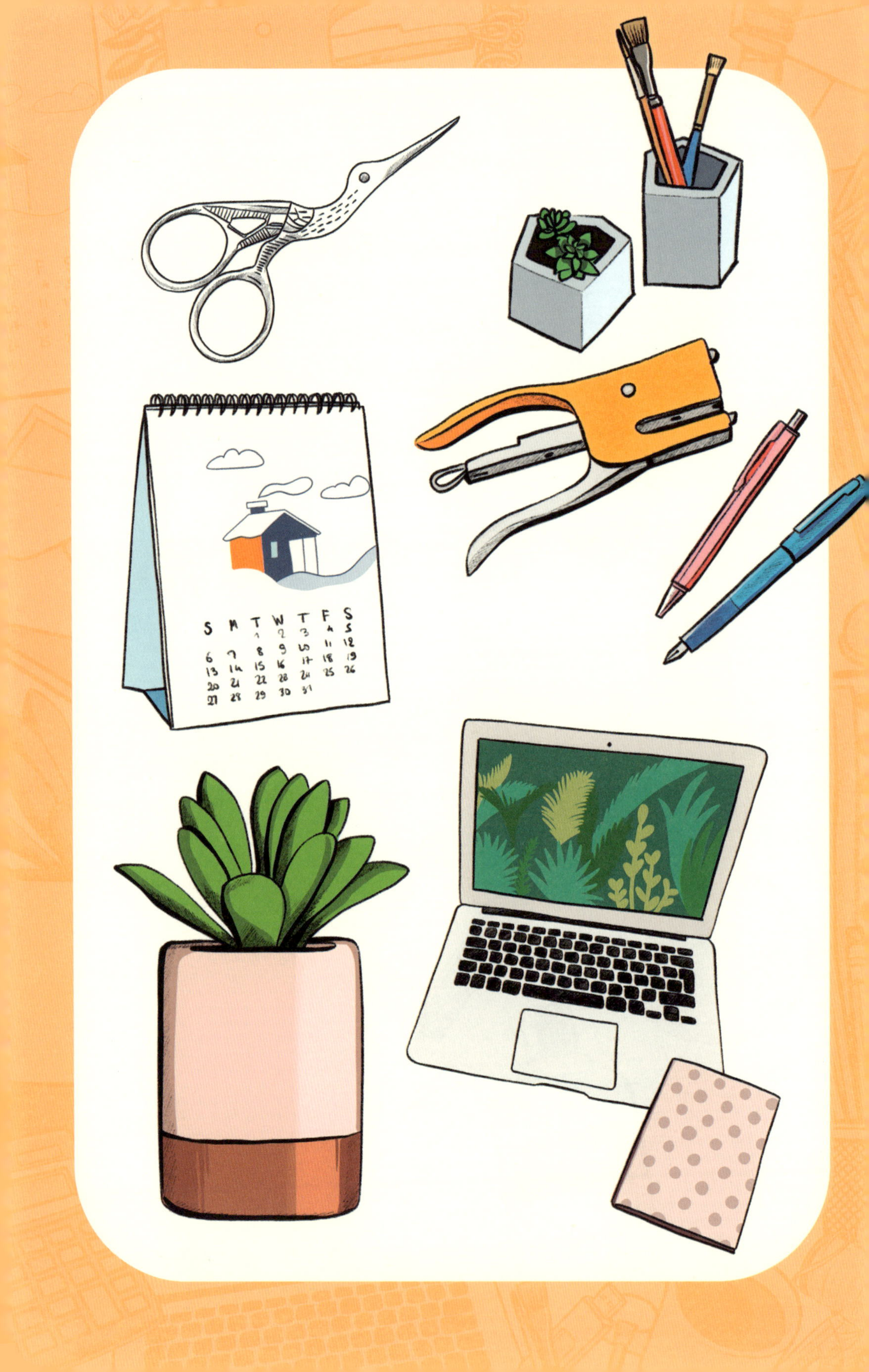
S M T W T F S
1 2 3 4 5
6 7 8 9 10 11 12
13 14 15 16 17 18 19
20 21 22 23 24 25 26
27 28 29 30 31

Auf meinem Schreibtisch

Schere

Diese klassische Handarbeitsschere in Vogelform ist für kreative Momente wie geschaffen.

1 Mit zwei ovalen Formen beginnen.

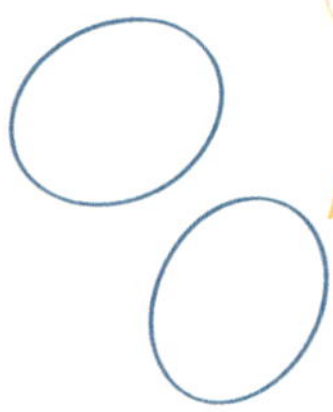

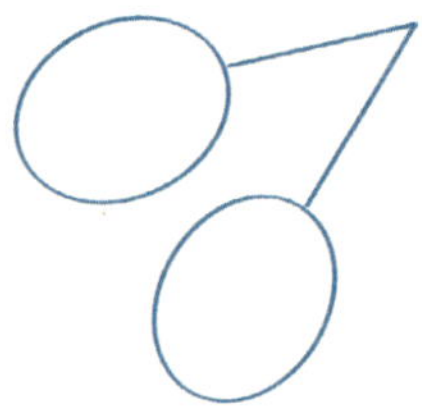

2 Die Ovale mit zwei geraden Strichen verbinden.

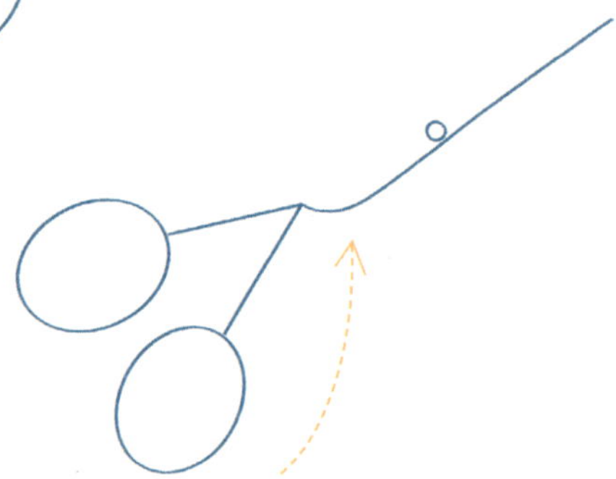

3 An der Spitze eine längere Linie mit einem kleinen Kreis in der Mitte anfügen.

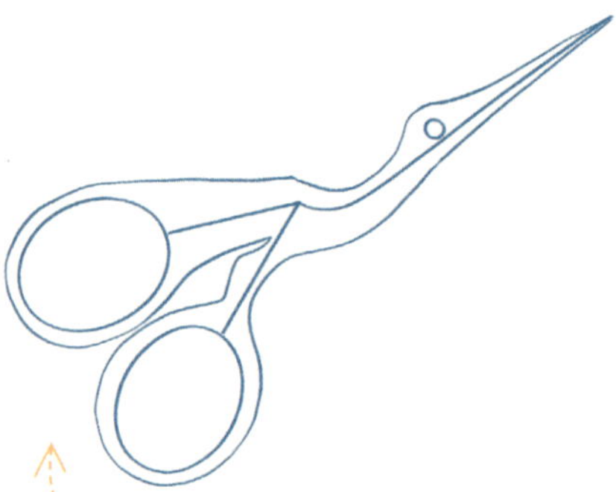

4 Die Gesamtform der Schere entwickeln. Der kleine Kreis ist das Auge des Vogels.

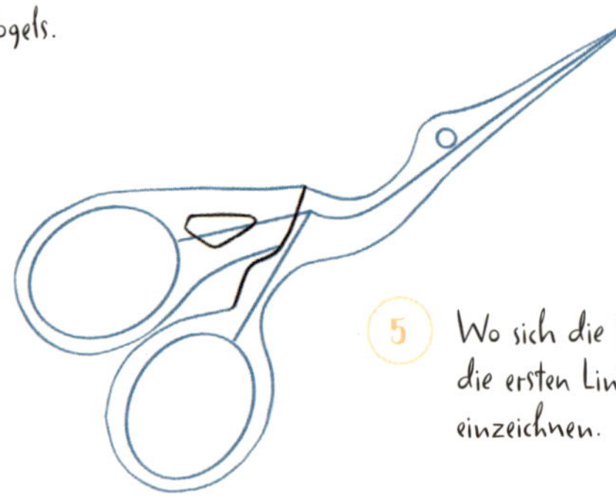

5 Wo sich die Schere öffnet, die ersten Linien mit Fineliner einzeichnen.

6 Alle Umrisse mit Fineliner nachziehen.

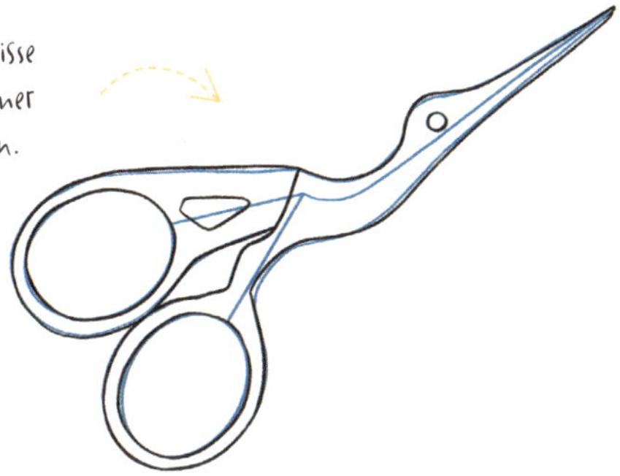

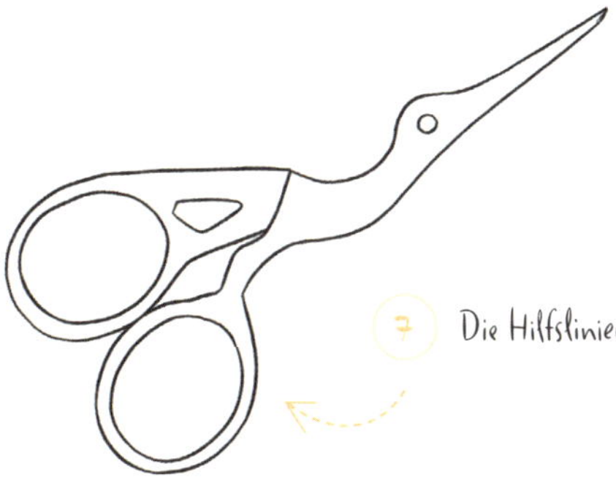

7 Die Hilfslinien ausradieren.

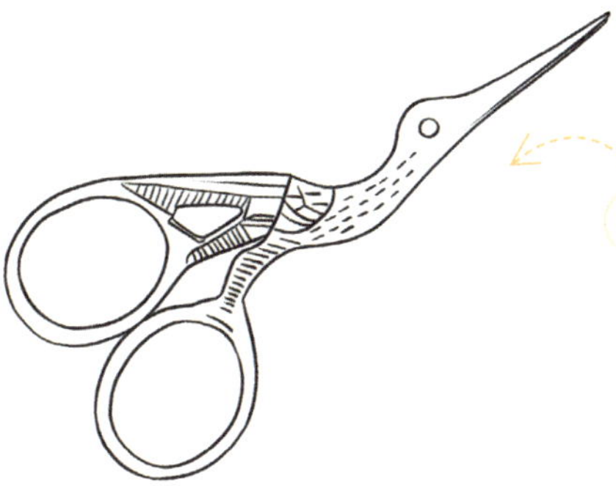

8 Den Vogel detailliert ausarbeiten.

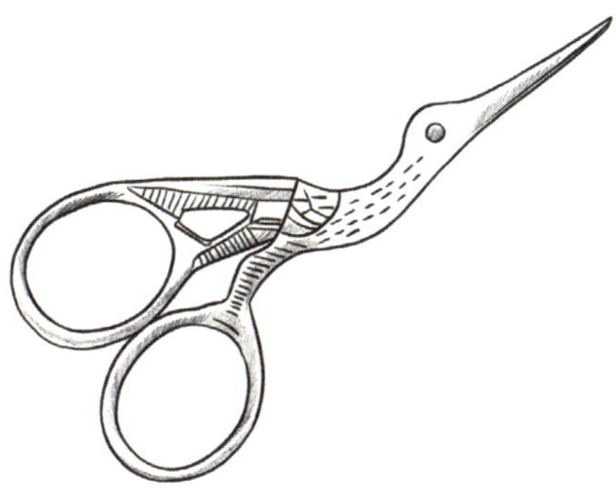

9 Einige Schattierungen einfügen.

10 Zuletzt die Zeichnung dezent kolorieren.

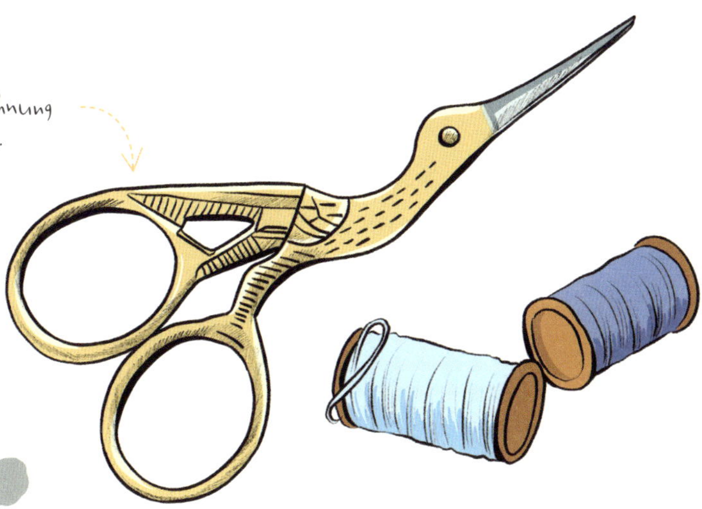

Sukkulente

Auch auf dem Schreibtisch ist Grün willkommen.
Bei dieser Pflanze kommt es auf die dicken Blätter an.

1 Zuerst ein Rechteck zeichnen.

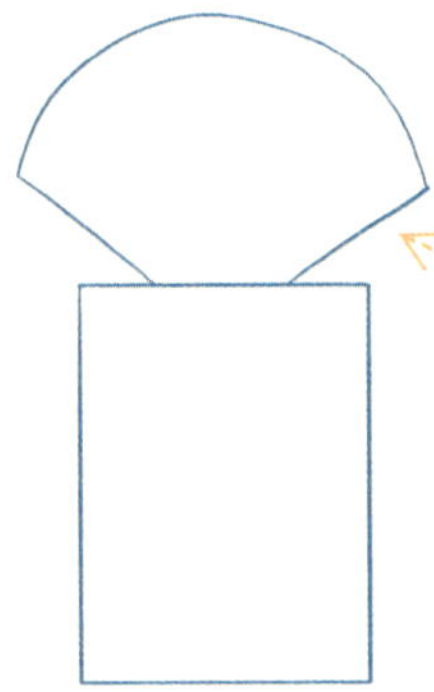

2 Darauf eine Fächerform für die Blätter setzen.

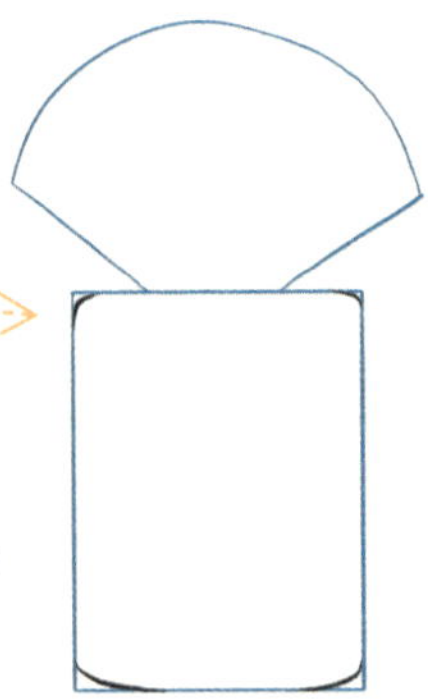

3 Die Ecken des Tropfs mit Fineliner abrunden.

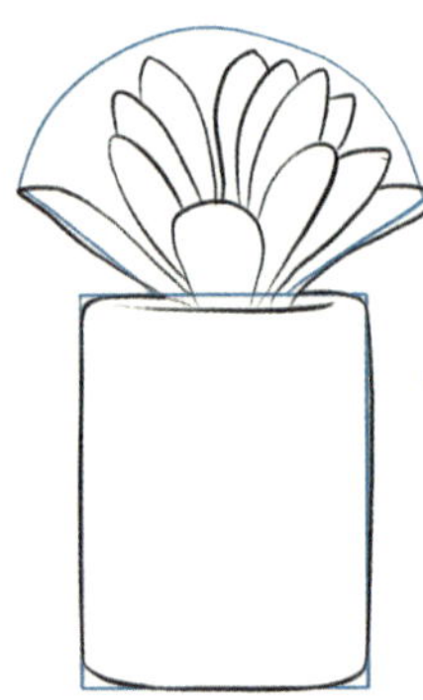

4 In den Fächer hinein die Blätter der Pflanze zeichnen.

5 Alle Hilfslinien ausradieren.

6 Den Topf genauer ausarbeiten.

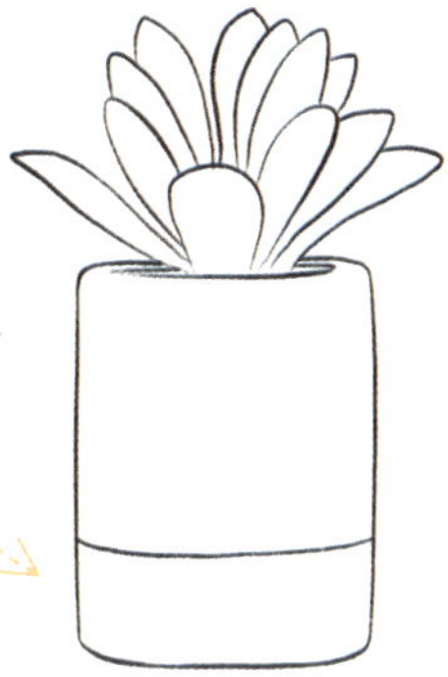

7 Schatten auf den Blättern andeuten.

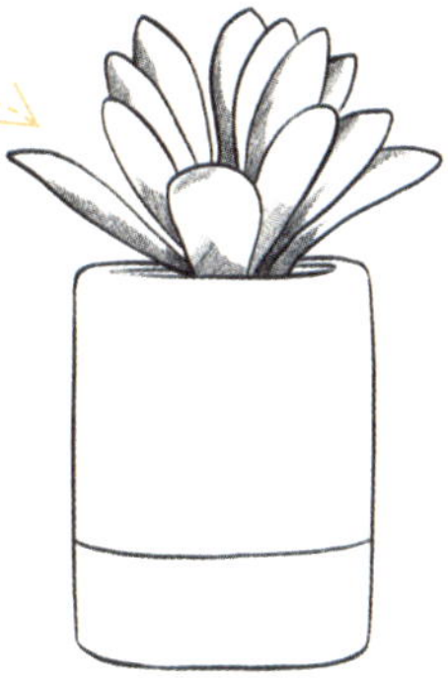

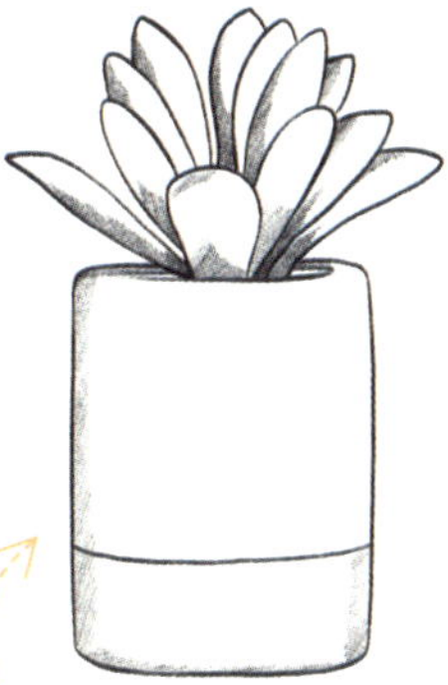

8 Auch die Schatten auf dem Topf einfügen.

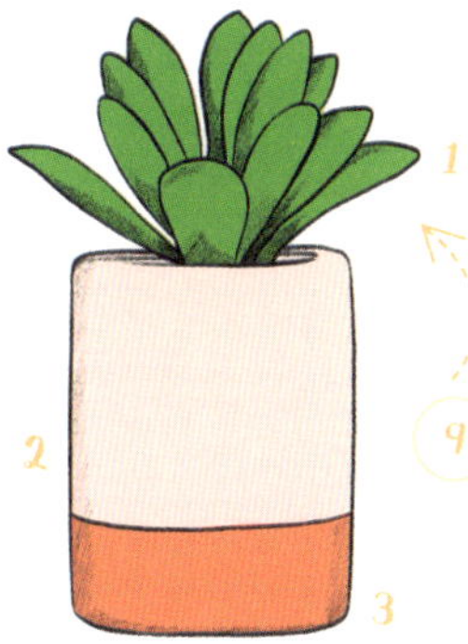

9 Die Pflanze mit Grün (1) kolorieren, den Topf mit Rosa (2) und Rot (3).

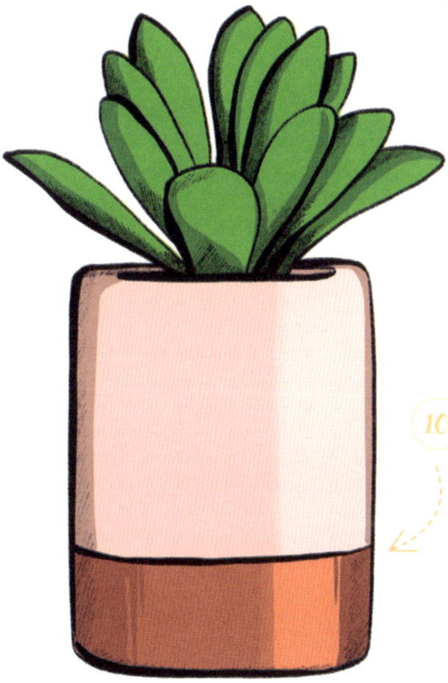

10 Durch Schatten die runde Form des Topfs herausarbeiten.

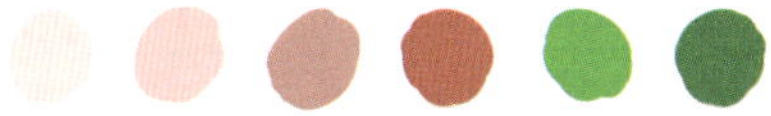

Malutensilien

Für kreative Hobbys braucht man das richtige Handwerkszeug. Hier können Sie sich eindecken.

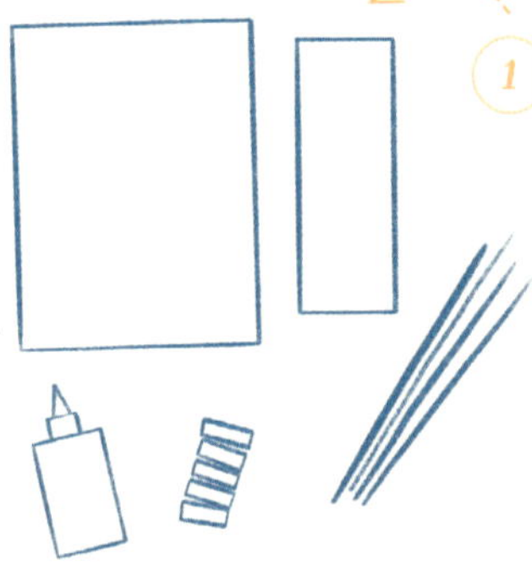

1 Die verschiedenen Formen mit Bleistift vorzeichnen.

2 Die Papierbögen und den Malkasten mit Fineliner deutlicher ausarbeiten.

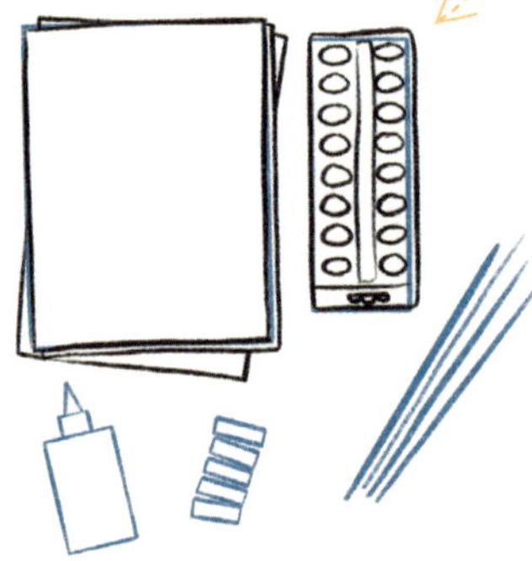

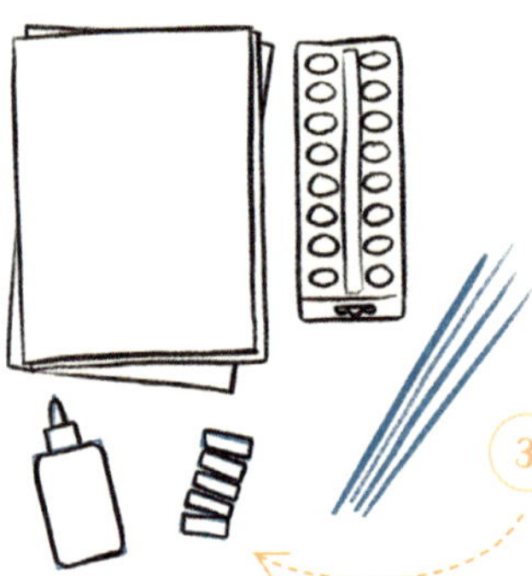

3 Leimflasche und Klebebandrollen ebenfalls mit Fineliner nachzeichnen.

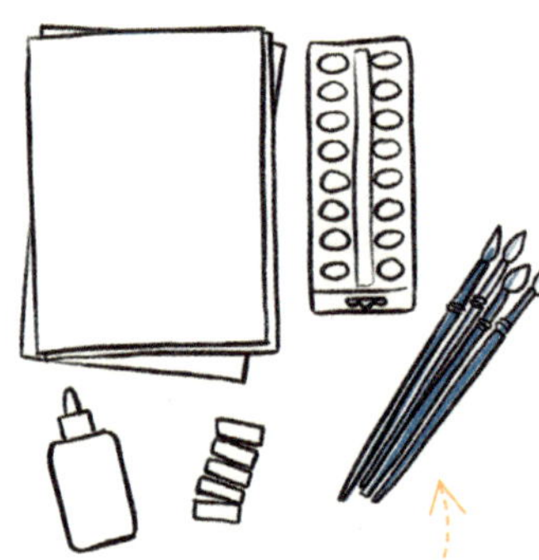

4 Die Pinsel mir Fineliner ausarbeiten.

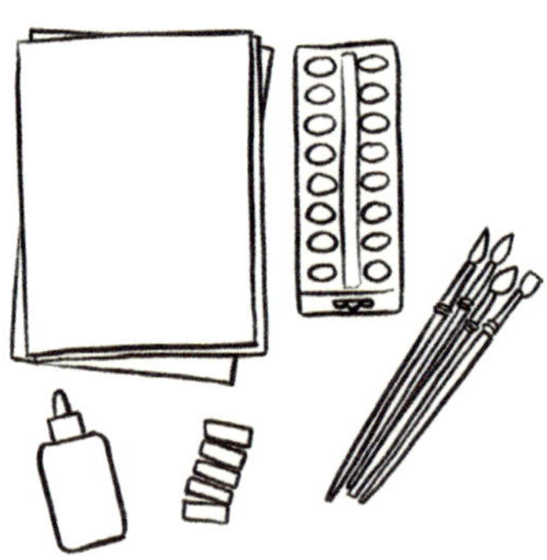

5 Alle Hilfslinien ausradieren.

6 Auf jedem Objekt einige Schatten andeuten.

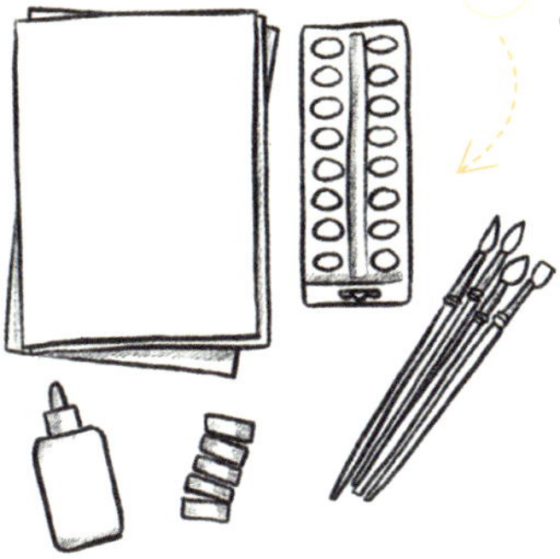

7 Malkasten und Klebebandrollen kolorieren.

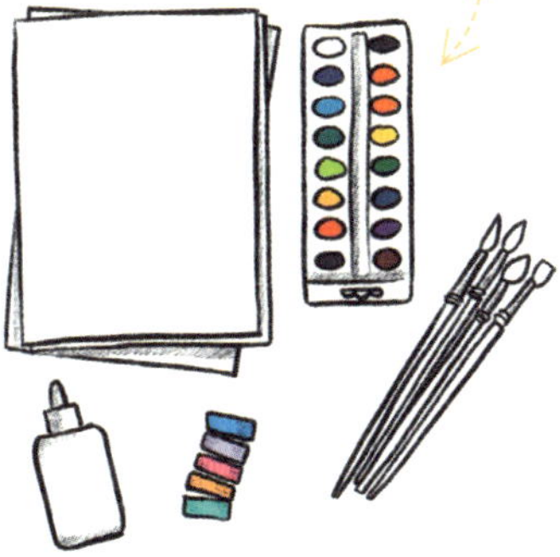

8 Leimflasche und Pinsel kolorieren.

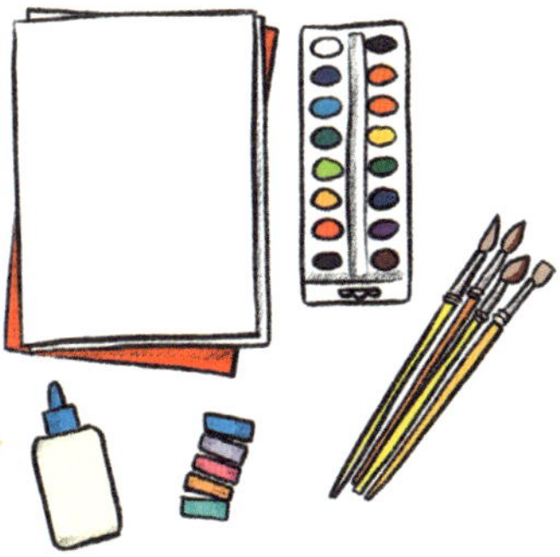

9 Das Etikett der Leimflasche einfügen und die Stifte auf das Papier zeichnen.

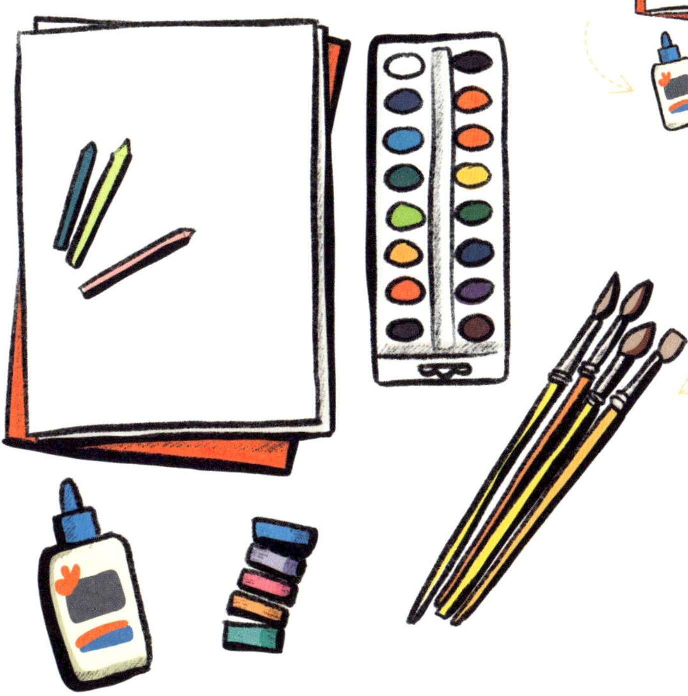

10 Zuletzt auf allen Objekten einige dunklere Schatten andeuten.

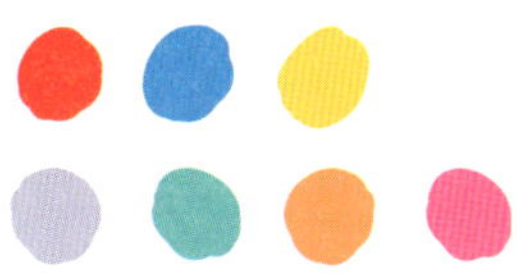

Kalender

Ob zur Terminplanung oder einfach zum Anschauen:
Ein Kalender darf auf dem Schreibtisch nicht fehlen.

1 Mit einer rechteckigen Form beginnen.

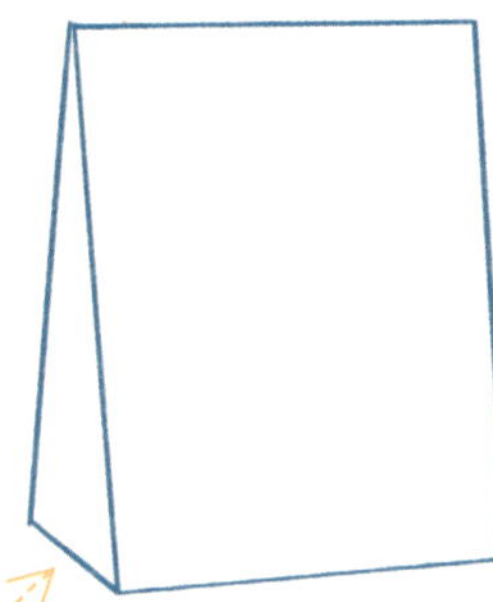

2 An der linken Seite ein Dreieck anfügen.

3 Oben und unten einige Linien mit Fineliner nachziehen.

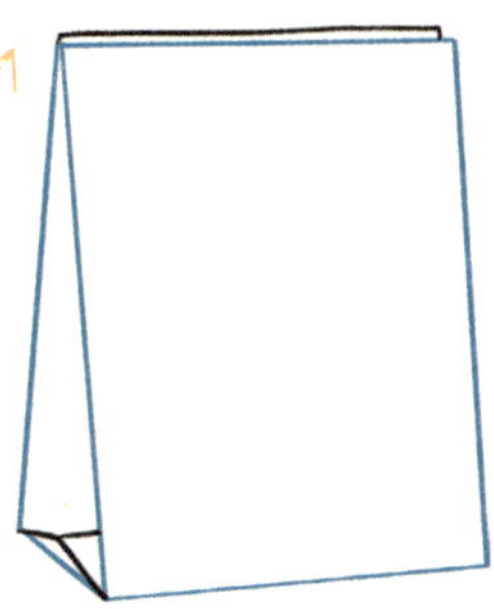

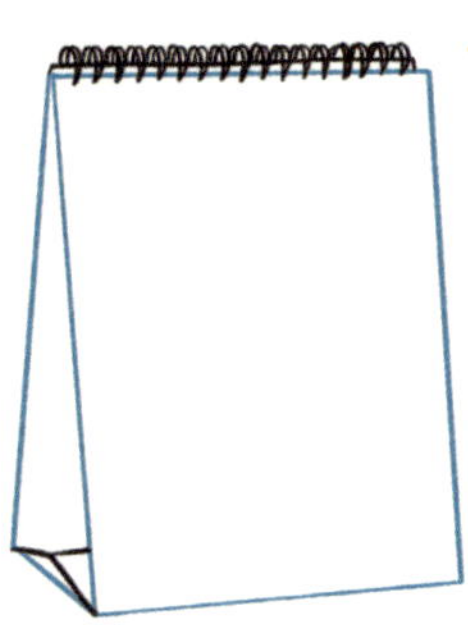

4 Die Spiralbindung an der Oberkante einzeichnen.

5 Die restlichen Bleistiftlinien nachzeichnen.

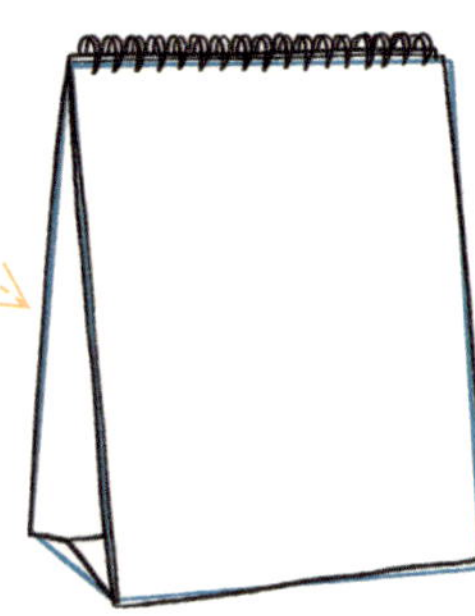

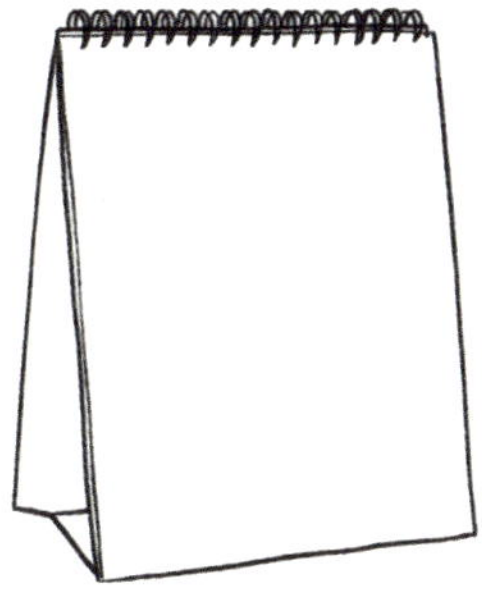

6 Die Hilfslinien ausradieren.

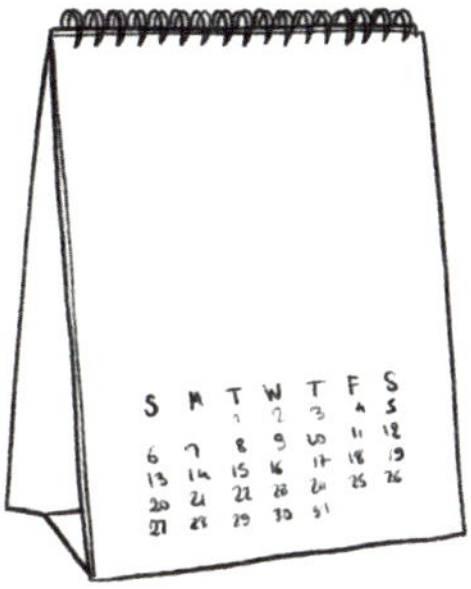

7 Im unteren Teil des Kalenders die Daten einfügen.

8 Darüber ein hübsches Motiv skizzieren.

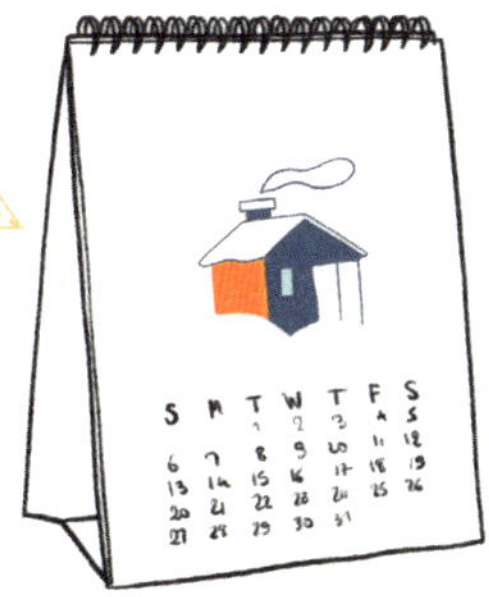

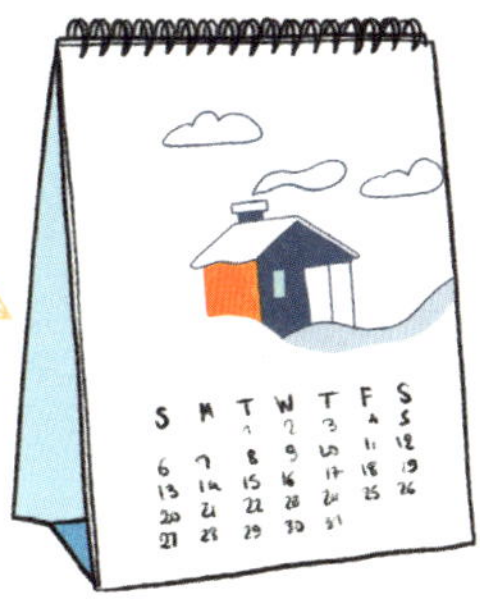

9 Die Rückwand des Kalenders mit Hellblau kolorieren.

10 Den Hintergrund des Motivs mit Rosa eintönen.

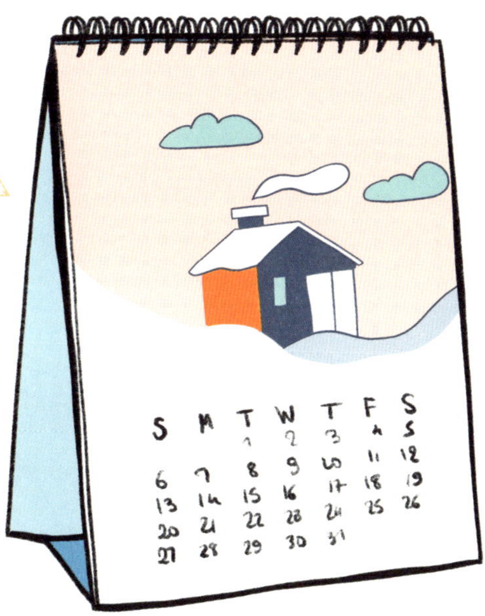

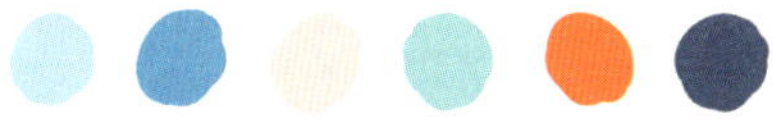

Büroutensilien

Diese nützlichen Utensilien sehen erst durch die Details und Schattierungen überzeugend aus.

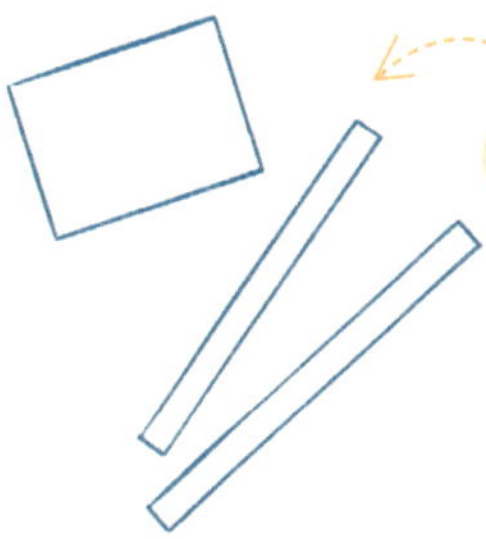

1 Mit drei Rechtecken beginnen.

2 Für den Tacker Griffe und Magazin an das größere Rechteck anfügen.

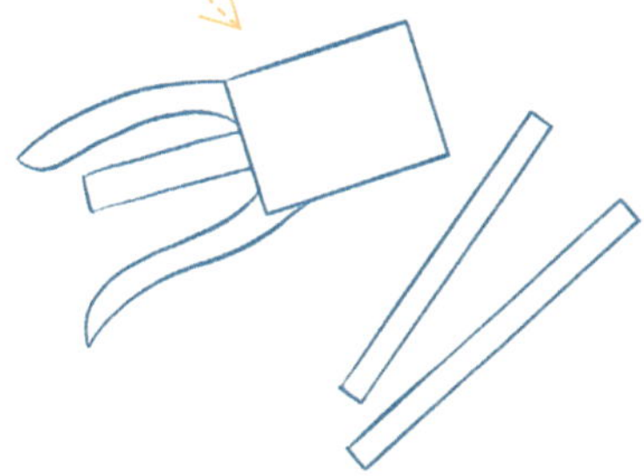

3 Erste Details mit dem Fineliner nachzeichnen.

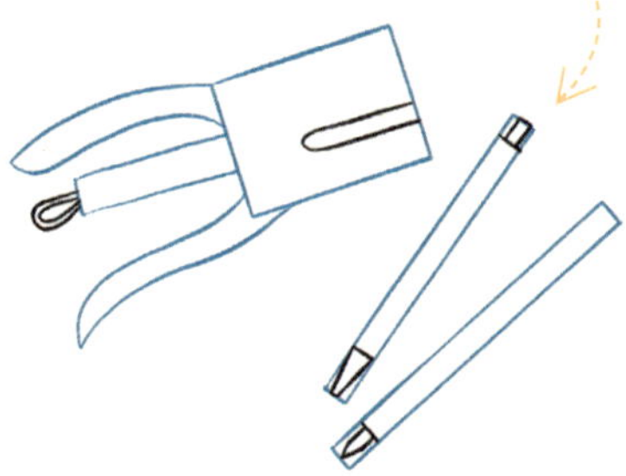

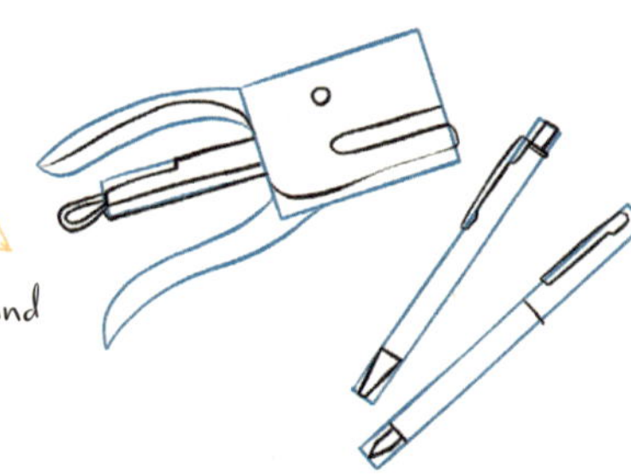

4 Feinheiten von Tacker und Stiften einzeichnen.

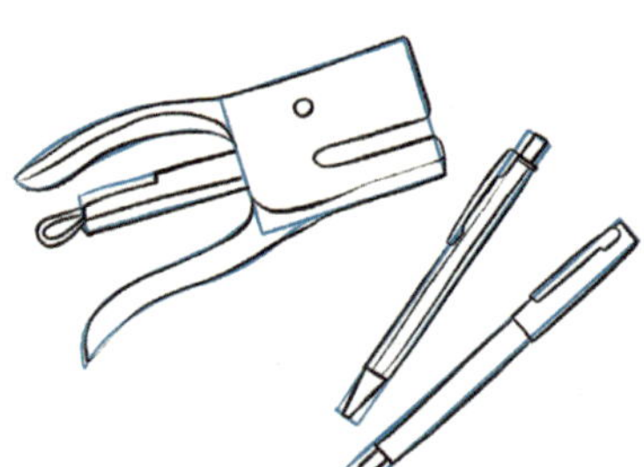

5 Die restlichen Bleistiftstriche nachziehen.

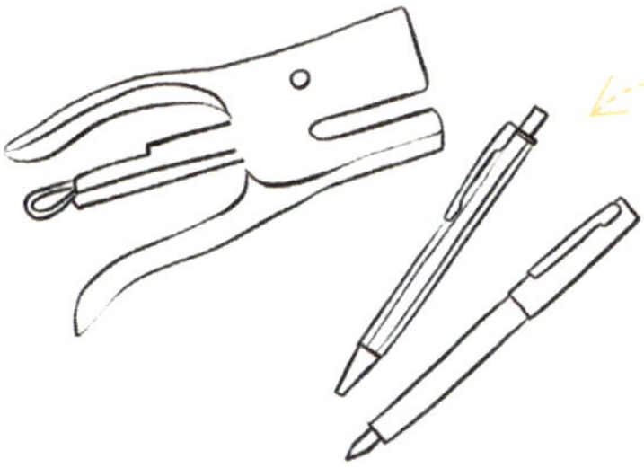

6 Die Hilfslinien ausradieren.

7 Die Objekte durch sparsame Striche plastisch ausgestalten.

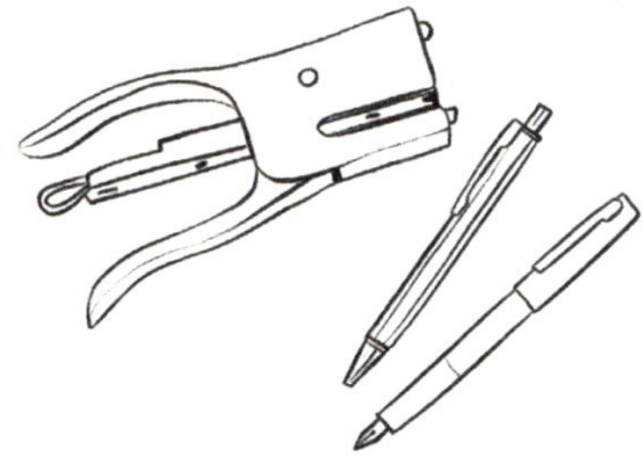

8 Einige Schatten andeuten.

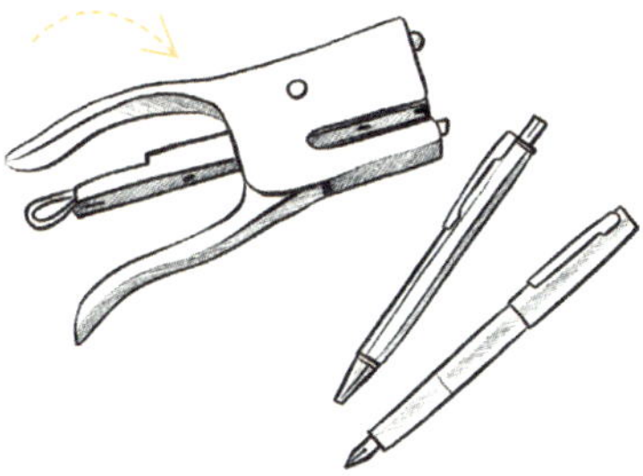

9 Die Stifte mit Blau und Rosa kolorieren.

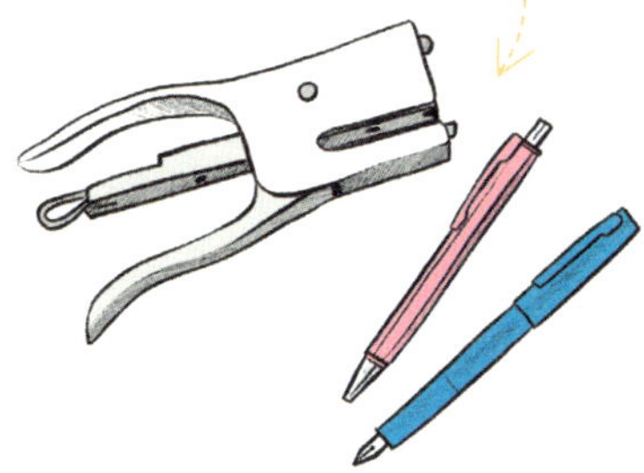

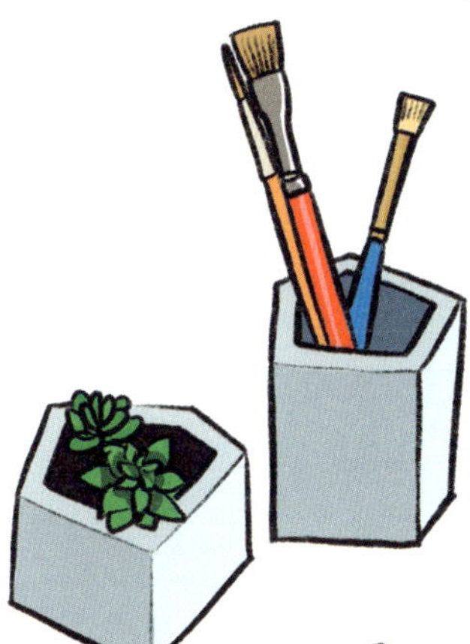

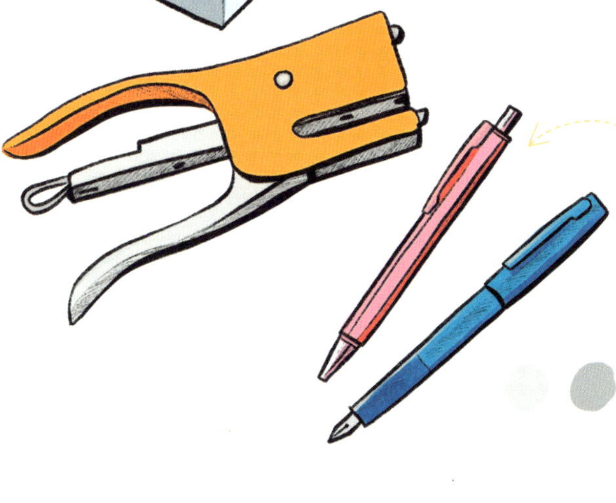

10 Zuletzt die dunkleren Schatten einfügen.

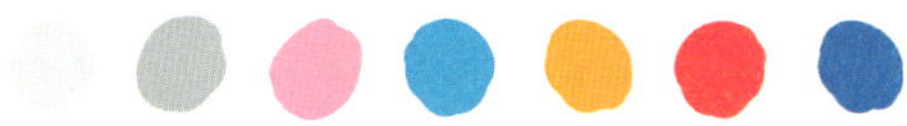

Laptop

Oft spielt der Laptop auf dem Schreibtisch die Hauptrolle. Hier müssen die Tasten richtig sitzen. Denken Sie auch an einen schönen Bildschirmhintergrund.

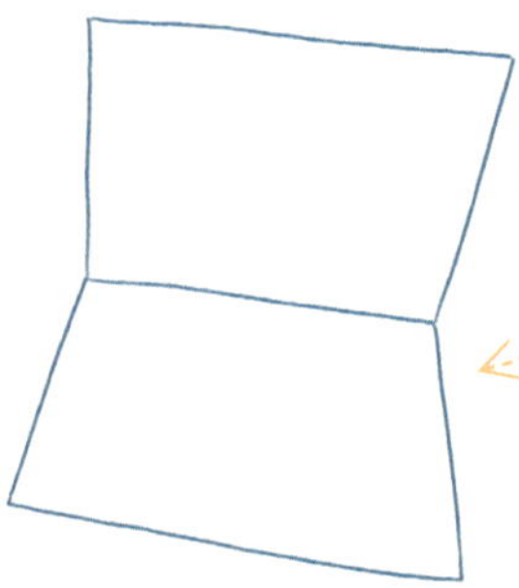

1 Die große Form mit zwei Rechtecken ähnlicher Größe skizzieren.

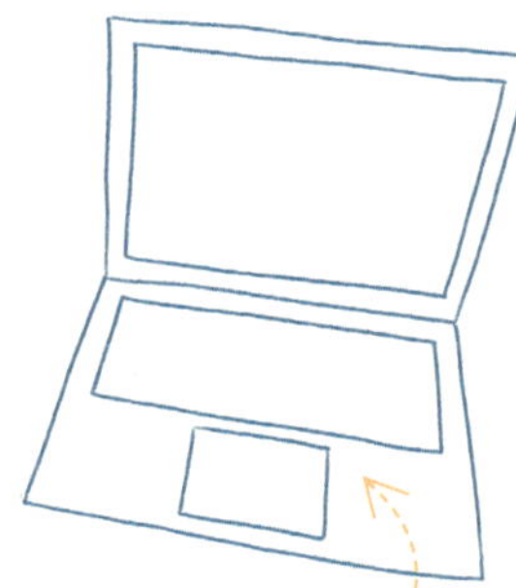

2 Kleinere Rechtecke für Monitor, Tastatur und Touchpad einzeichnen.

3 Die Tasten mit Fineliner einfügen.

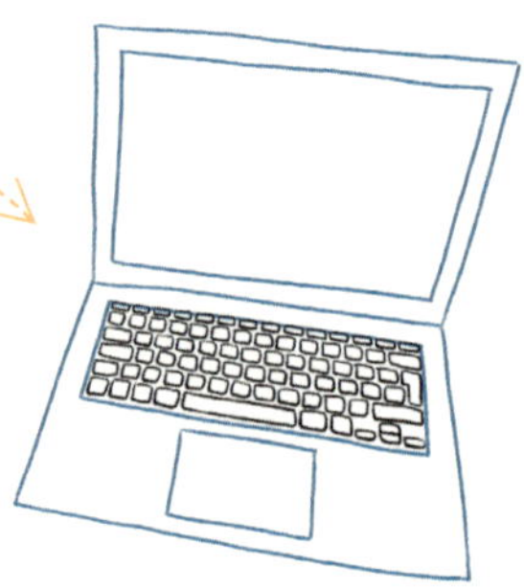

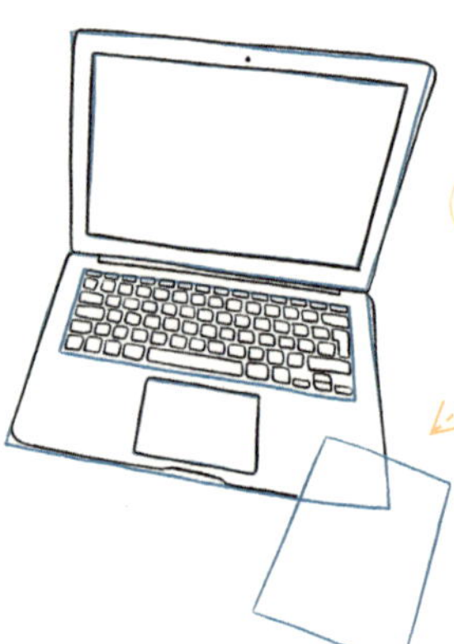

4 Die übrigen Bleistiftlinien mit Fineliner nachzeichnen, jedoch nicht in der unteren rechten Ecke. Hier ein kleines Rechteck einfügen.

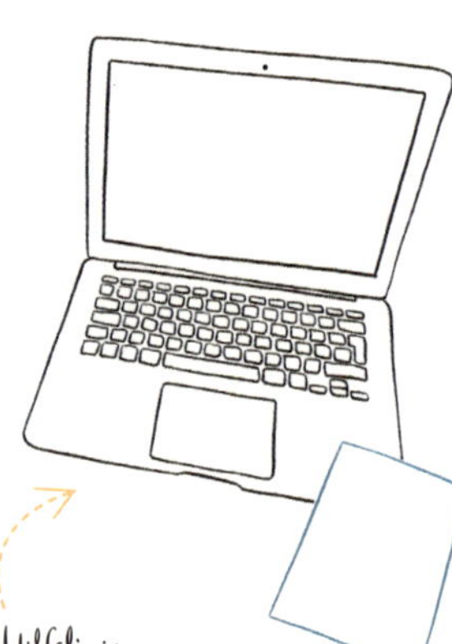

5 Die Hilfslinien ausradieren.

6 Die Tastatur sorgfältig schattieren.

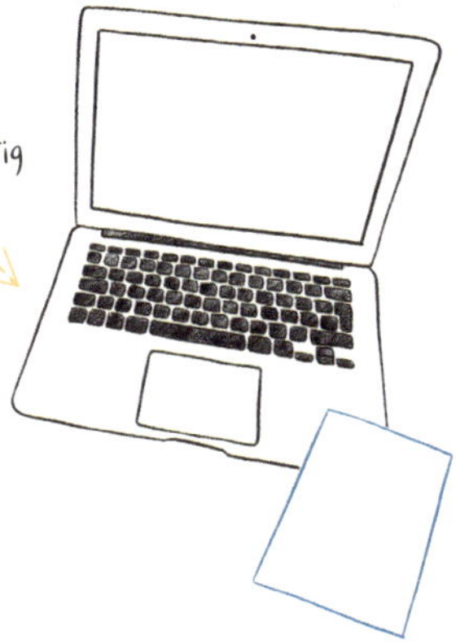

7 Den Bildschirmhintergrund mit kräftigen Farben und einfachen Formen andeuten.

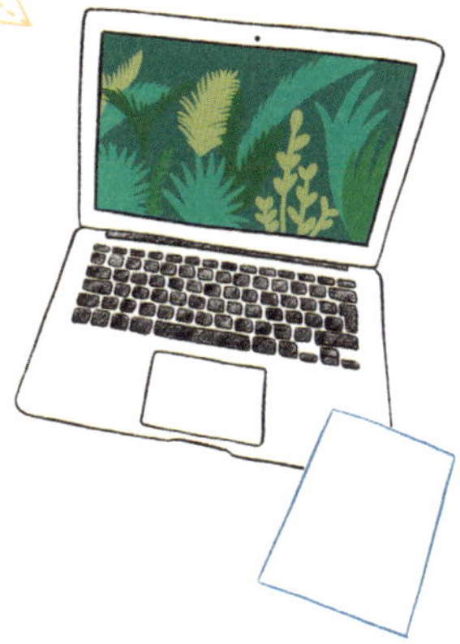

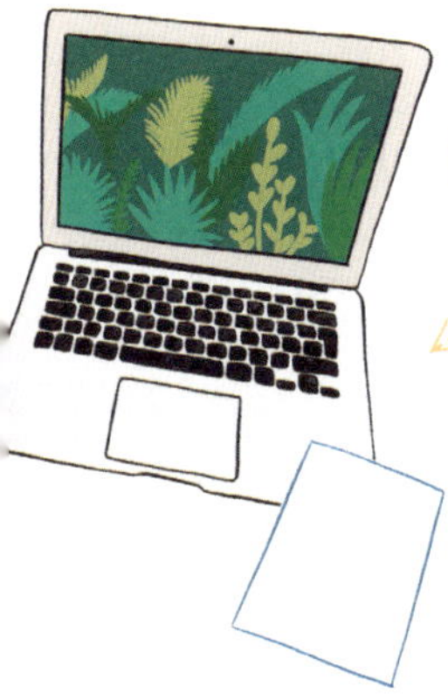

8 Den restlichen Laptop in Grautönen kolorieren.

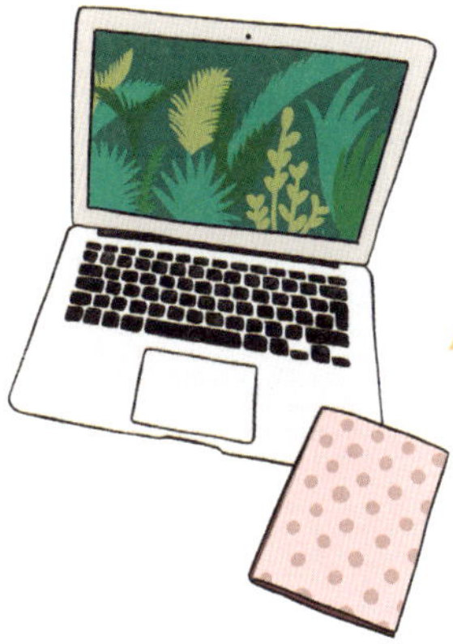

9 Das Notizbuch mit Fineliner nachzeichnen und mit einem farbigen Muster versehen.

10 Weitere Requisiten zeichnen, vielleicht eine Tasse Kaffee, eine Brille und eine Blumenvase.

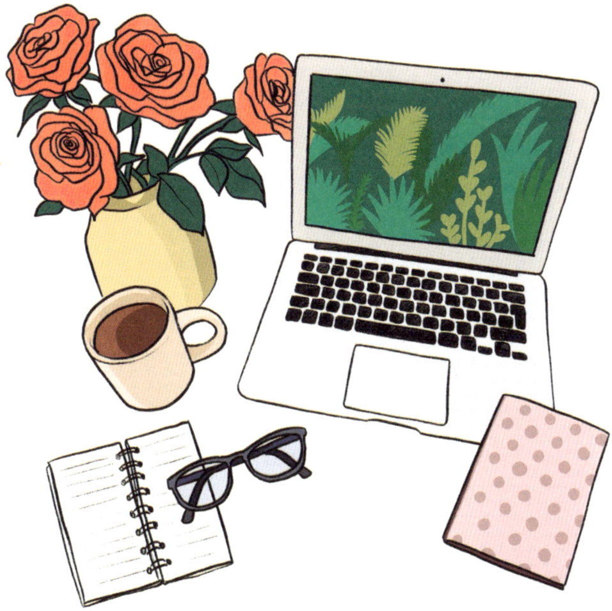

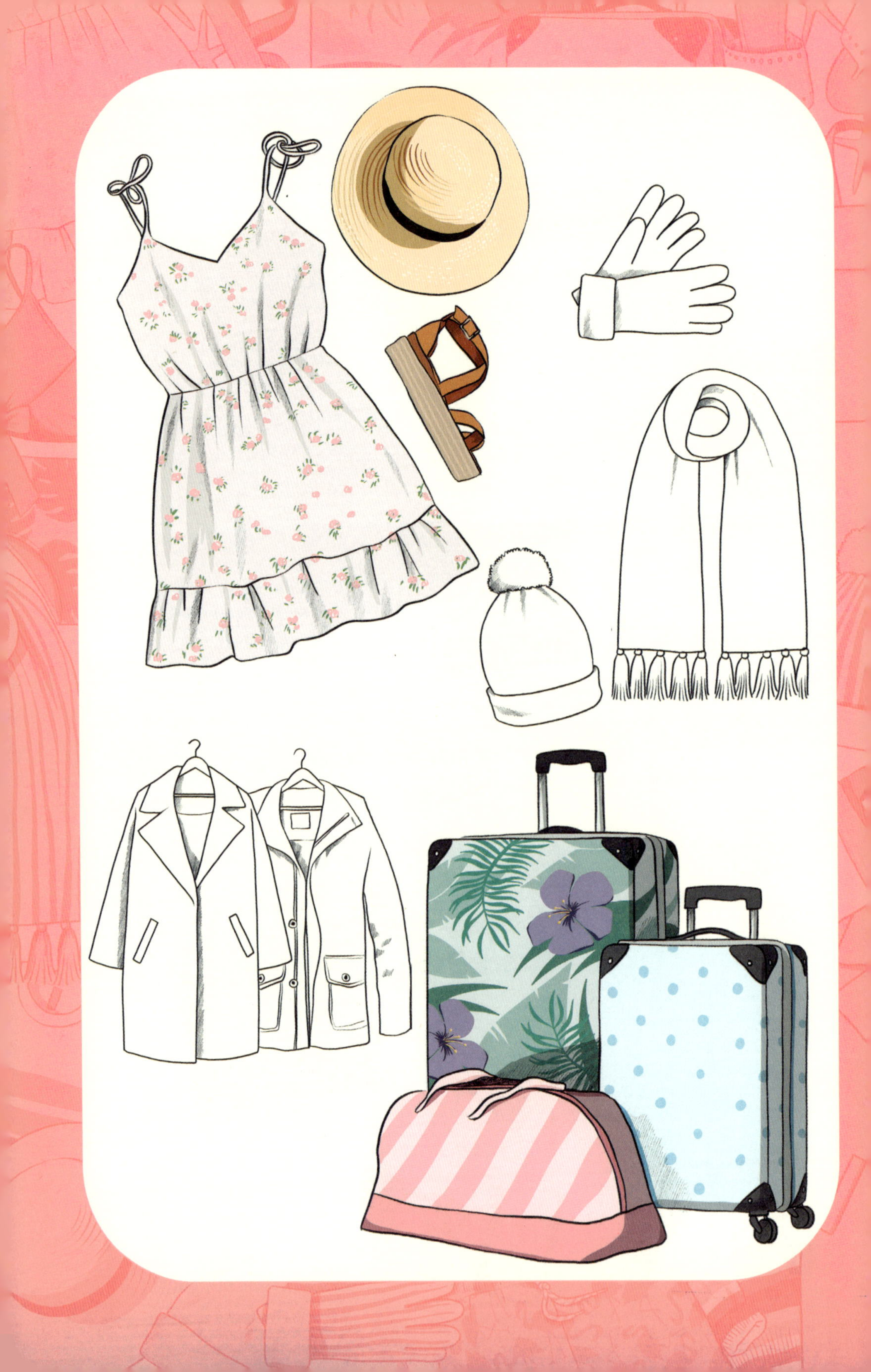

In meinem Kleiderschrank

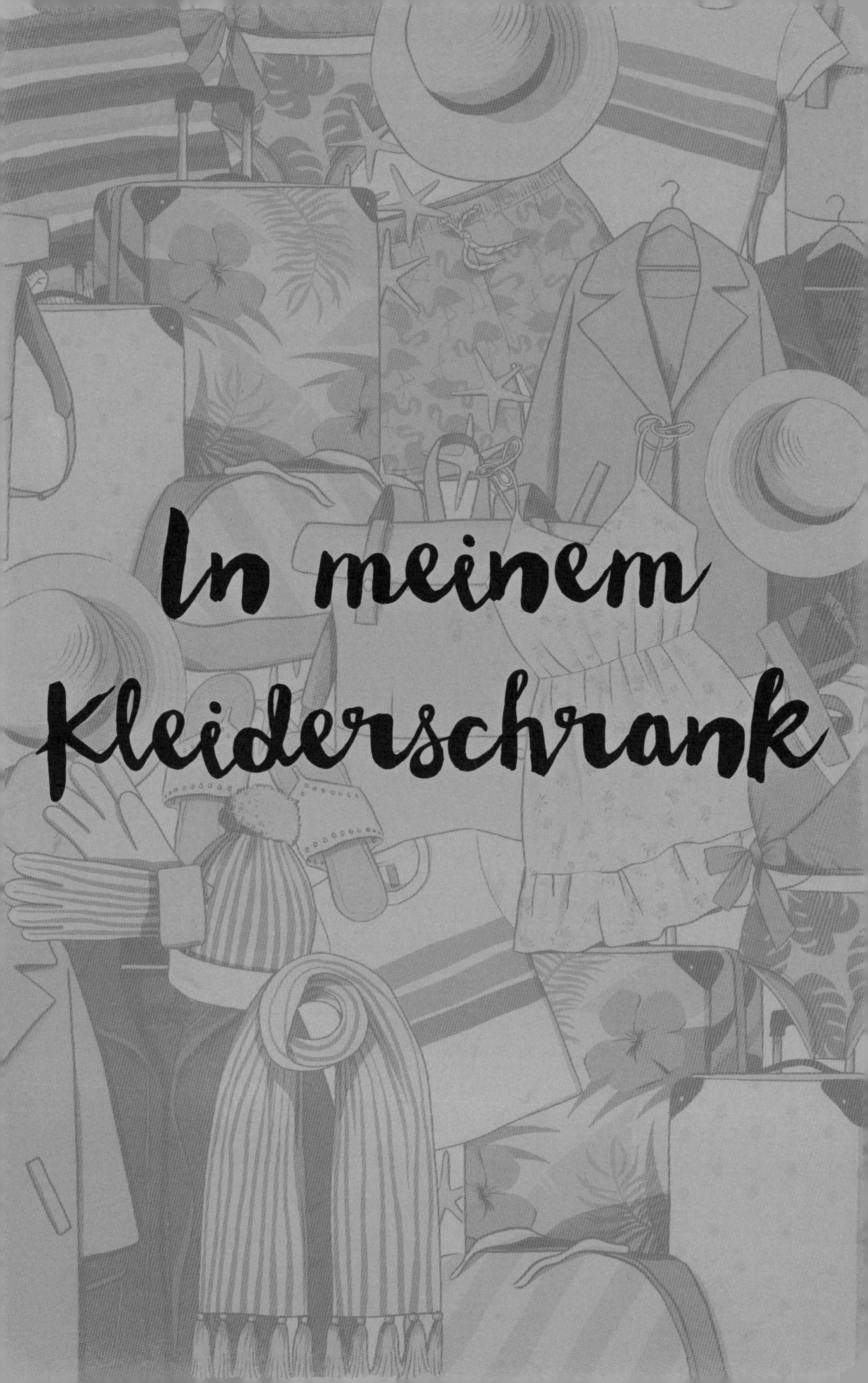

Sommerkleid

Greifen Sie zu diesem niedlichen Blumenkleid, wenn Sie einen kleinen Muntermacher brauchen.

1 Für den Rock ein Trapez vorzeichnen.

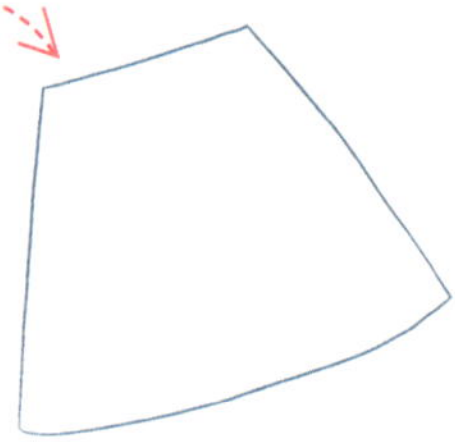

2 Mit Bleistift das Oberteil anfügen.

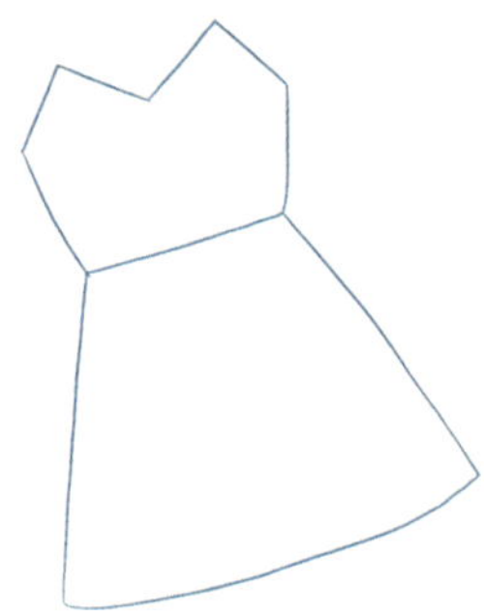

3 Zwei kleine Schlaufen stellen die Träger dar.

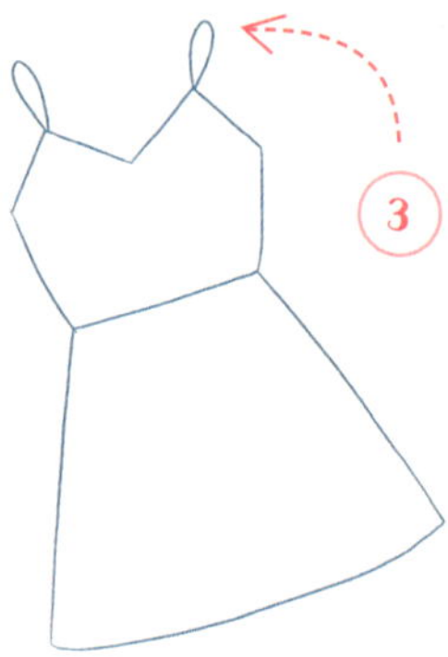

4 Die Umrisse mit Fineliner nachzeichnen – nicht zu steif!

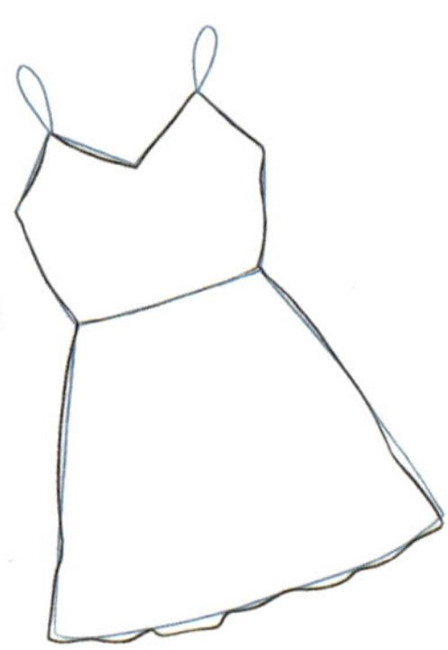

5 Verspielte Rüschen an die Träger anfügen.

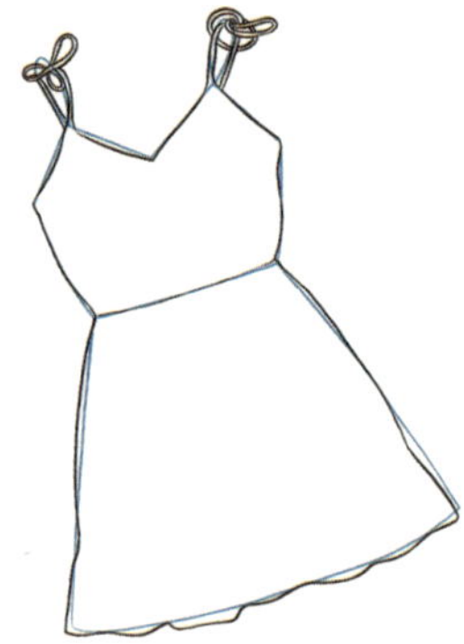

6 Die Hilfslinien ausradieren.

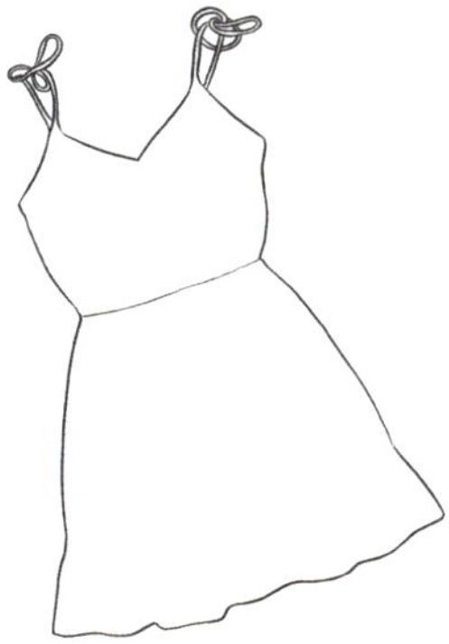

7 Falten einfügen: In der Taille nach oben und unten, an der unteren Rüsche nur nach unten.

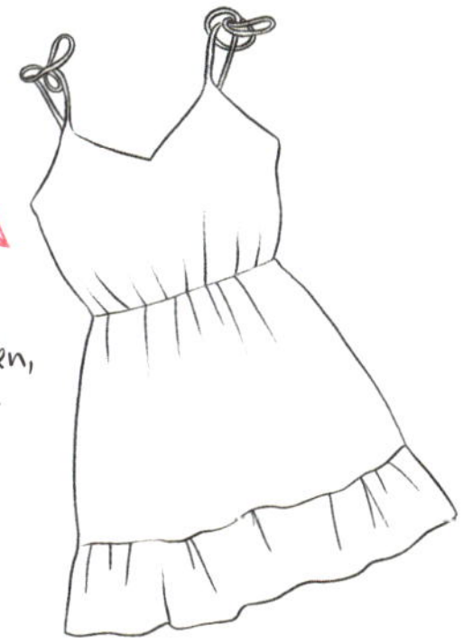

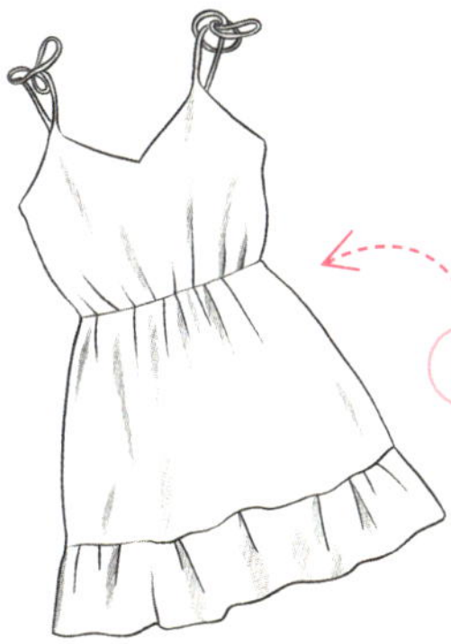

8 Einige Schatten andeuten.

9 Das Kleid in hellem Rosa kolorieren.

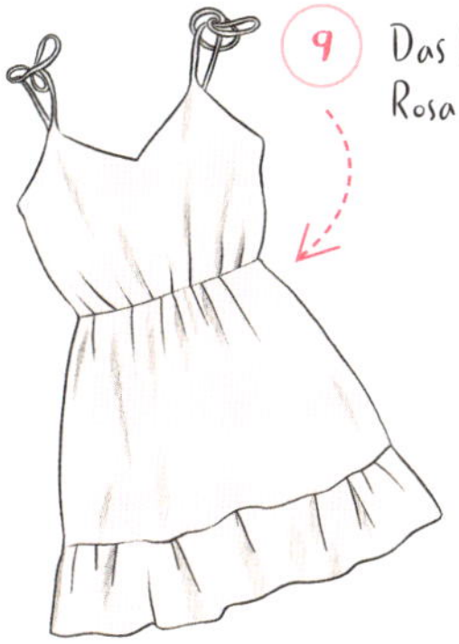

10 Das Muster in dunkleren Farbtönen ausarbeiten. Wie wäre es mit ein paar Accessoires?

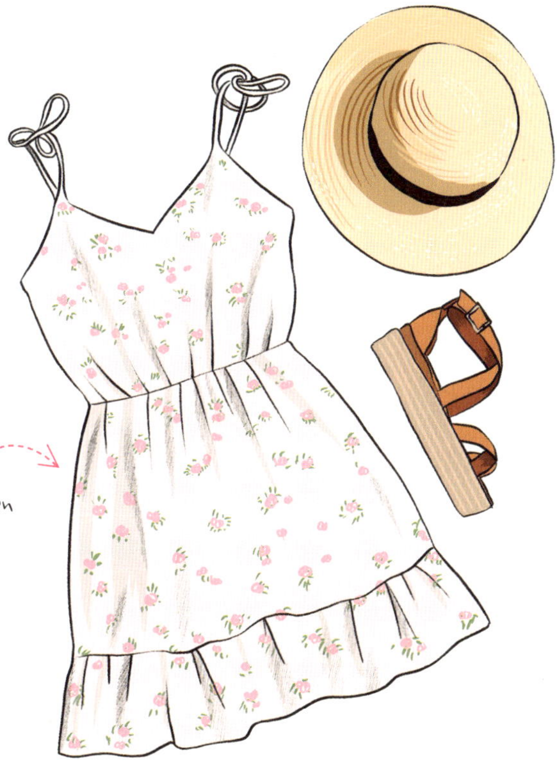

Pullover

So ein gemütlicher Ringelpullover ist einfach unschlagbar! Die Rippenbündchen werden mit kurzen Strichen angedeutet.

1 Mit einem Rechteck beginnen.

2 Die Ärmel andeuten und oben einen Bogen anfügen.

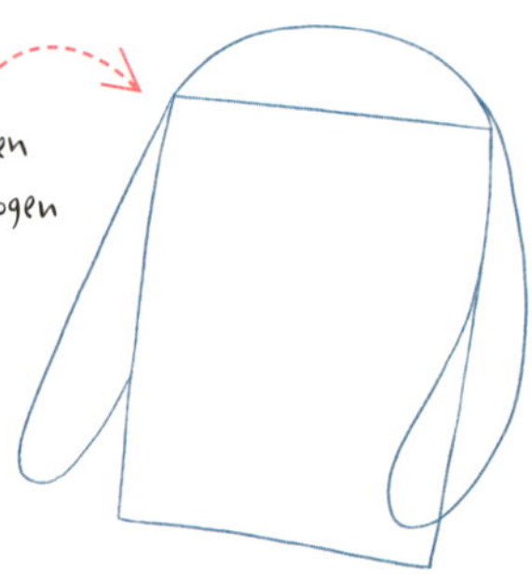

3 Erste Umrisslinien mit Fineliner einzeichnen.

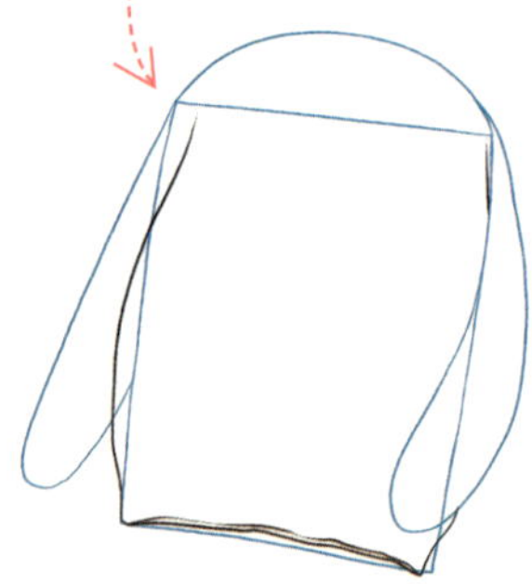

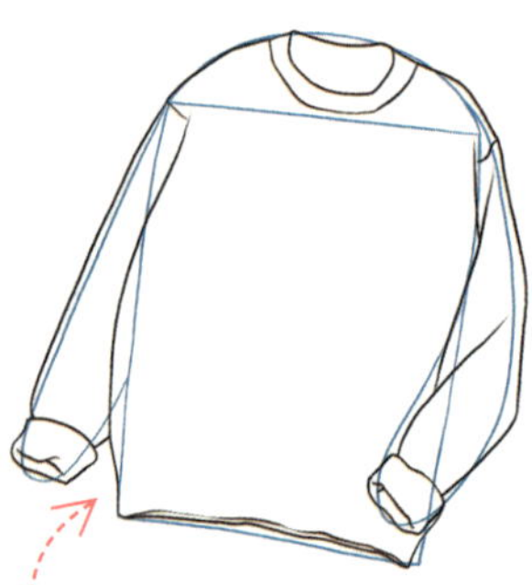

4 Halsbündchen und Ärmel mit Fineliner genauer zeichnen.

5 Die Hilfslinien ausradieren.

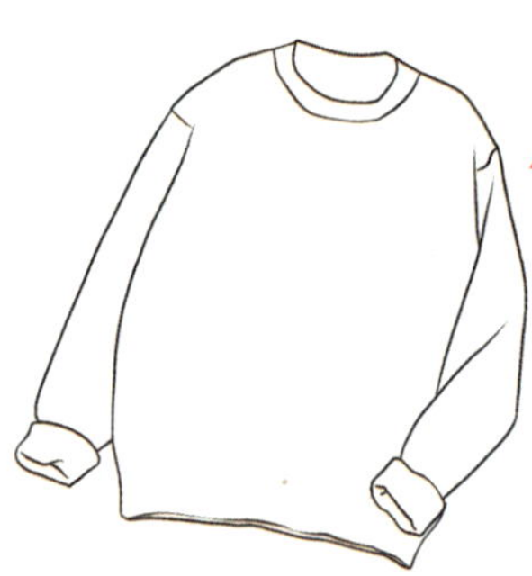

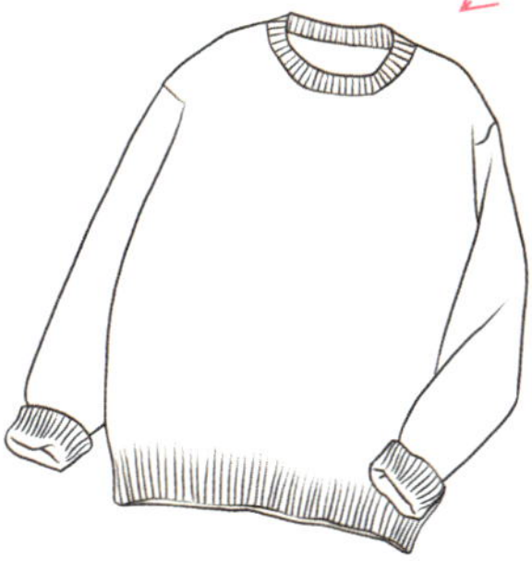

6 Das Rippenmuster an Hals-, Ärmel- und Taillenbündchen mit vielen kurzen Strichen andeuten.

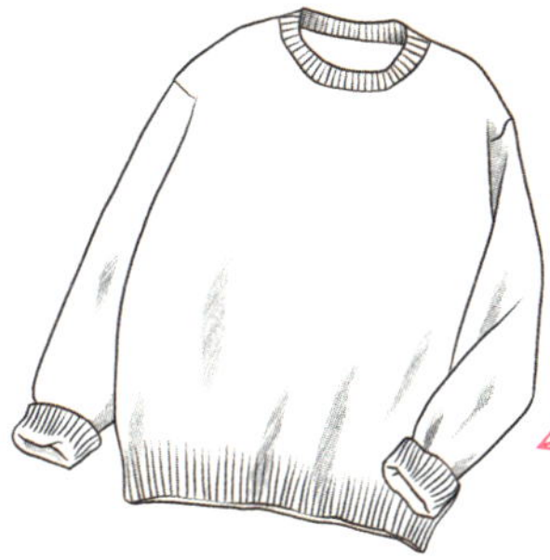

7 Leichte Falten oder Schatten einzeichnen.

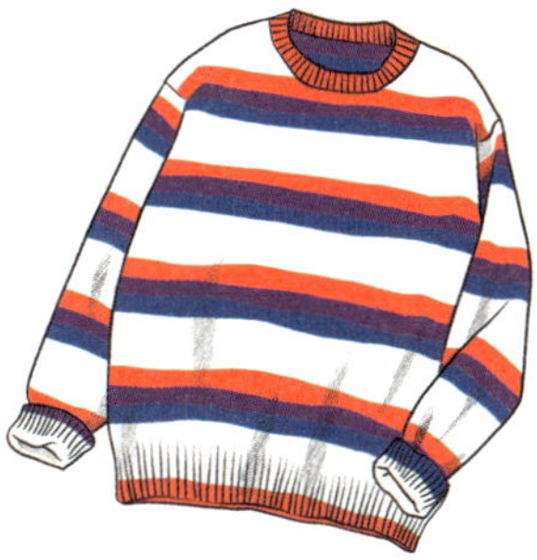

8 Erste waagerechte Streifen mit Blau und Rot einfügen.

9 Weitere Streifen in Türkis und Gelb malen.

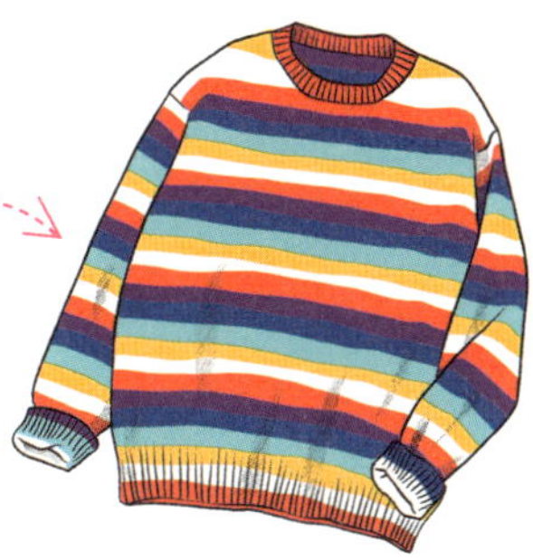

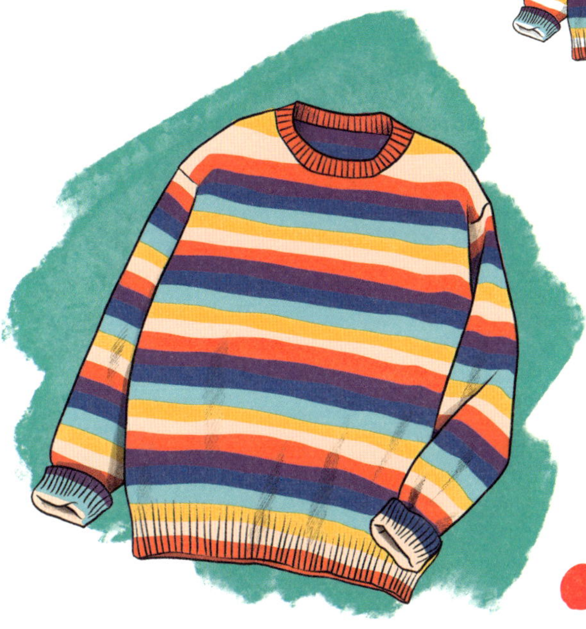

10 Die letzten Streifen in Beige kolorieren.

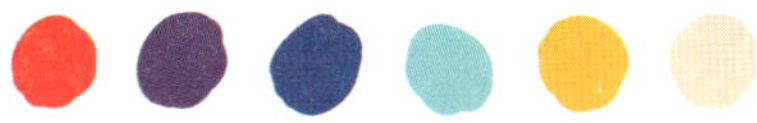

Bademode

Surfshorts und Tankini: Wenn Sie diese trendige Badekleidung im Schrank haben, kann der Sommer kommen.

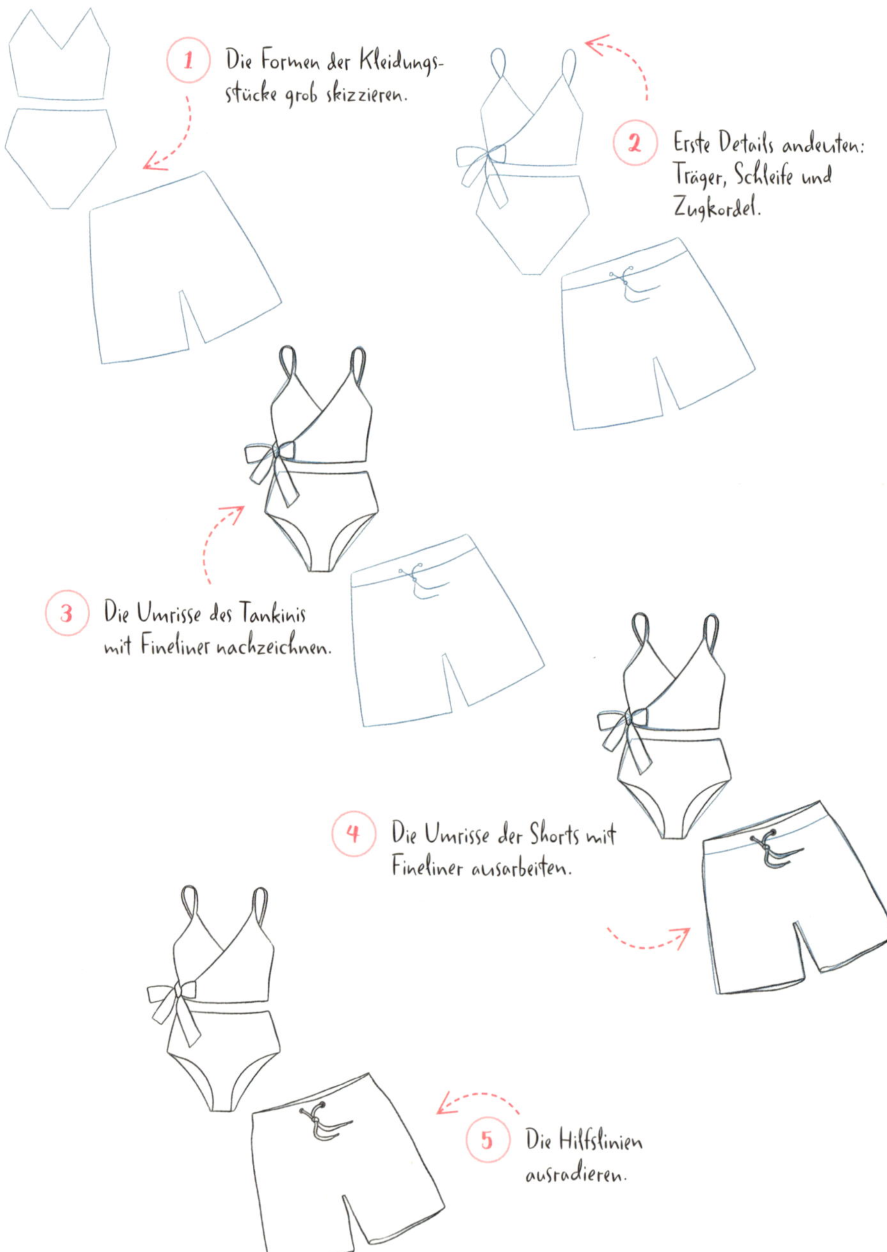

6 Details der Badekleidung genauer ausarbeiten.

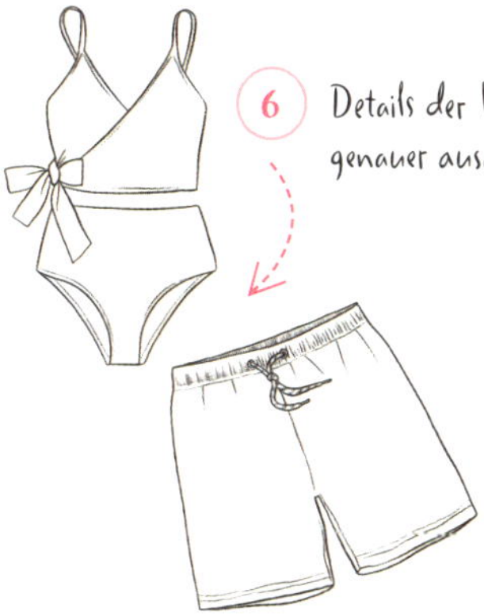

7 Schatten und Fältchen im Stoff einzeichnen.

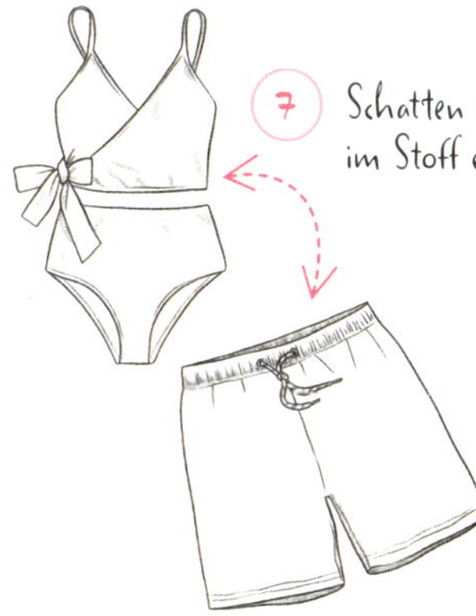

8 Auf die Tankinihose ein grünes Muster malen.

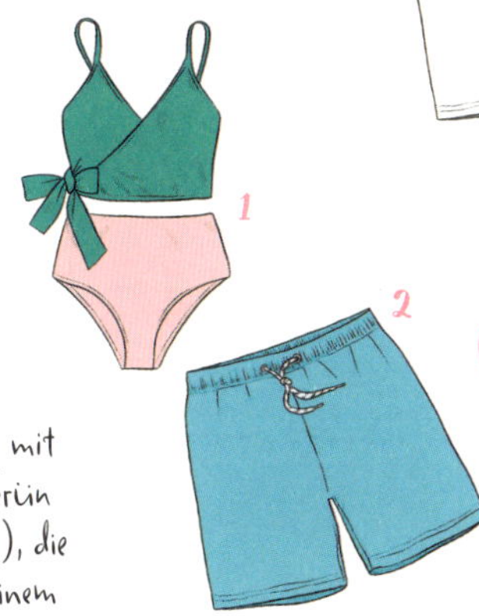

9 Den Tankini mit Rosa und Grün kolorieren (1), die Shorts mit einem hellen Blau (2).

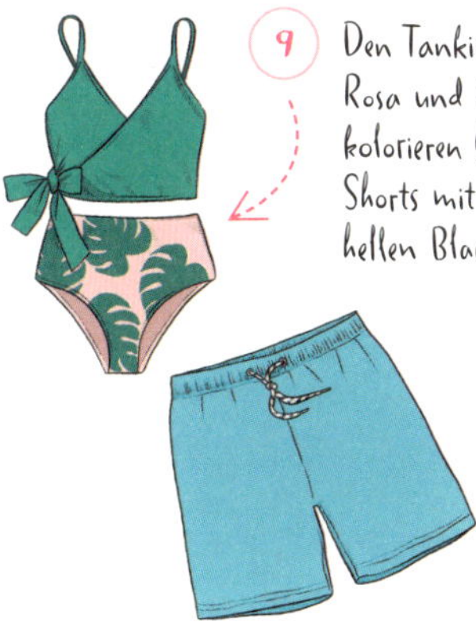

10 Mit Dunkelblau auf die Shorts ein Flamingomuster malen.

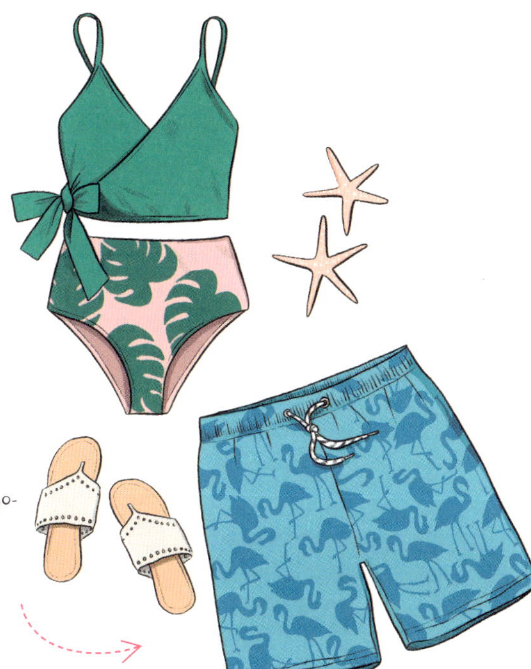

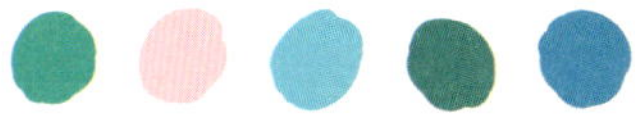

Reisegepäck

Packen Sie diese praktischen, aber trendig gemusterten Koffer und machen Sie Urlaub. Die Sorgen bleiben zuhause!

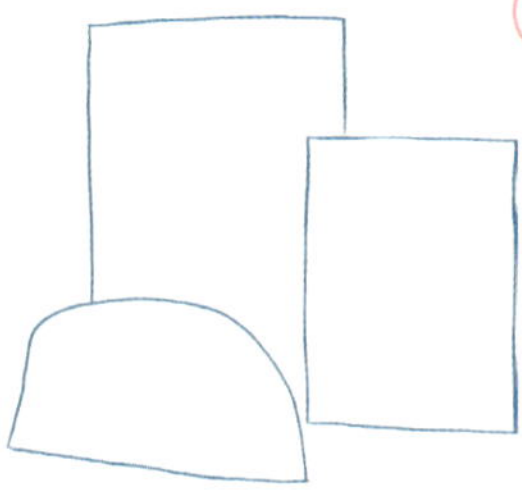

1 Zuerst einen Halbkreis und dahinter zwei Rechtecke zeichnen.

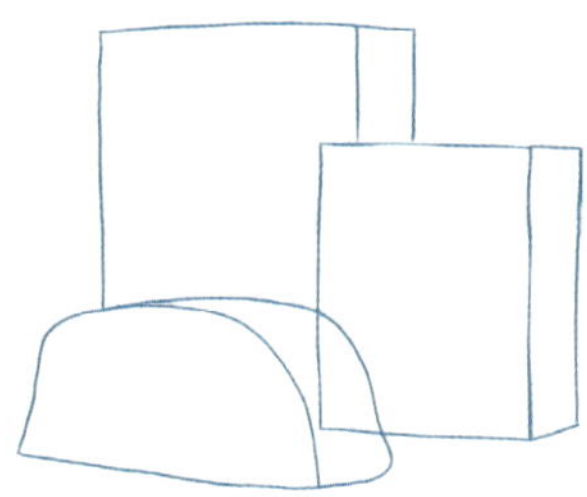

2 Alle Formen dreidimensional ausarbeiten.

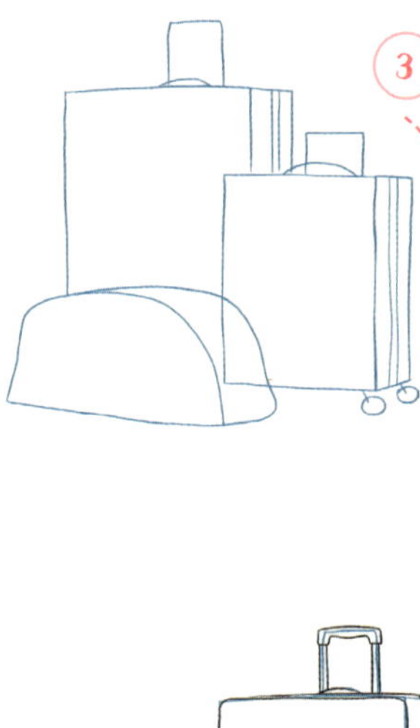

3 An beide Rechtecke Griffe anfügen, an das rechte kleine Räder.

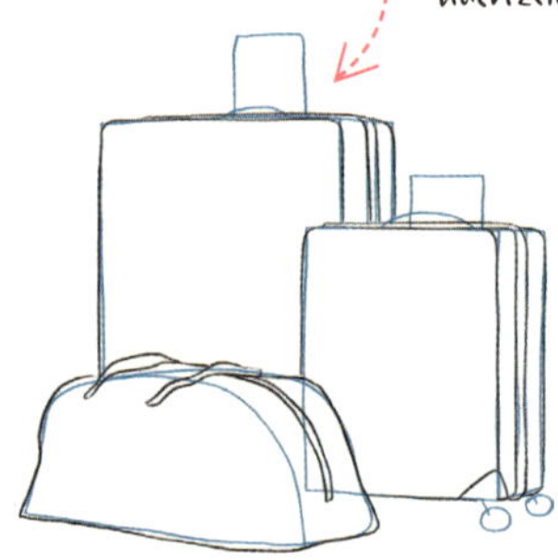

4 Die ersten Umrisse der Koffer mit Fineliner nachzeichnen.

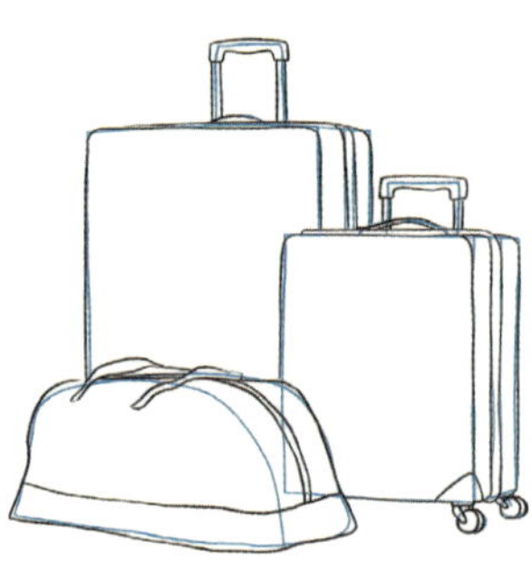

5 Die Konturen von Griffen, Rädern und Unterteil der Reisetasche mit Fineliner zeichnen.

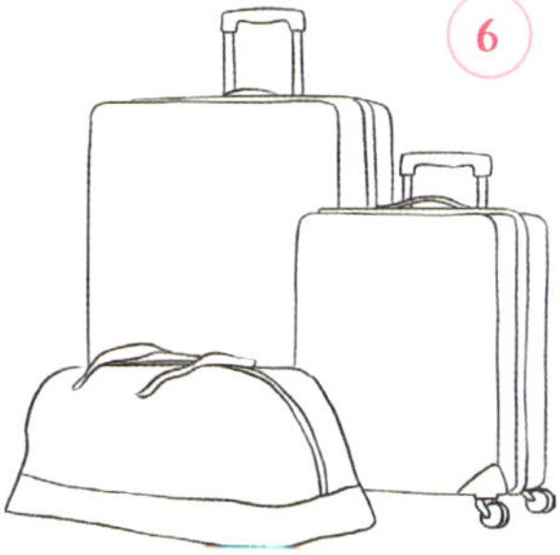

6 Die Hilfslinien ausradieren.

7 Die Details an den Ecken der Koffer einfügen.

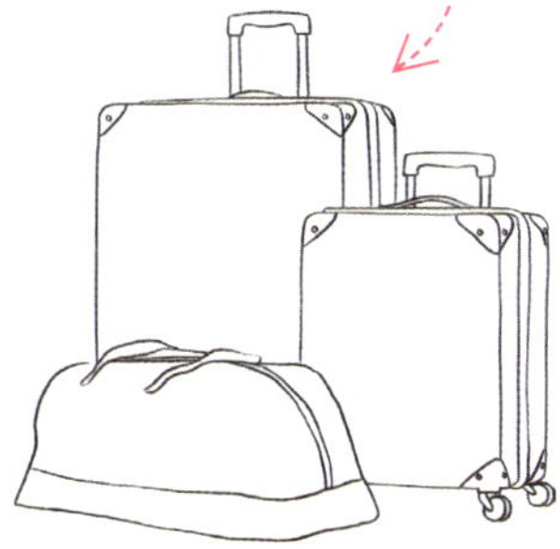

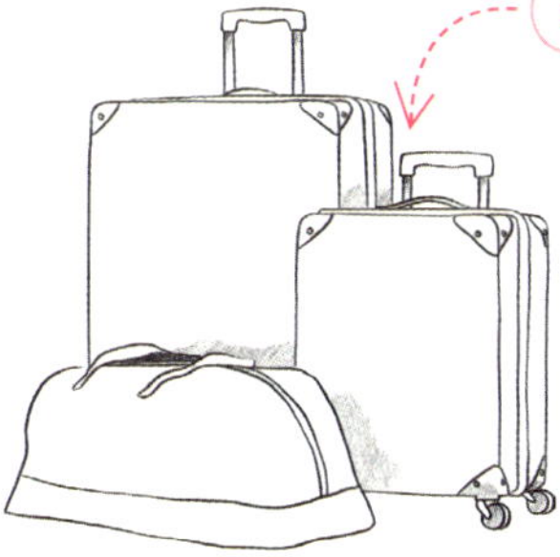

8 Einige Schatten andeuten.

9 Die Objekte in Rosa, Grau und Hellblau grundieren.

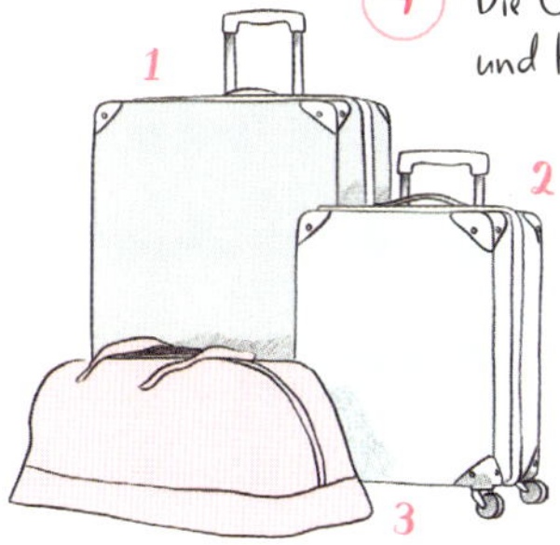

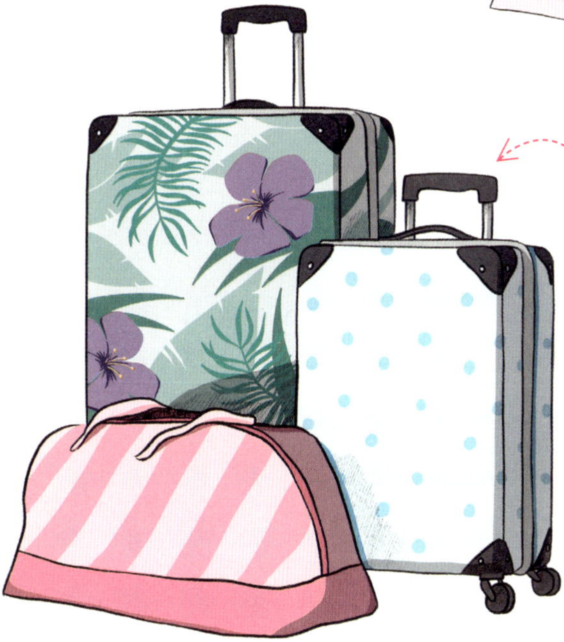

10 Ecken und Griffe mit Dunkelgrau kolorieren. Dann die verschiedenen Muster malen.

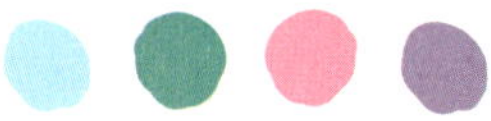

Wintermäntel

So ein dicker Mantel hält schön warm, und diese beiden Modelle liegen auch farblich im Trend.

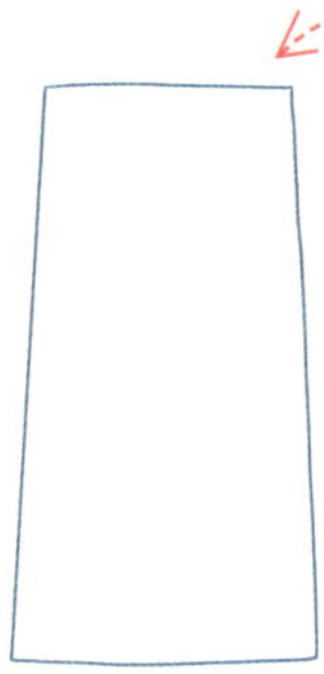

1 Mit einem hohen Rechteck beginnen. Unten ist es etwas breiter.

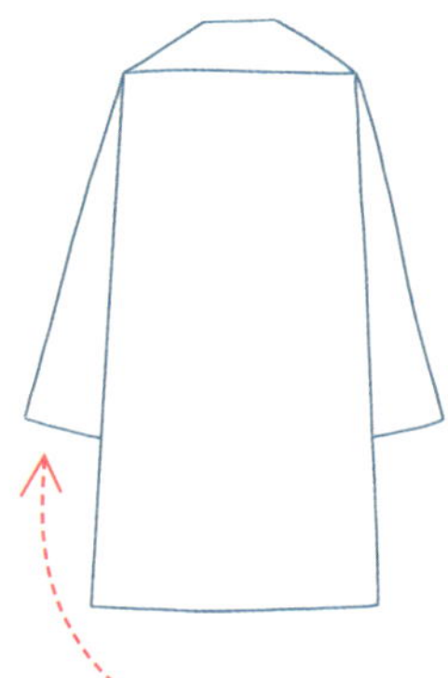

2 An jeder Seite ein Dreieck anfügen, oben ein Trapez.

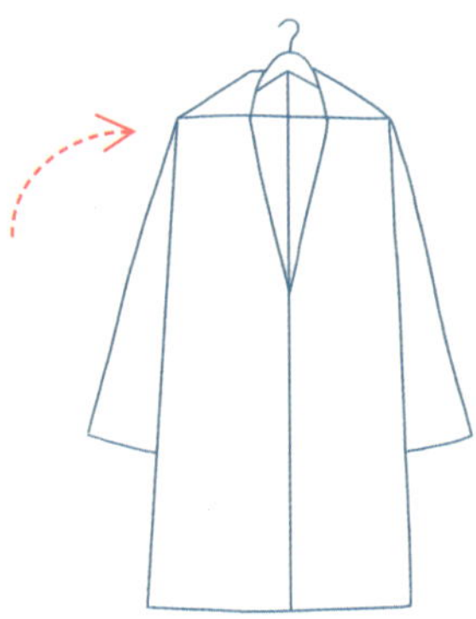

3 Die Kragenöffnung andeuten und den Kleiderbügel skizzieren.

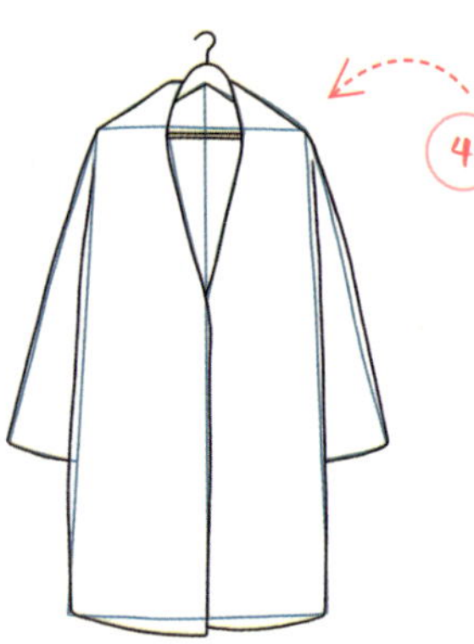

4 Die Umrisse mit Fineliner nachzeichnen und dabei verfeinern.

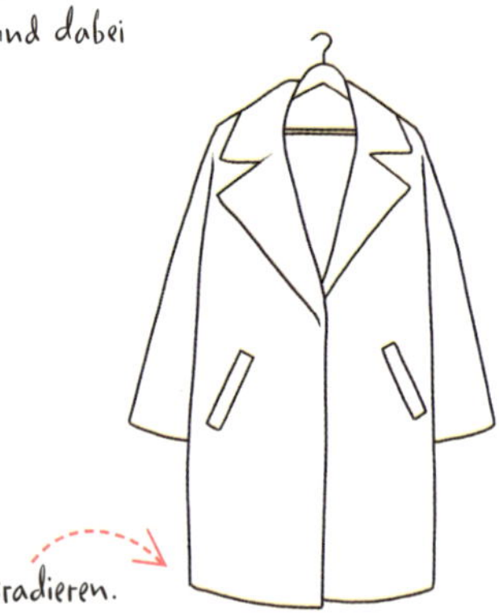

5 Die Hilfslinien ausradieren.

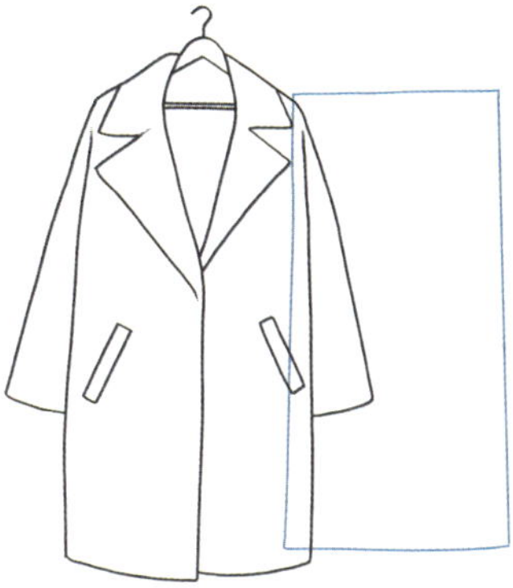

6 Ein zweites leicht überlappendes Rechteck hinzufügen.

7 Wieder Kragenöffnung und Kleiderbügel einzeichnen.

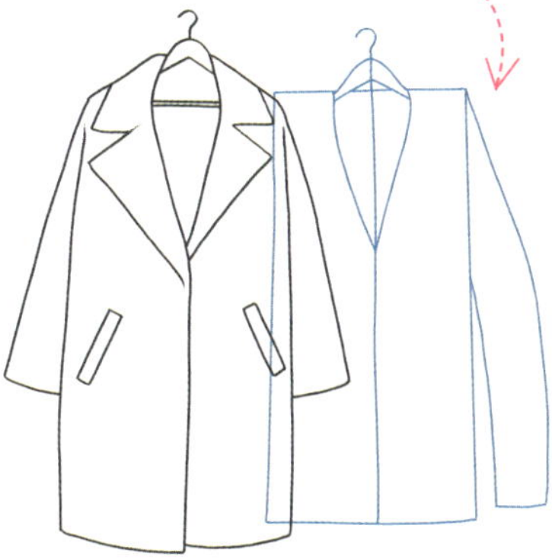

8 Die Umrisslinien mit Fineliner nachzeichnen.

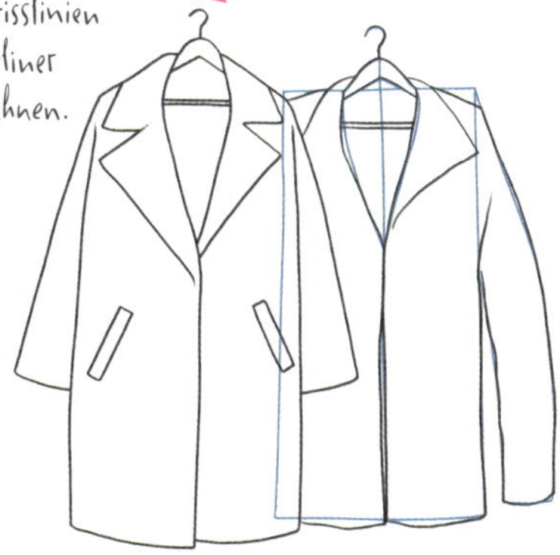

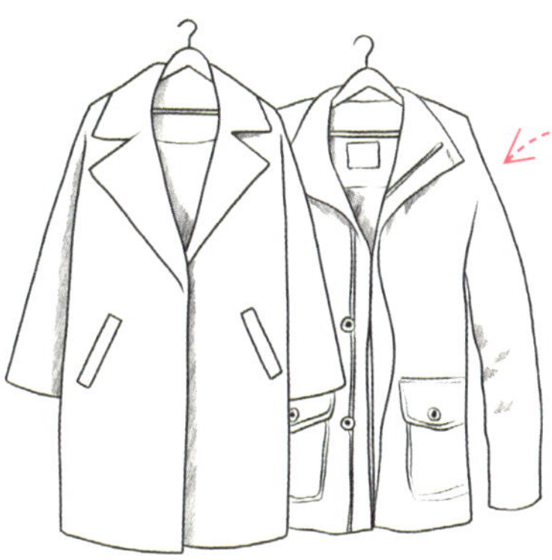

9 Schatten einfügen.

10 Die Mäntel in Senfgelb und Dunkelblau kolorieren.

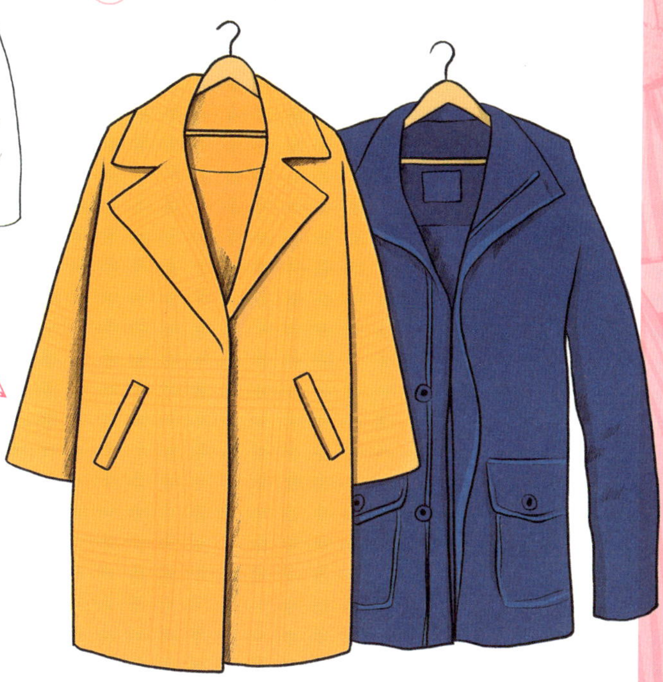

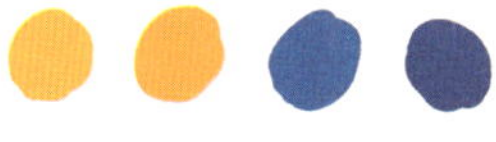

Mütze, Schal und Handschuhe

Hier kommt es darauf an, die wollig-weiche Textur der winterlichen Accessoires glaubwürdig darzustellen.

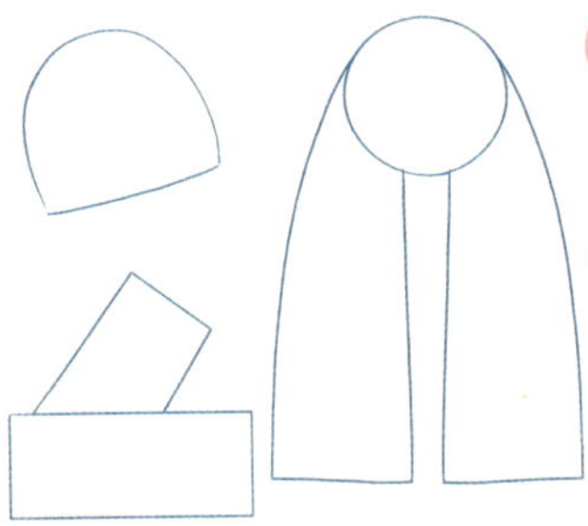

1 Zuerst die Grundformen grob skizzieren.

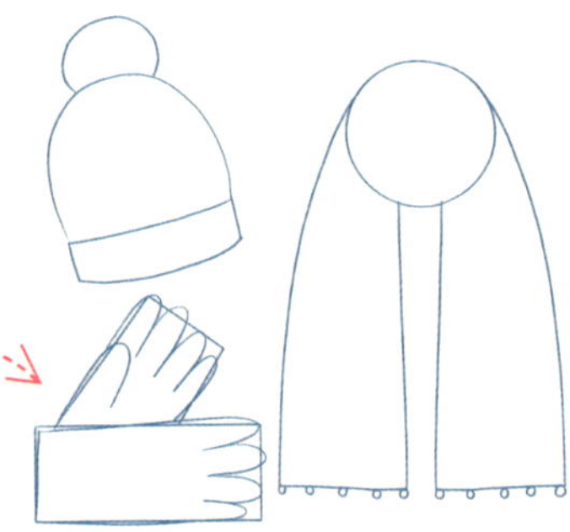

2 Die Finger der Handschuhe andeuten, den Pompon der Mütze und die Fransen des Schals.

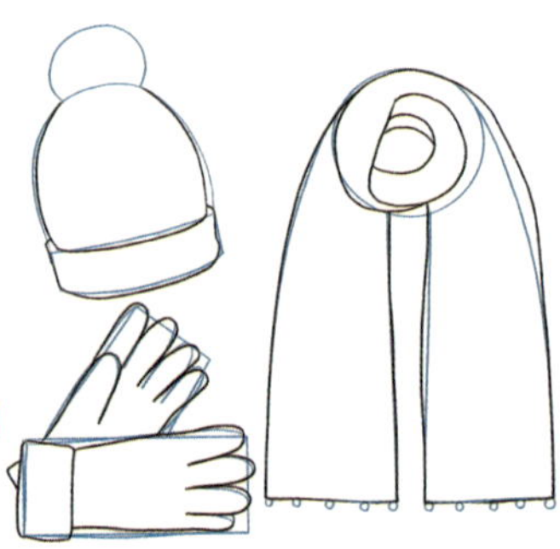

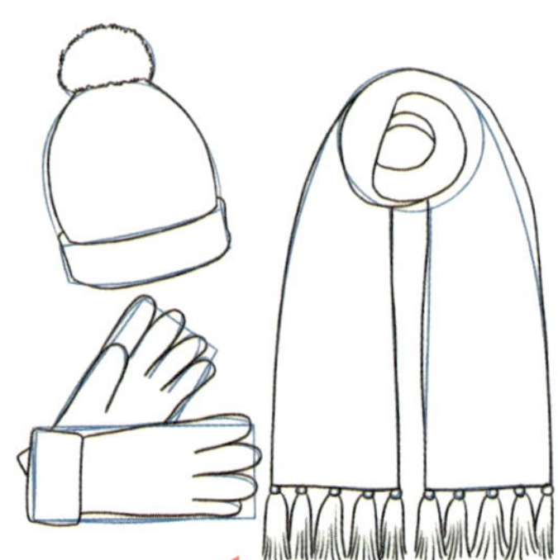

3 Erste Linien mit Fineliner nachzeichnen und dabei verfeinern.

4 Pompon und Fransen mit Fineliner ausarbeiten.

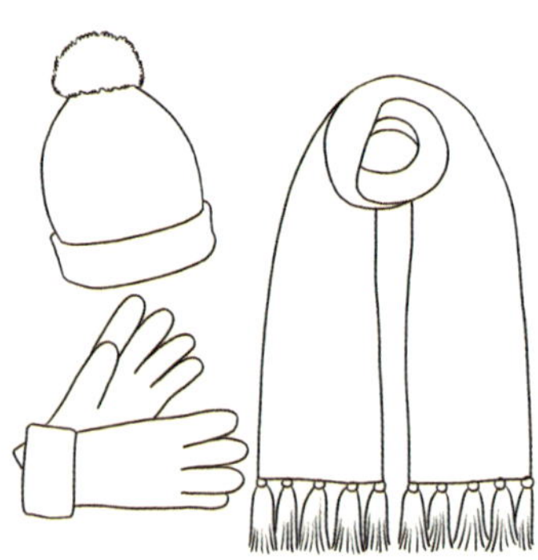

5 Die Hilfslinien ausradieren.

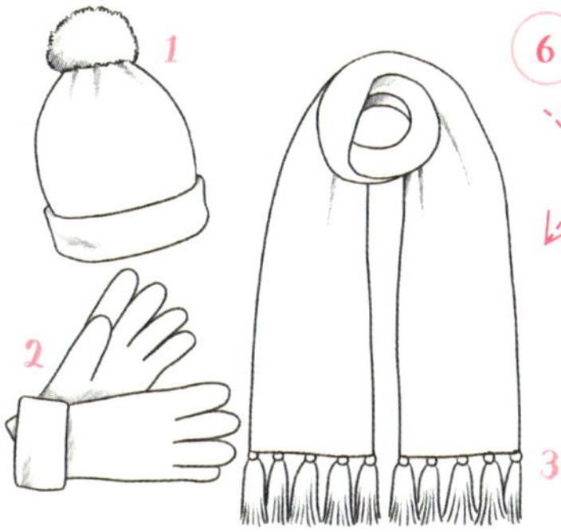

6 Einige kleine Schatten andeuten.

7 Die Accessoires in Beige grundieren.

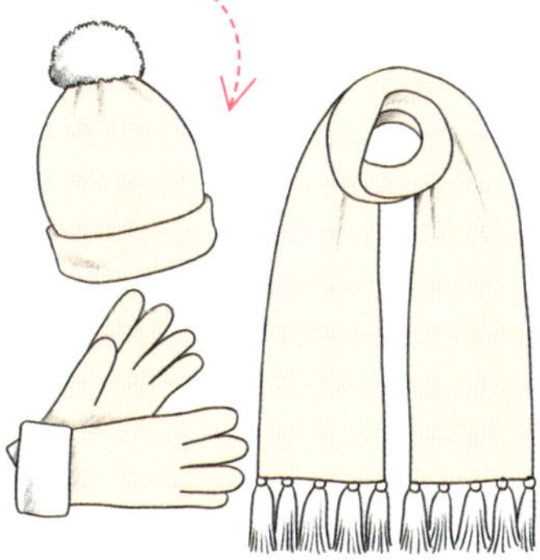

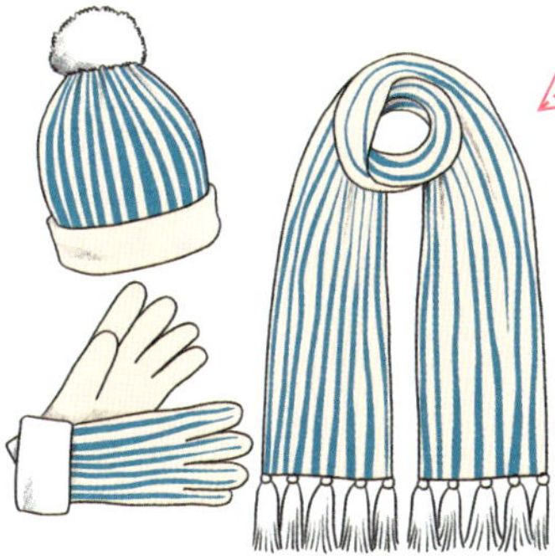

8 Das blaue Streifenmuster einfügen.

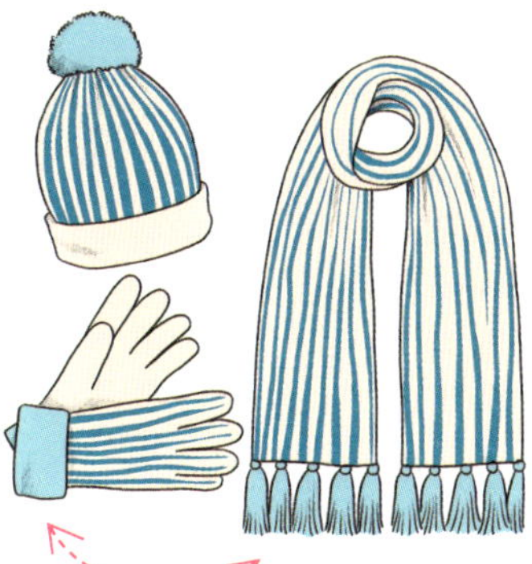

9 Pompon, Handschuhbündchen und Fransen in Hellblau kolorieren.

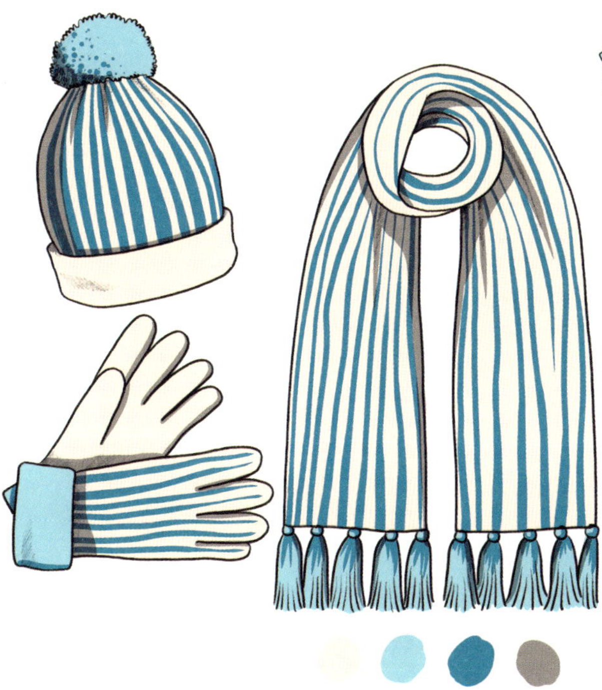

10 Zuletzt mit Dunkelgrau einige Schatten andeuten.

Rucksack

Ein Rucksack muss geräumig, aber angenehm zu tragen sein.
Hier kommt es also auf die Größe an.

1 Mit Bleistift ein Rechteck zeichnen.

2 Details wie Griff und Trageriemen andeuten.

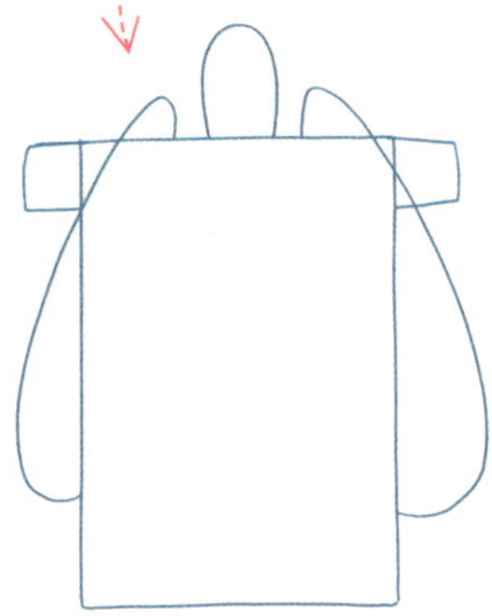

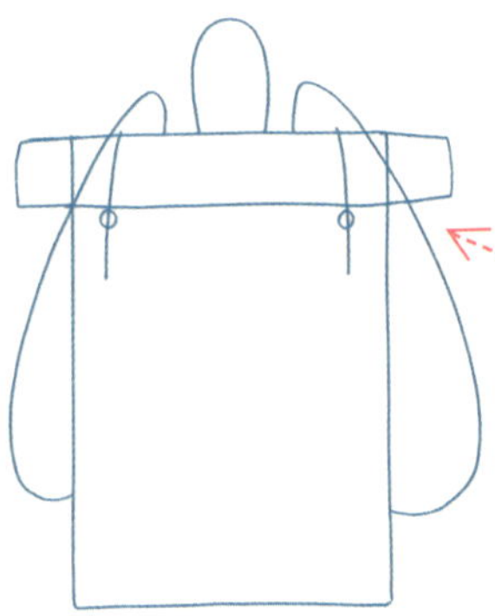

3 Zwei kurze senkrechte Striche mit kleinen Kreisen vervollständigen die Skizze.

4 Die Umrisslinien mit Fineliner nachzeichnen.

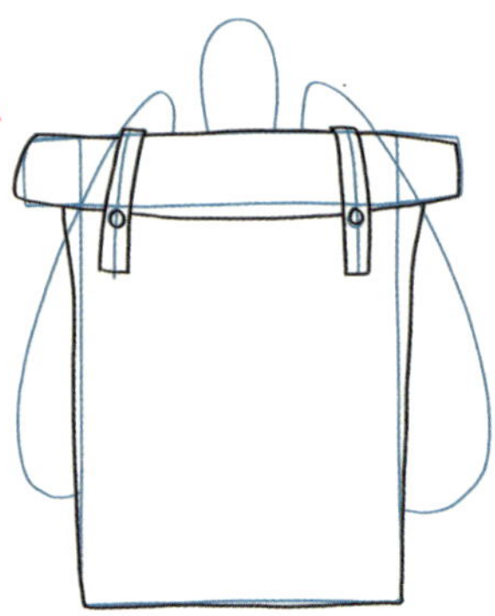

5 In der Mitte einige Details einzeichnen.

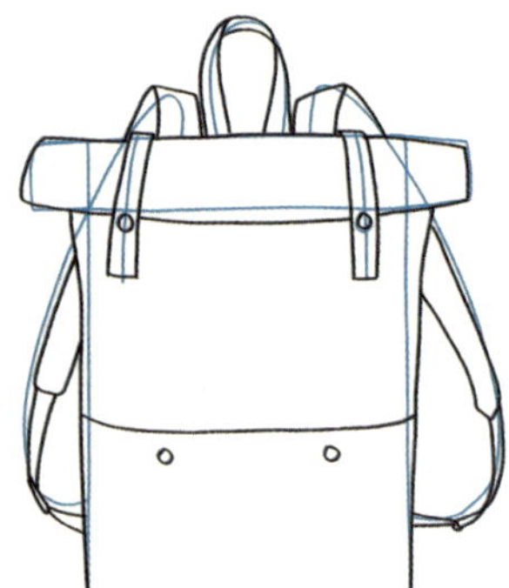

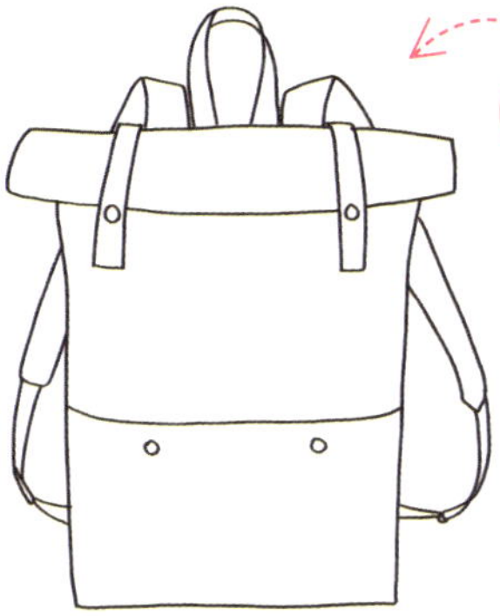

6 Die Hilfslinien ausradieren.

7 Einige Schatten sorgen für die plastische Wirkung.

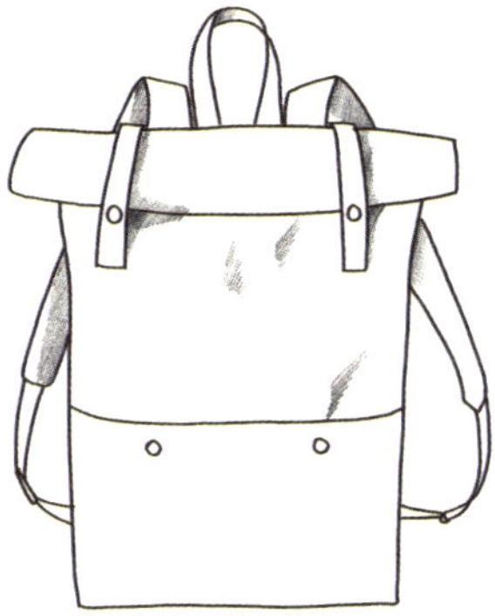

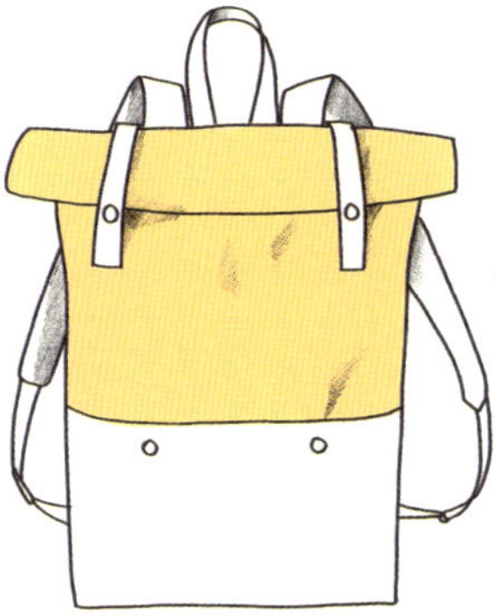

8 Den oberen Bereich des Rucksacks mit Gelb kolorieren.

9 Für den unteren Bereich Hellblau verwenden, für die Riemen Braun.

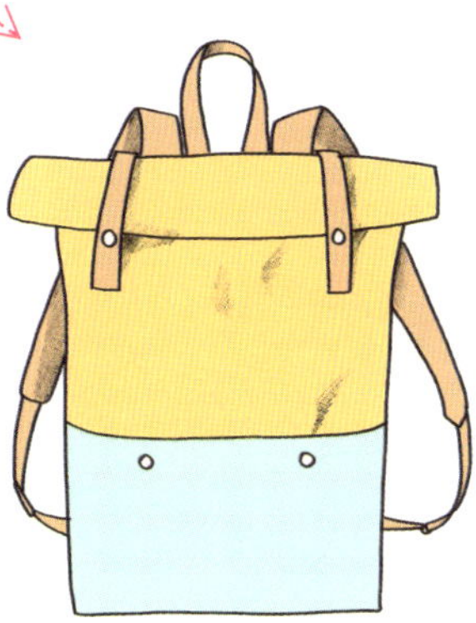

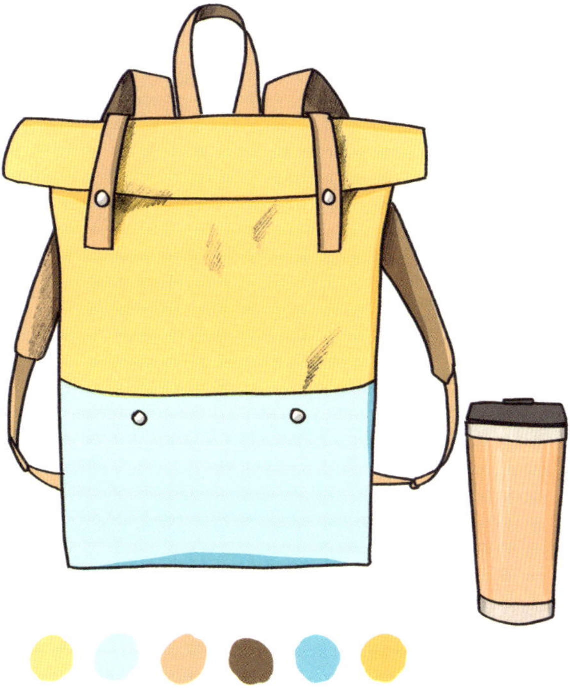

10 Zuletzt einige Schatten mit dunkleren Farbtönen einfügen.

T-Shirt

Wenn Sie die Grundform beherrschen, können Sie mit Farben und Mustern spielen. T-Shirts hat man nie genug.

1 Mit Bleistift ein Rechteck zeichnen.

2 An beiden Seiten Dreiecke für die Ärmel anfügen.

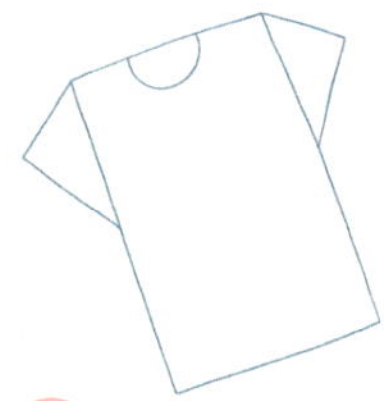

3 Den Halsausschnitt andeuten.

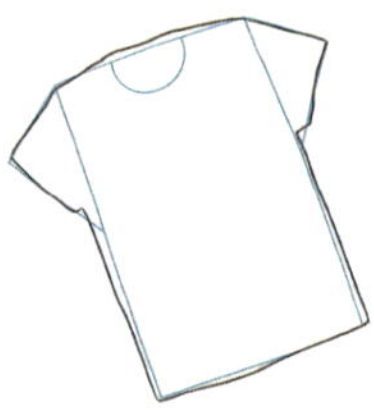

4 Die Umrisse mit Fineliner nachzeichnen.

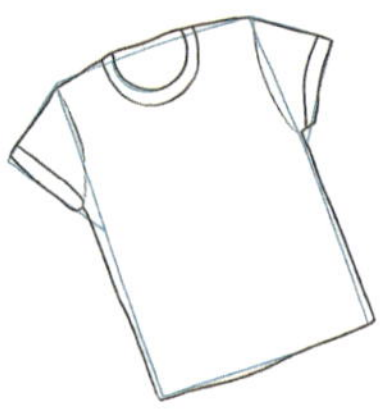

5 Details an Halsausschnitt und Ärmeln einzeichnen.

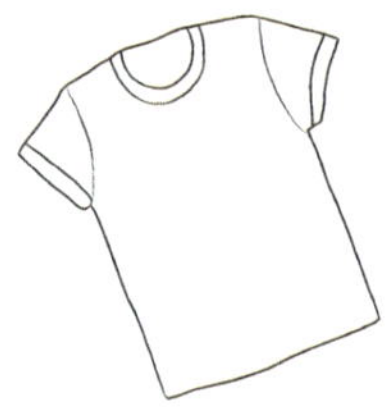

6 Die Hilfslinien ausradieren.

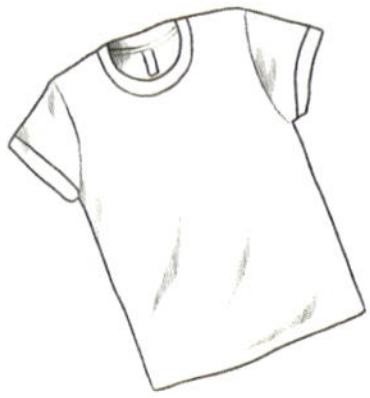

7 Schatten andeuten.

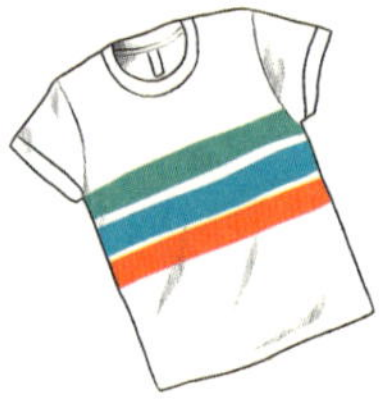

8 Drei waagerechte Streifen auf die Brust malen.

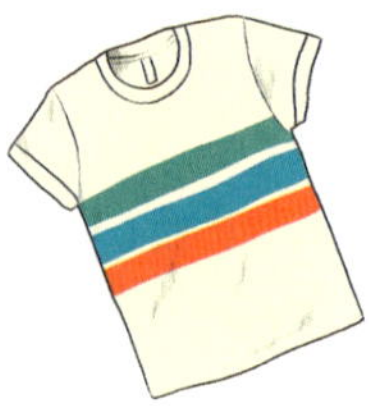

9 Das übrige Shirt in Hellgelb kolorieren.

10 Zuletzt dunklere Schatten an den äußeren Rändern andeuten.

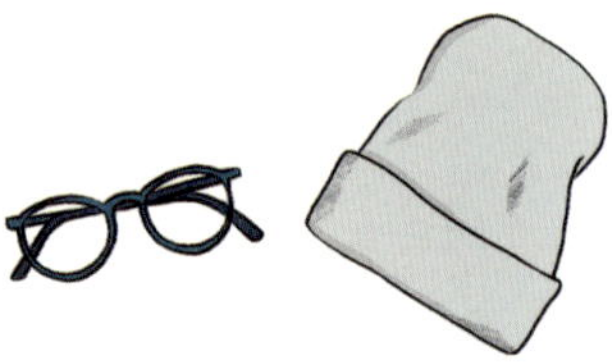

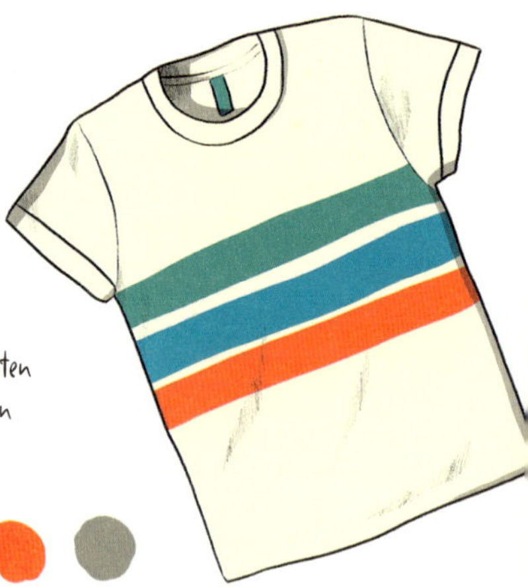

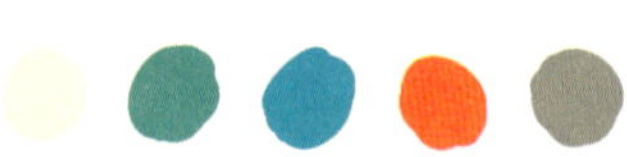

Sonnenhut

Die breite Krempe schützt prima vor hellem Sonnenlicht.

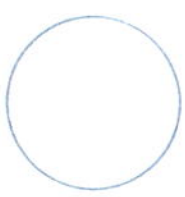

1 Mit dem Bleistift einen Kreis zeichnen.

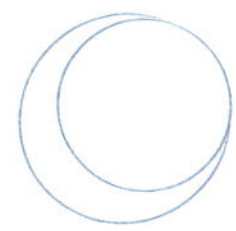

2 Einen größeren, leicht versetzten Kreis hinzufügen.

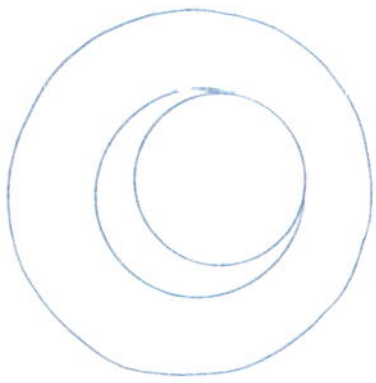

3 Beide mit einem weiteren Kreis umrahmen.

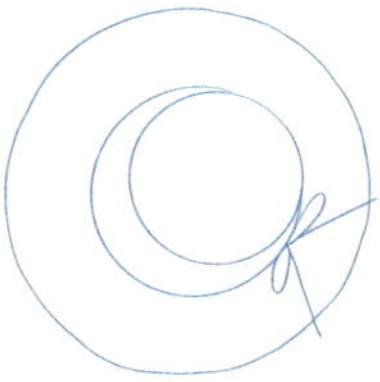

4 An den zweiten Kreis eine kleine Schleife anfügen.

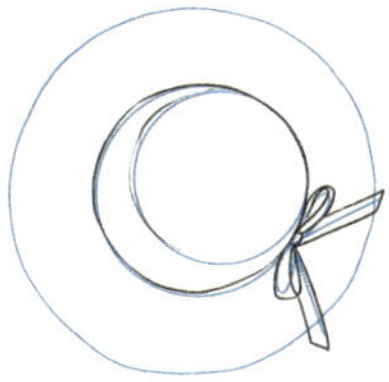

5 Die inneren Kreise und die Schleife mit Fineliner nachzeichnen.

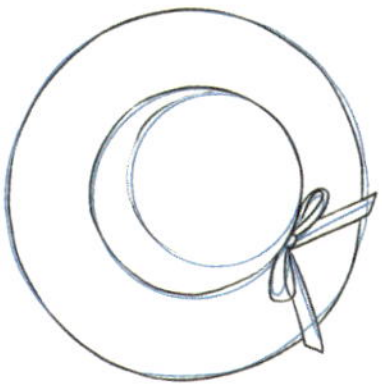

6 Den großen Kreis mit Fineliner nachzeichnen.

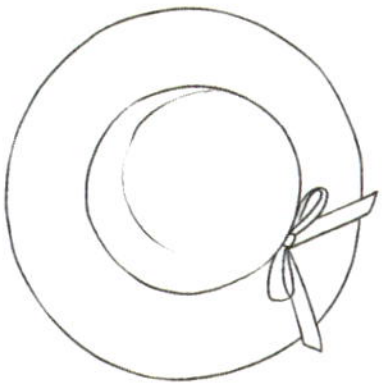

7 Die Hilfslinien ausradieren.

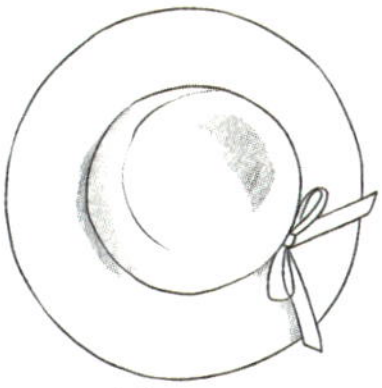

8 Durch Schatten die plastische Form verdeutlichen.

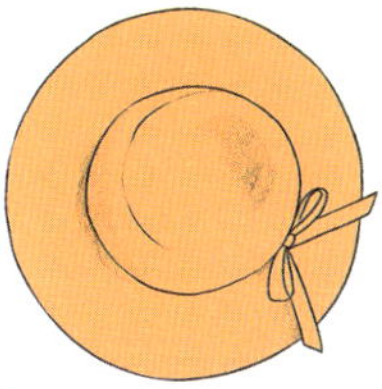

9 Den Hut in hellem Braun kolorieren.

10 Kreise in dunklerem Braun andeuten. Die Schleife hellblau ausmalen.

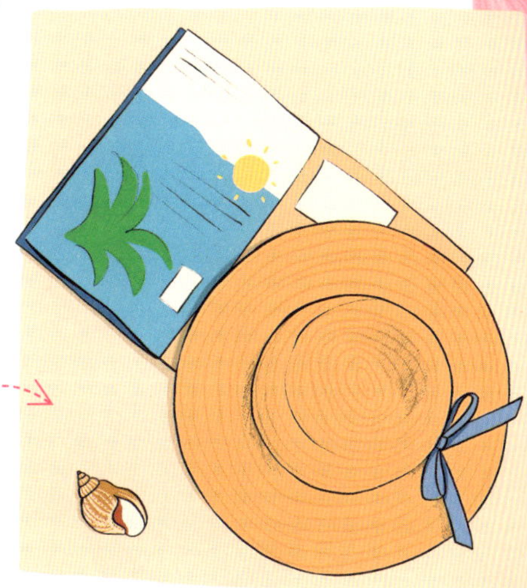

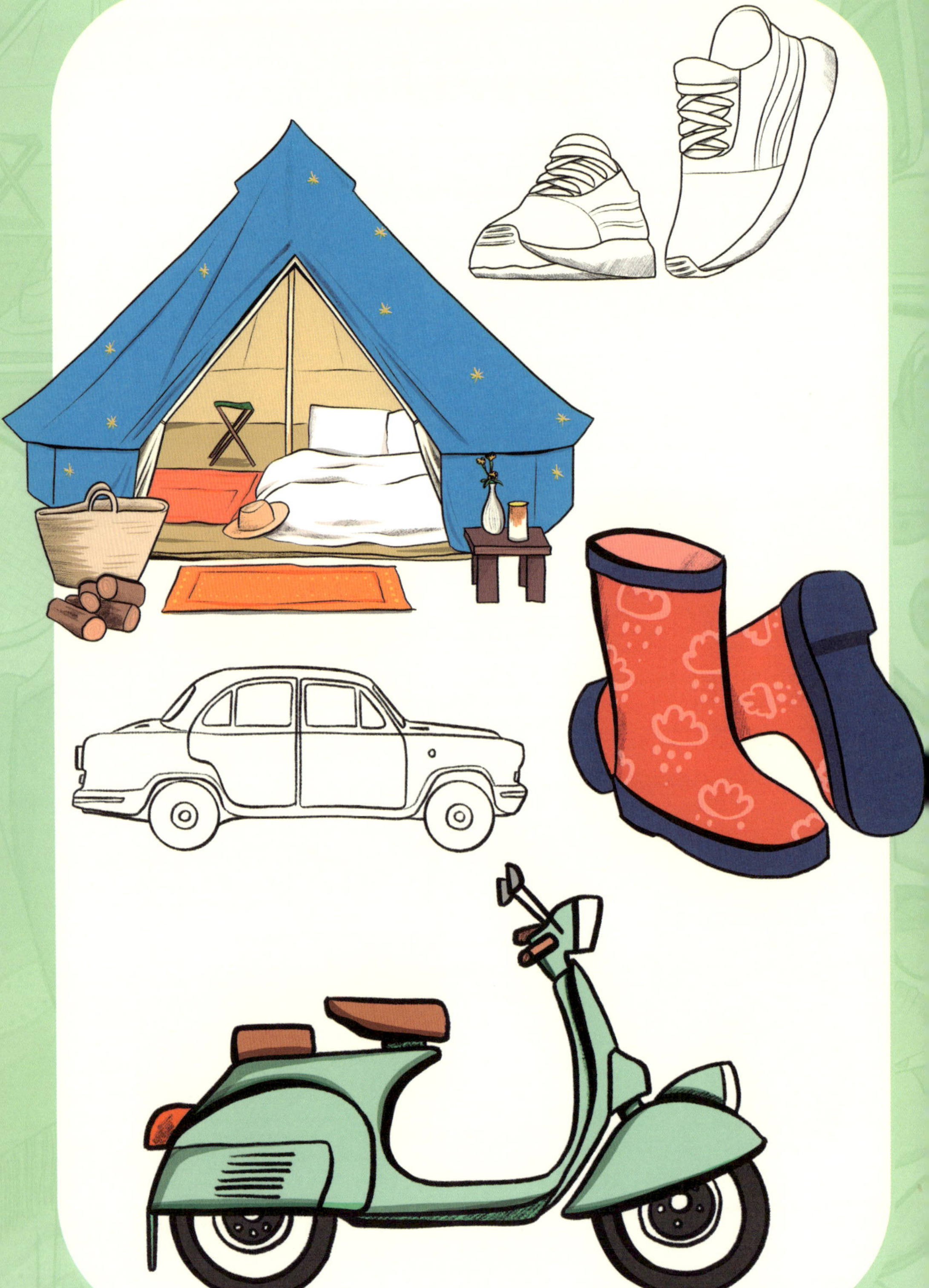

Unterwegs

Gummistiefel

Bringen Sie Farbe in graue Regentage!

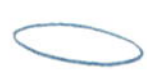

1 Mit Bleistift ein kleines Oval zeichnen.

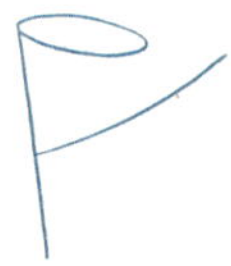

2 Zwei gerade Striche anfügen.

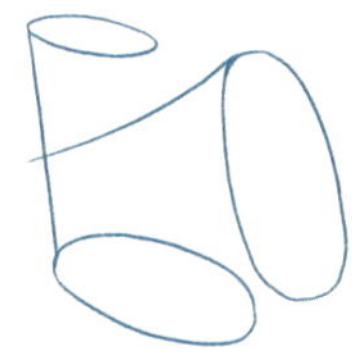

3 Zwei größere Ovale für die Sohlen anfügen.

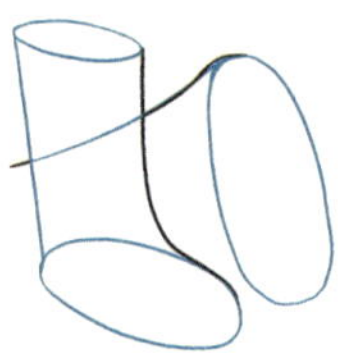

4 Die ersten Umrisse nachzeichnen.

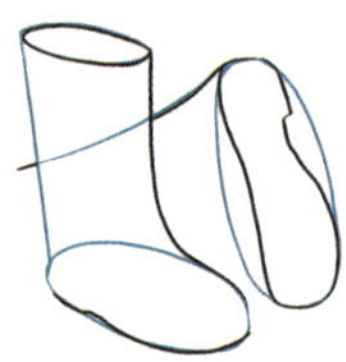

5 Die Umrisse der Sohlen nachziehen.

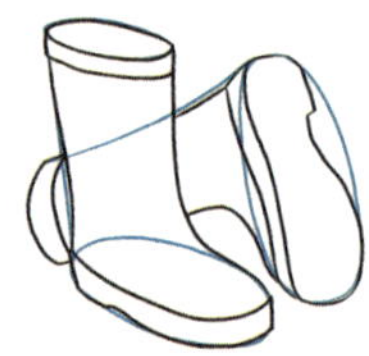

6 Details am oberen Rand und den Sohlen einzeichnen.

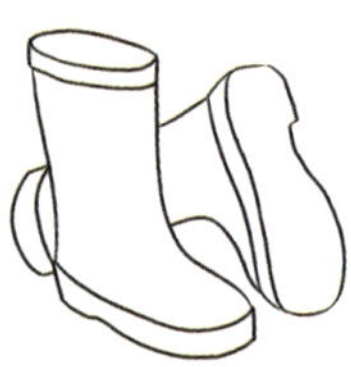

7 Die Hilfslinien ausradieren.

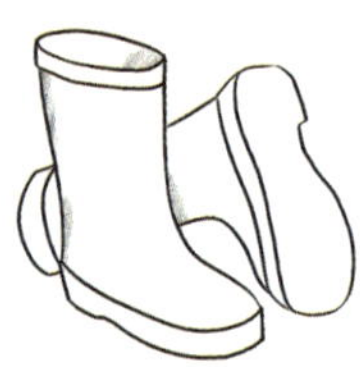

8 Schattierungen andeuten.

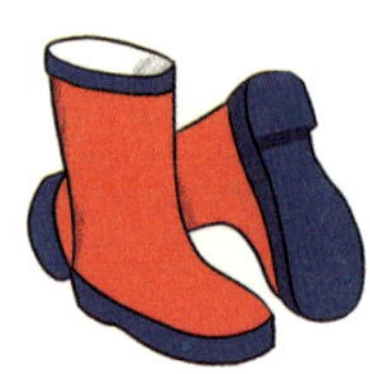

9 Mit Rot und Blau kolorieren.

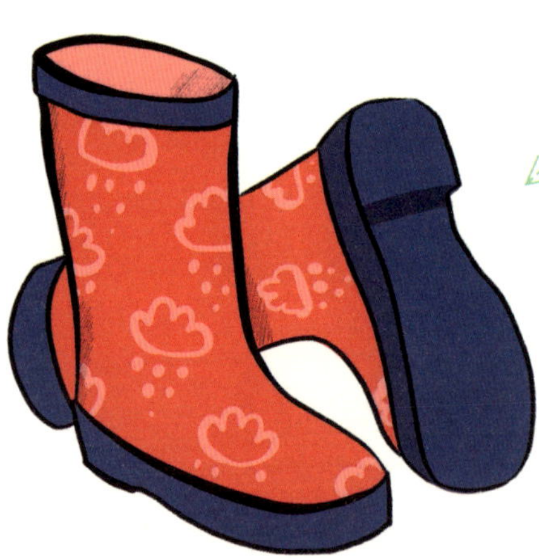

10 Zuletzt ein lustiges Muster malen und einige Schatten abdunkeln.

Skateboard

Wenn die Grundform stimmt, gibt es kein Halten mehr.

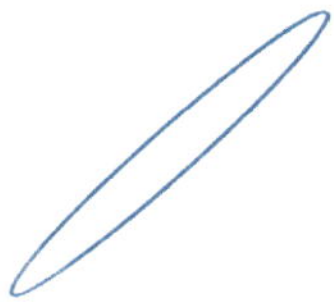

1 Mit einem länglichen, schrägen Oval beginnen.

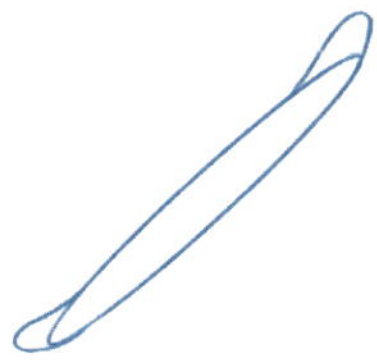

2 An jedem Ende einen kleinen Bogen anfügen.

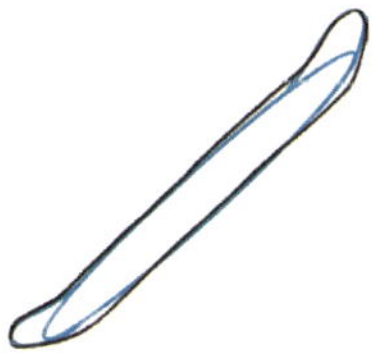

3 Die Striche mit Fineliner nachzeichnen, dabei die Form verfeinern.

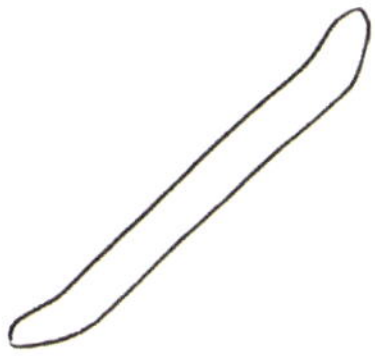

4 Die Hilfslinien ausradieren.

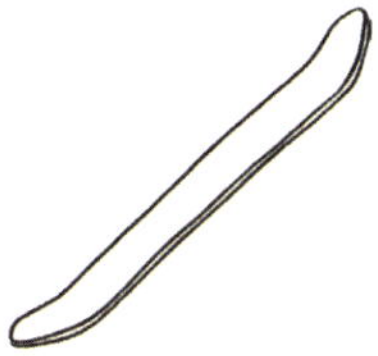

5 Mit einer zweiten Linie die Dicke des Boards darstellen.

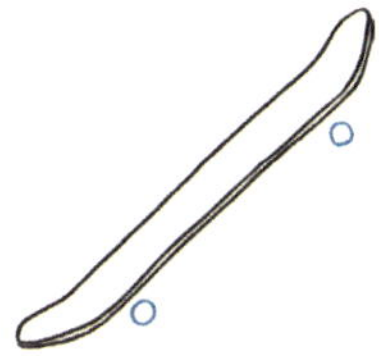

6 Mit Bleistift zwei kleine Räder andeuten.

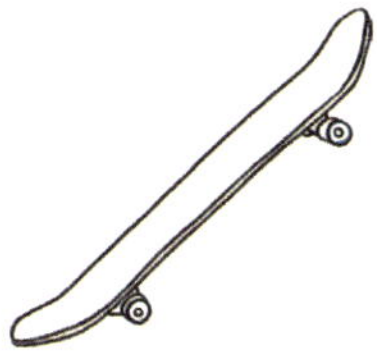

7 Die Räder mit Fineliner genauer nachzeichnen.

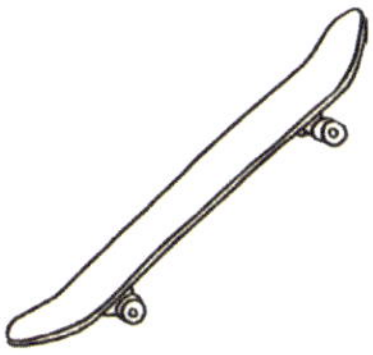

8 Die Bleistiftstriche ausradieren.

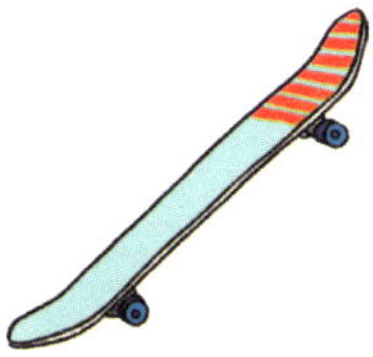

9 Das Board mit Türkis und Rot kolorieren.

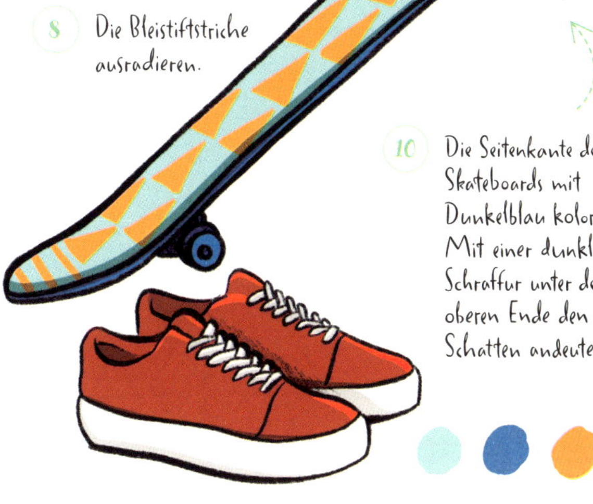

10 Die Seitenkante des Skateboards mit Dunkelblau kolorieren. Mit einer dunklen Schraffur unter dem oberen Ende den Schatten andeuten.

Motorroller

Wer auf Retro steht, wird auf dieses coole Zweirad garantiert abfahren.
Natürlich ist auch die Farbgebung dem Stil angepasst.

1 Zwei Kreise mit einer geraden Linie verbinden.

2 Sattel und Lenker mit einfachen Strichen skizzieren.

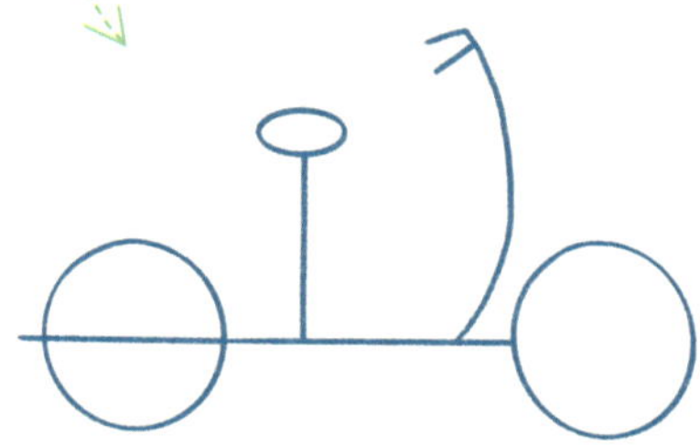

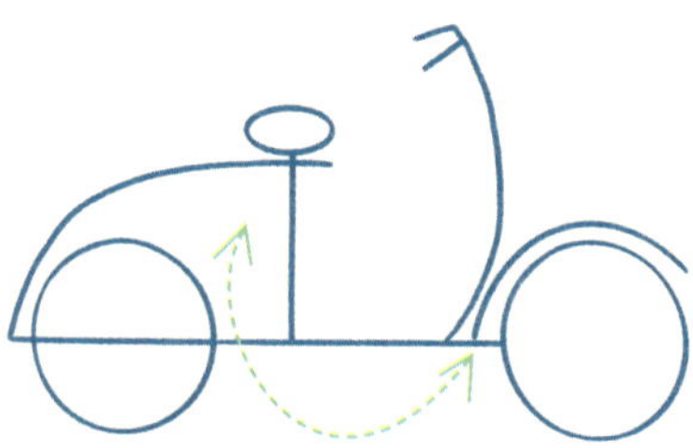

3 Weitere gekrümmte Striche einfügen.

4 Die vorderen Scheinwerfer einzeichnen.

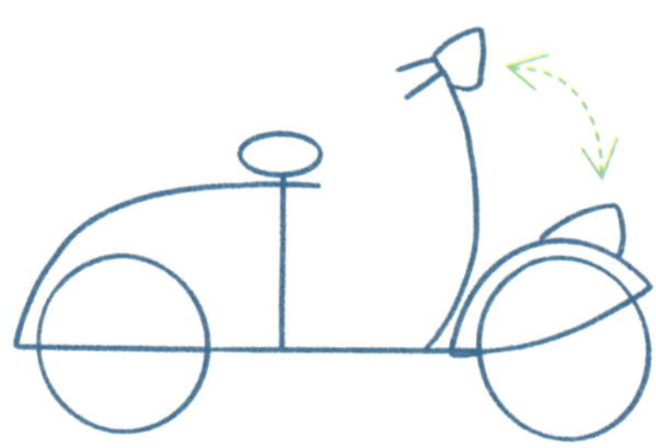

5 Erste Umrisse mit Fineliner einfügen.

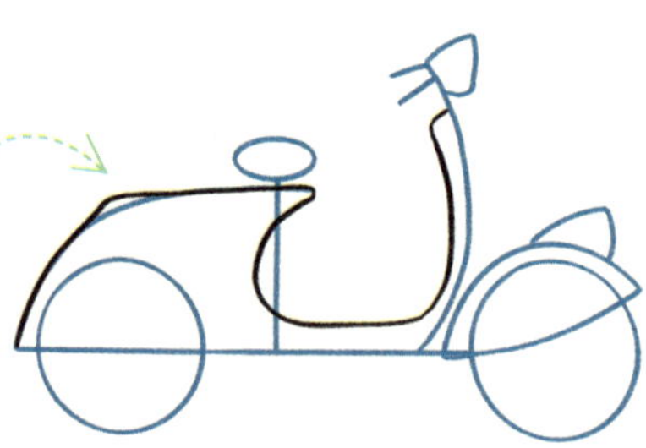

6 Den vorderen Teil mit Fineliner ausarbeiten.

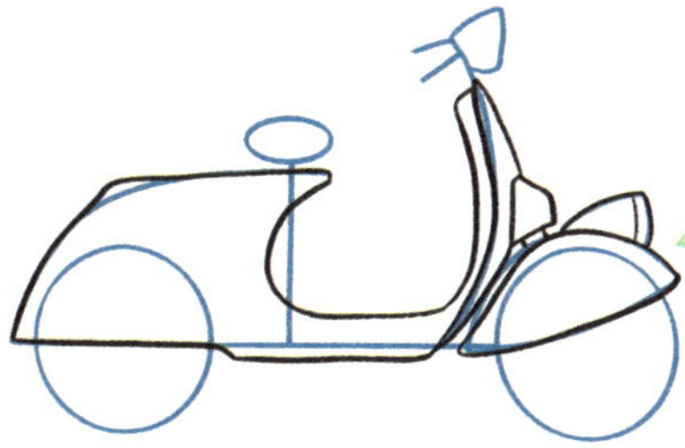

7 Sattel, Lenker, Räder und hinteren Teil detailliert ausarbeiten.

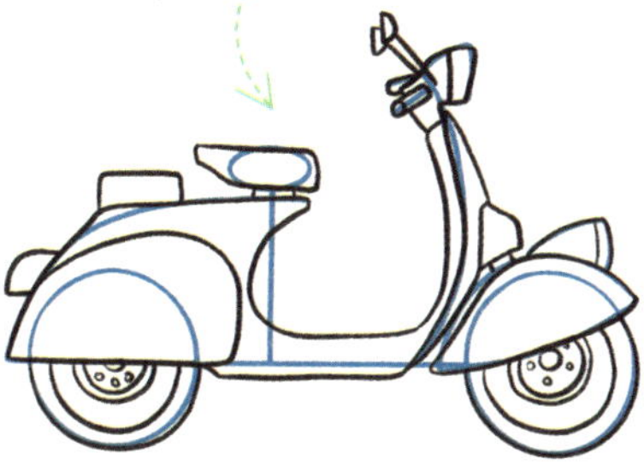

8 Die Hilfslinien ausradieren.

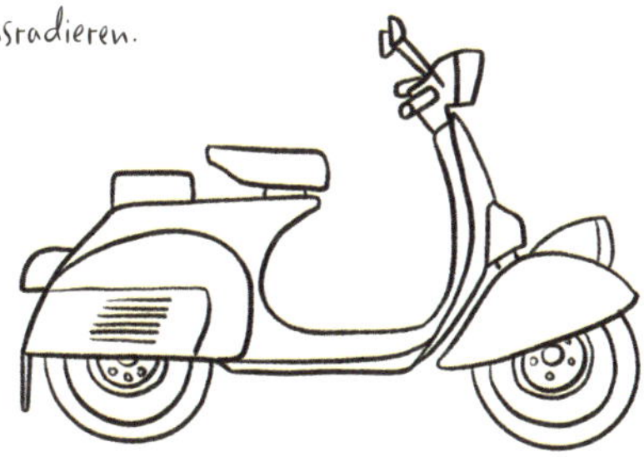

9 Die Karosserie in einem klassischen Grün kolorieren.

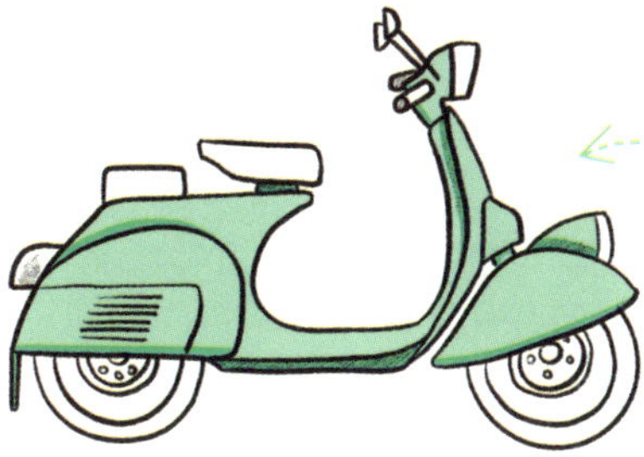

10 Details in Rot und Braun kolorieren, dann einige dunklere Schatten andeuten.

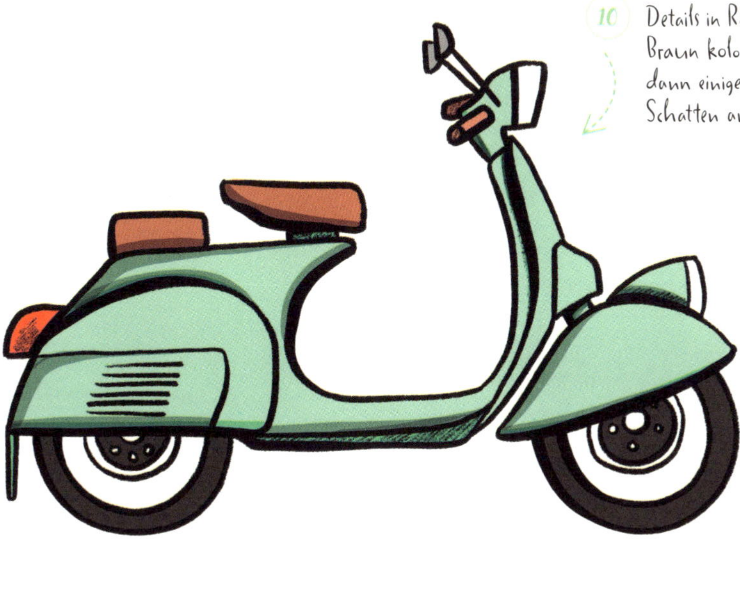

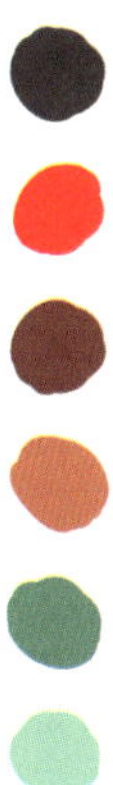

Fahrrad

Damit das Rad überzeugend sportlich aussieht, kommt es auf die richtigen Proportionen und Winkel an.

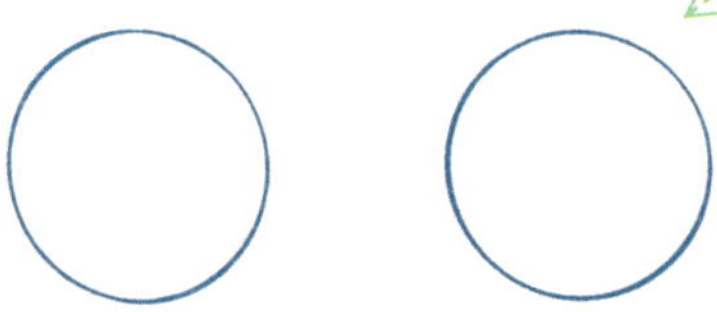

1 Zuerst die Räder mit zwei Kreisen andeuten.

2 Die Kreise mit drei geraden Strichen verbinden.

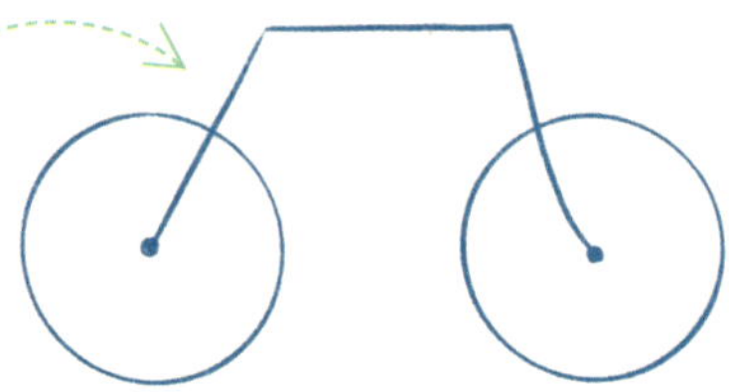

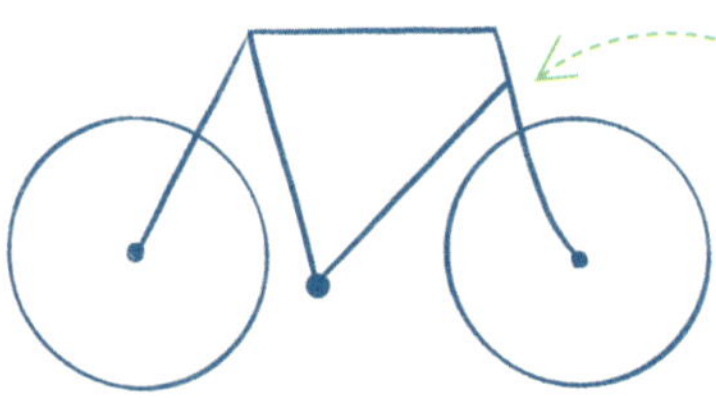

3 Zwei weitere Striche, fertig ist der Rahmen.

4 Sattel, Lenker und Pedale einzeichnen.

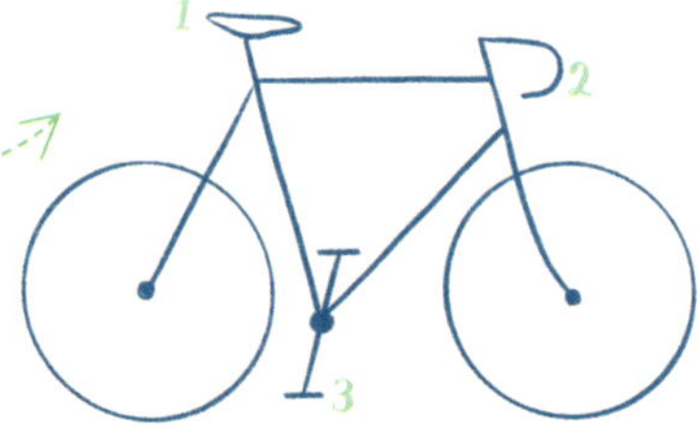

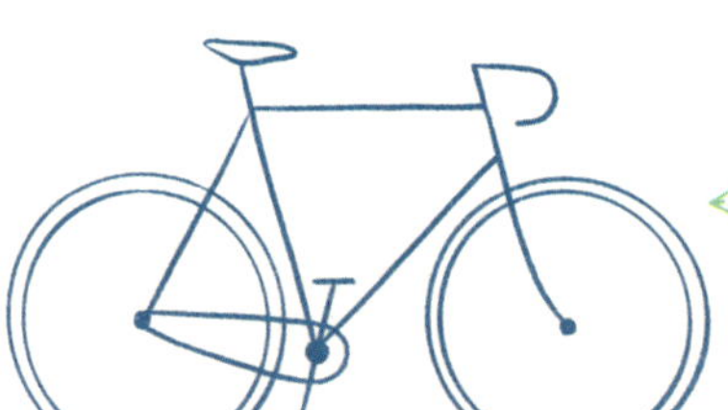

5 Für die Reifen Kreise um die Räder zeichnen.

6 Zuerst die Umrisse des Rahmens mit Fineliner ausarbeiten.

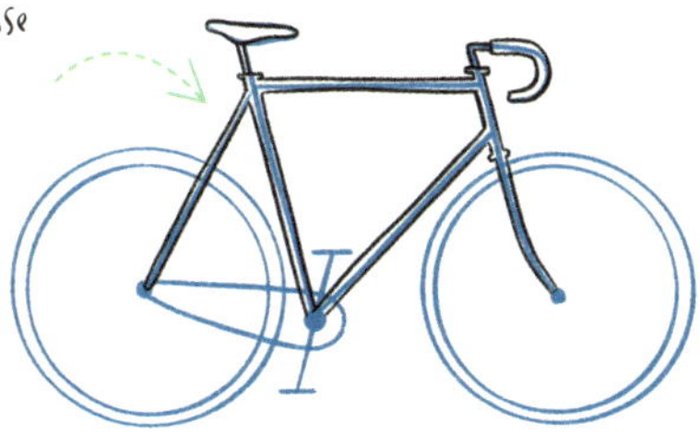

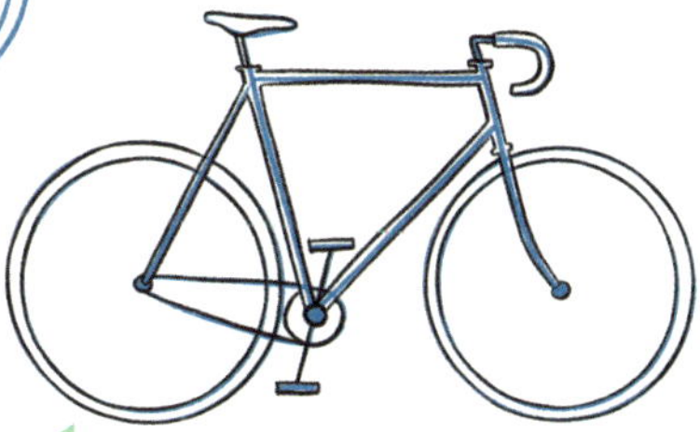

7 Dann die Räder mit Fineliner zeichnen.

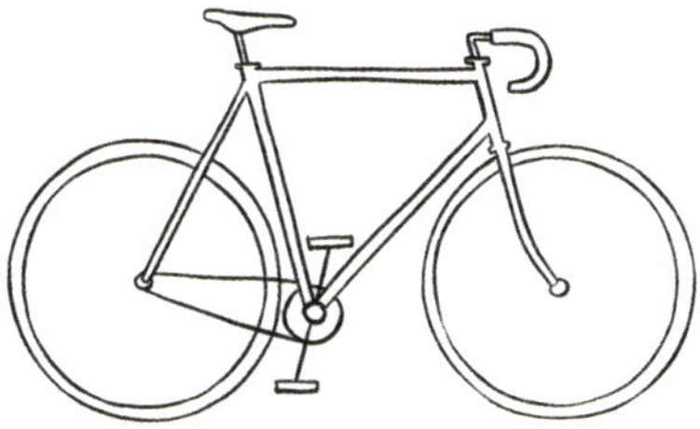

8 Die Hilfslinien ausradieren.

9 Den Rahmen in Orange kolorieren. Die Speichen mit Hellblau einzeichnen.

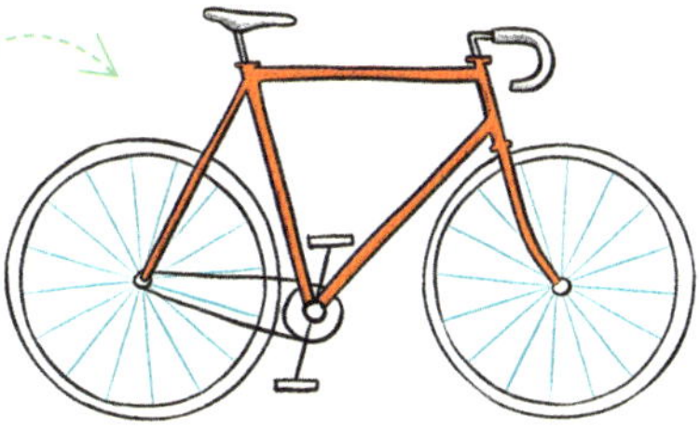

10 Sattel, Lenker, Pedale und Reifen mit Blau kolorieren. Zuletzt einige Schatten andeuten.

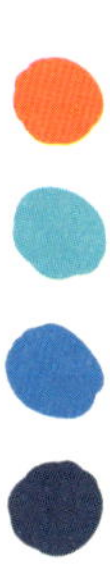

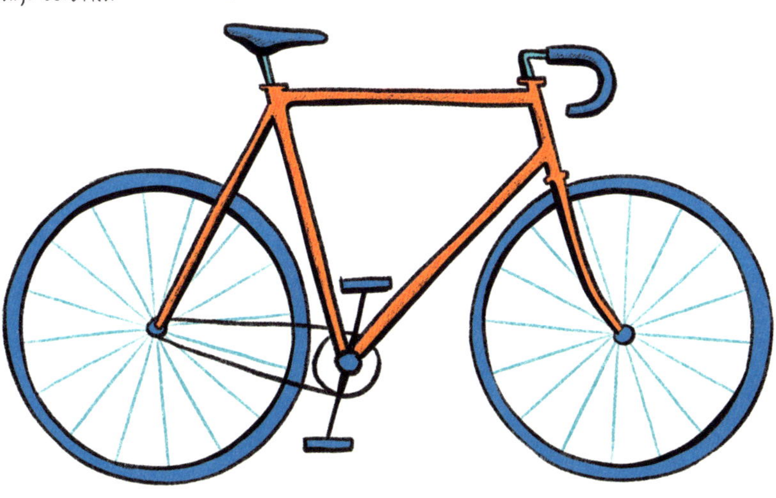

Rollschuhe

Mit einem Muster oder dynamischen Streifen sehen diese Rollschuhe noch schnittiger aus.

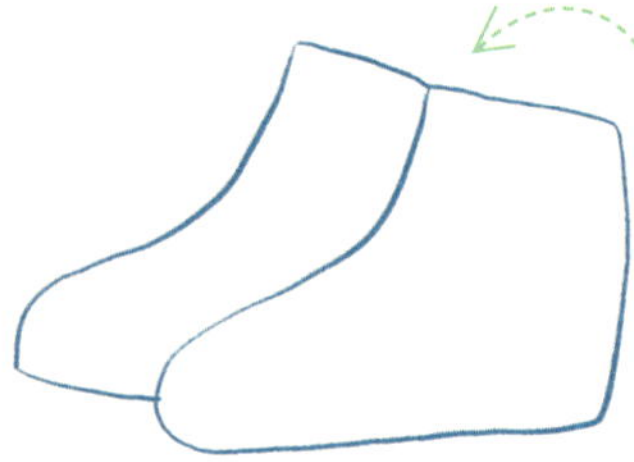

1 Zwei Stiefelformen grob skizzieren.

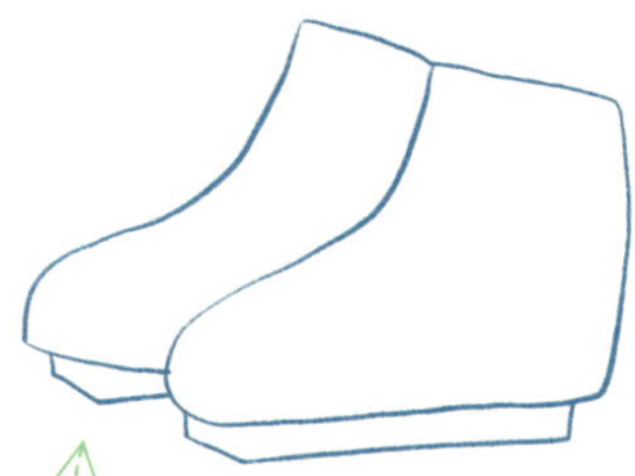

2 Die Sohlen hinzufügen.

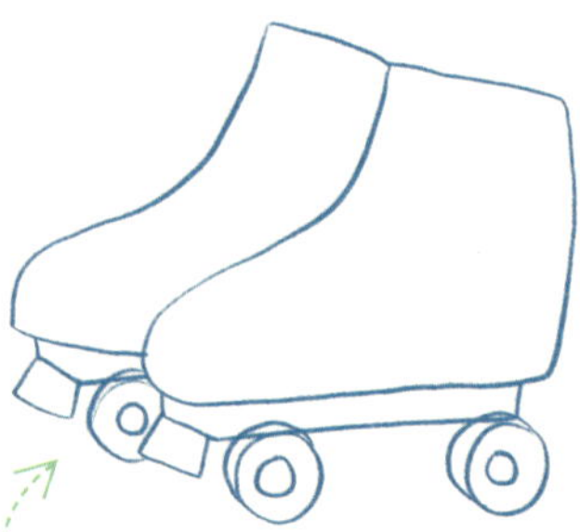

3 Räder und Stopper mit Bleistift zeichnen.

4 Den Bereich der Schnürung grob einzeichnen.

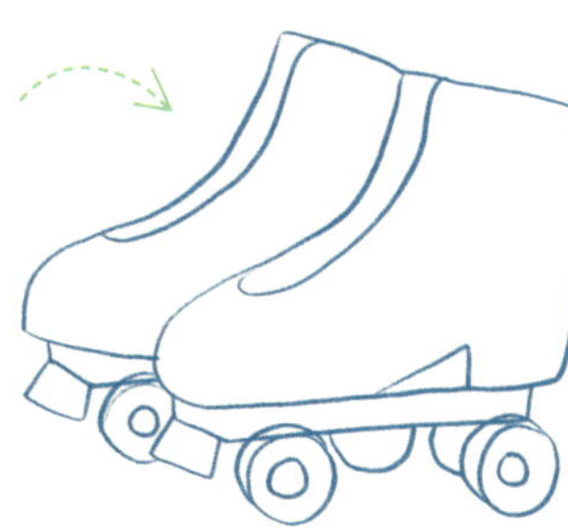

5 Die gekreuzten Schnürsenkel mit Fineliner zeichnen.

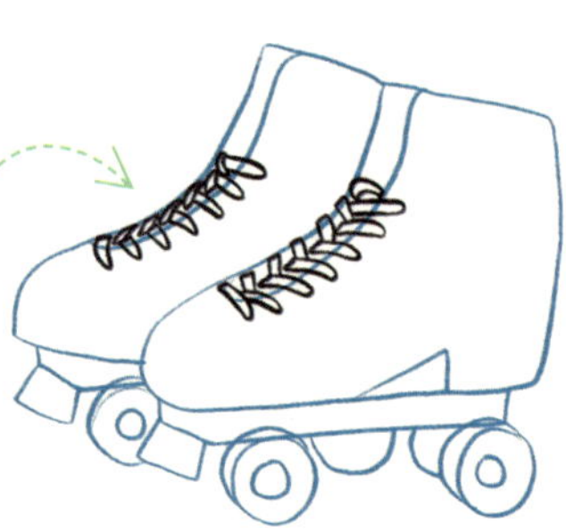

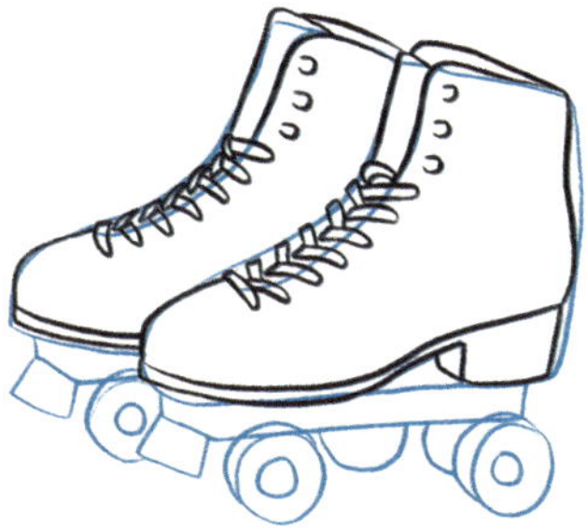

6 Die Umrisse der Stiefel mit Fineliner ausarbeiten.

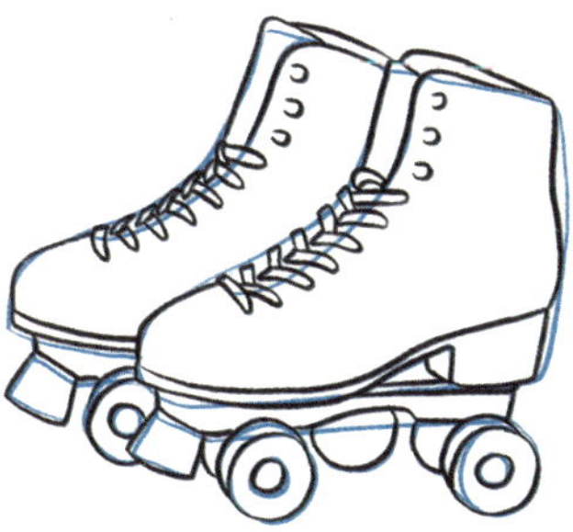

7 Zuletzt die Räder und Stopper mit Fineliner nachzeichnen.

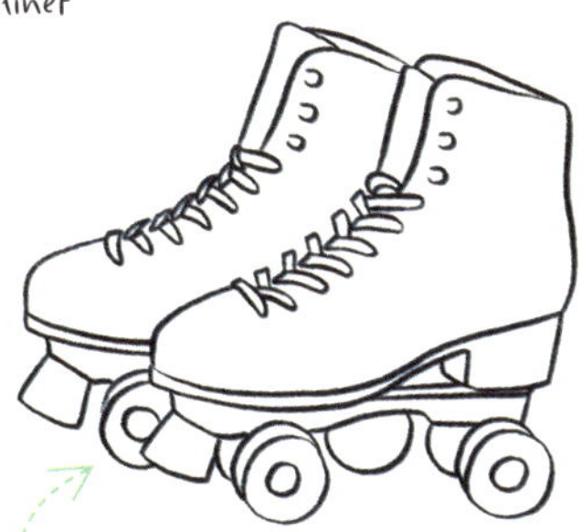

8 Die Hilfslinien ausradieren.

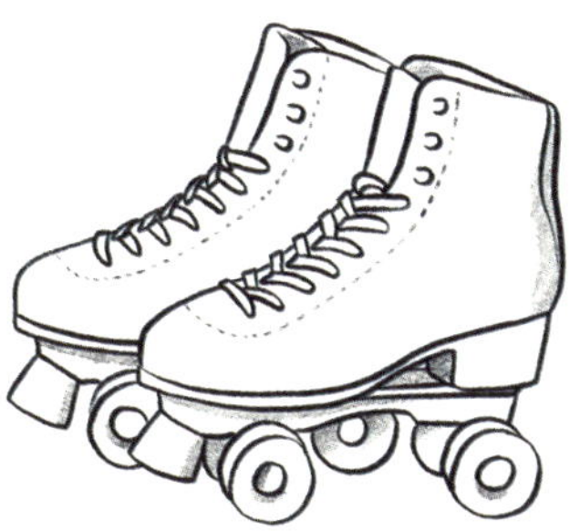

9 Einige Schatten sorgen für die plastische Wirkung.

10 Beim Kolorieren haben Sie die freie Wahl. Kontrastfarben sehen besonders gut aus.

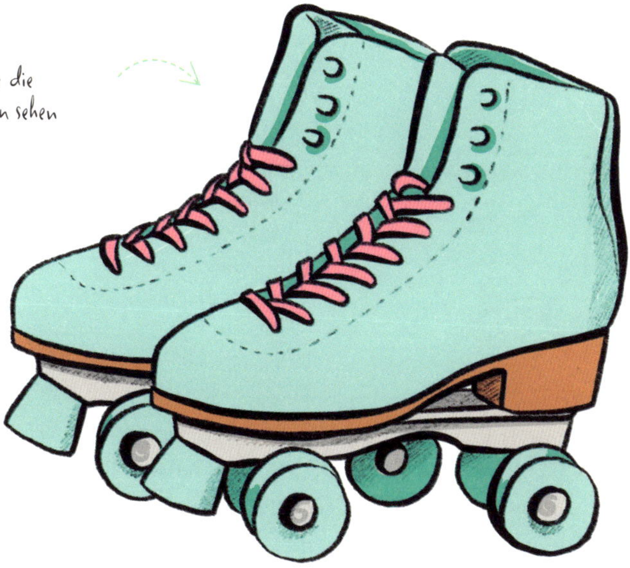

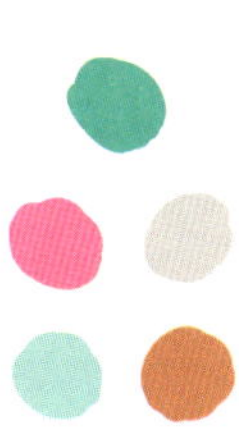

Tennisschläger

Der Farbverlauf auf dem Rahmen des Schlägers wirkt ungemein dynamisch.

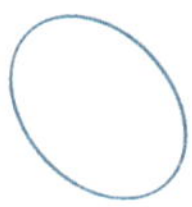

1 Mit einem Oval beginnen.

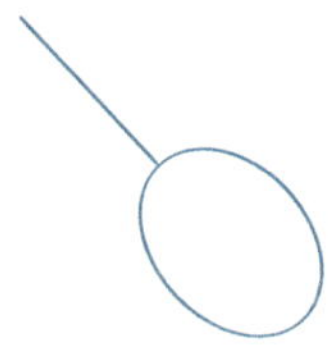

2 Einen Strich als Griff anfügen.

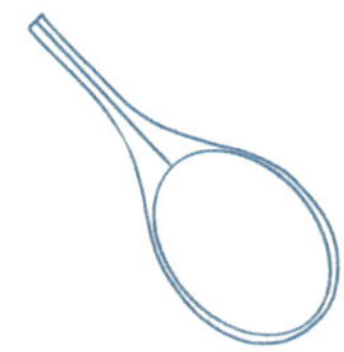

3 Die Form des Schlägers ausarbeiten.

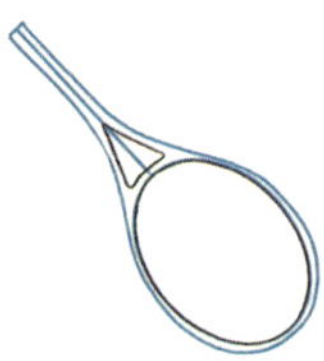

4 Die Ovale mit Fineliner nachzeichnen. Details mit Bleistift einfügen.

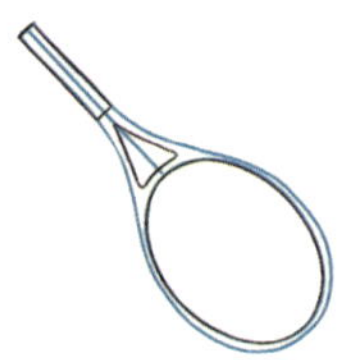

5 Auch den Griff mit Fineliner nachzeichnen.

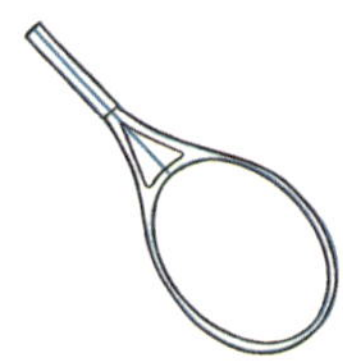

6 Die Details ebenfalls ausarbeiten.

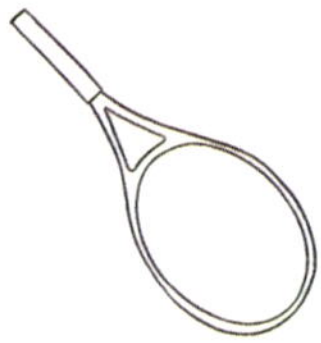

7 Die Hilfslinien ausradieren.

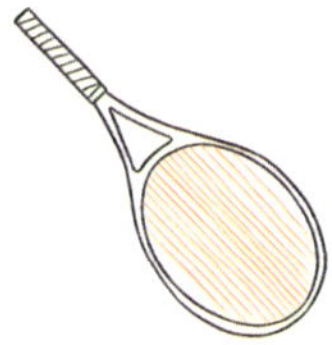

8 Mit einem Stift in Orange senkrechte Striche einzeichnen. Die Wicklung des Griffs andeuten.

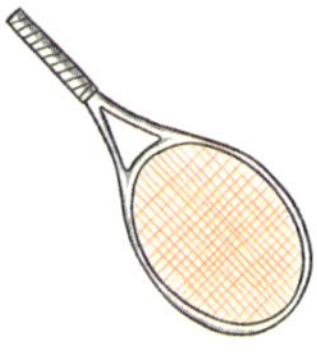

9 In Orange die Bespannung fertigstellen.

10 Zuletzt den Rahmen mit einem Farbverlauf von Rot über Orange bis Gelb kolorieren.

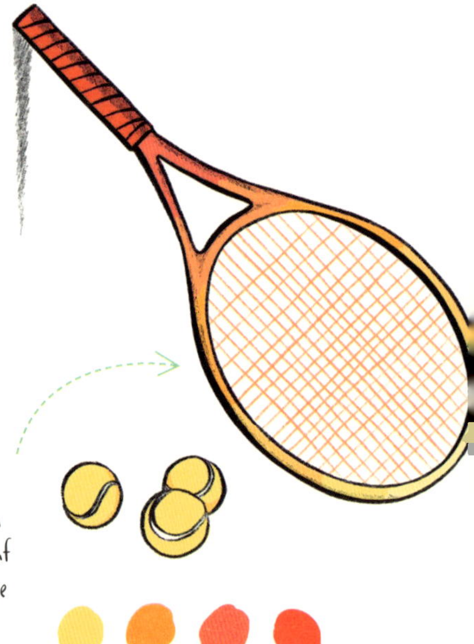

Flipflops

Ohne die trendigen Latschen geht es im Sommer gar nicht.

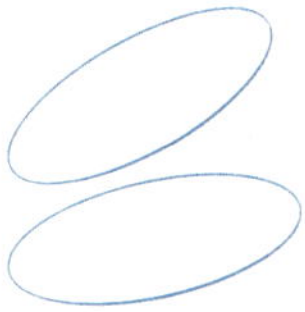

1 Mit zwei abgeflachten Ovalen beginnen.

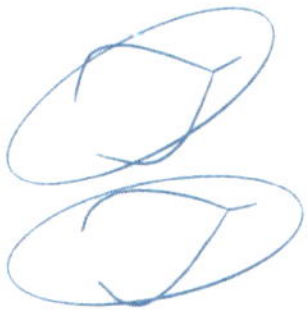

2 Für die Riemen auf jedem Oval zwei gekrümmte Striche einfügen.

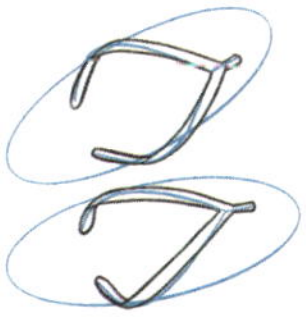

3 Die Riemen mit Fineliner nachzeichnen.

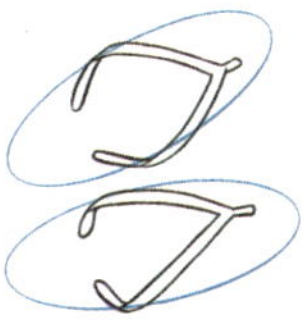

4 Die Bleistiftstriche der Riemen ausradieren.

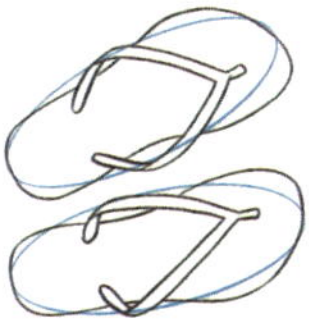

5 Die Umrisse der Sohlen mit Fineliner zeichnen und verfeinern.

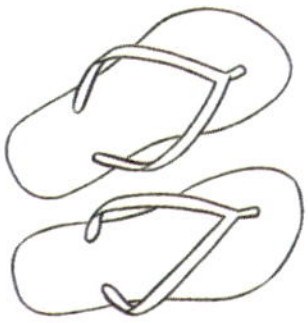

6 Die Hilfslinien ausradieren.

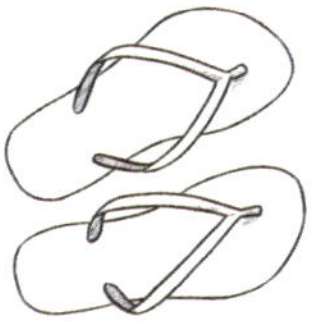

7 Schatten andeuten.

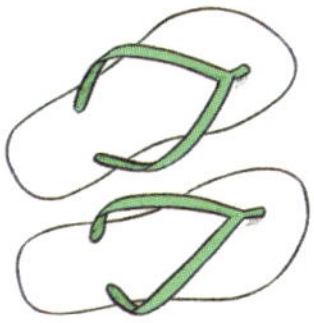

8 Die Riemen grün ausmalen.

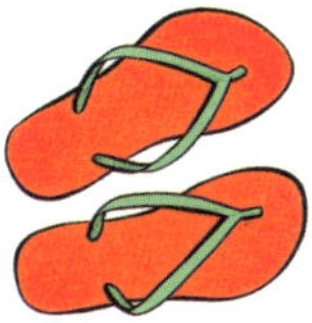

9 Die Sohlen rot kolorieren.

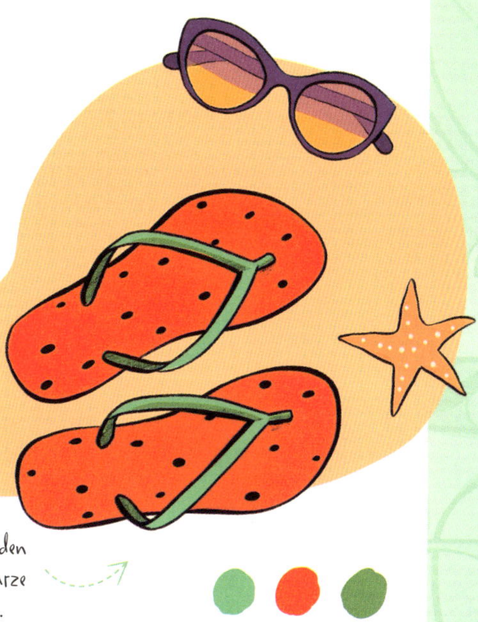

10 Zum Schluss auf den roten Sohlen schwarze Ovale hinzufügen.

Auto

Mit diesem Oldtimer werden Sie garantiert Aufsehen erregen. Achten Sie auf die sehr dunkle Schattierung der Kotflügel und der Unterseite.

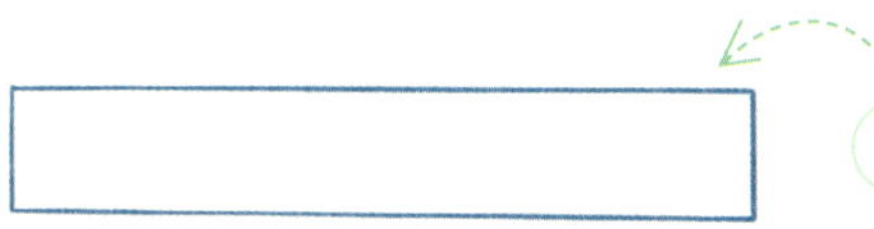

1 Mit einem länglichen Rechteck beginnen.

2 Zwei Kreise für die Räder und einen Bogen für das Oberteil anfügen.

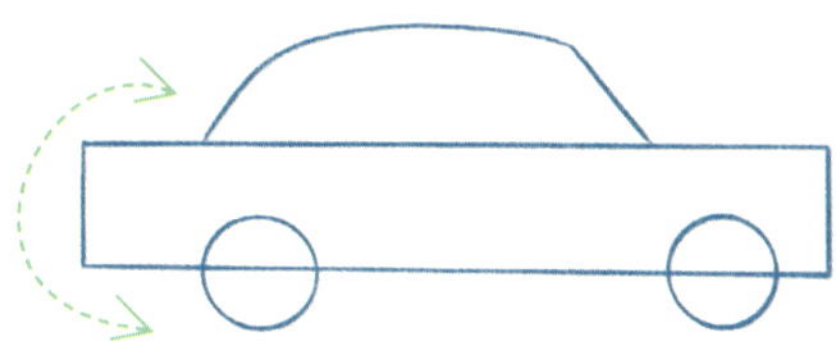

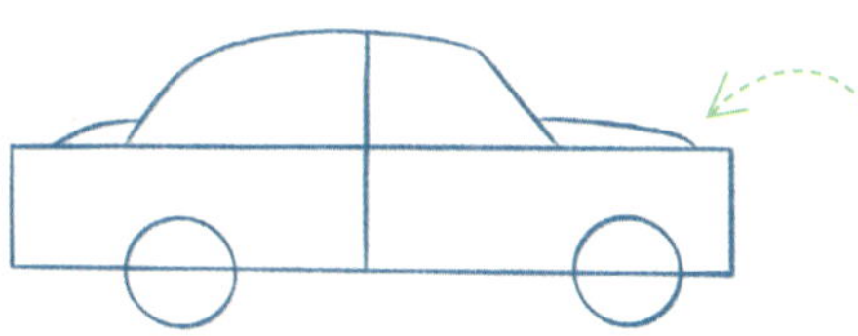

3 Eine senkrechte Linie markiert die Türen. Motor- und Kofferraumhaube andeuten.

4 Die Linien der Karosserie mit Fineliner nachzeichnen. Der Wagen soll nicht zu kantig aussehen.

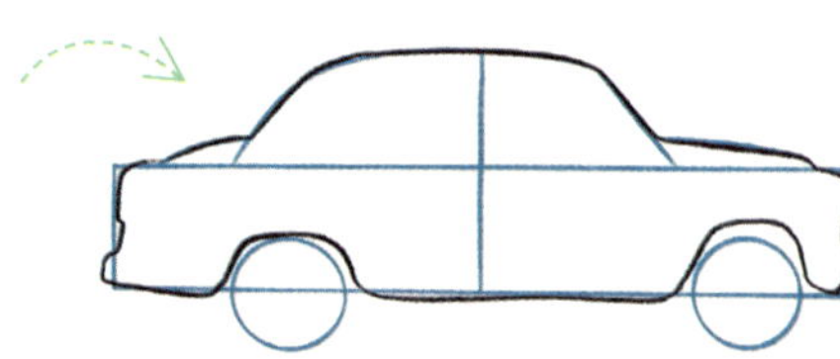

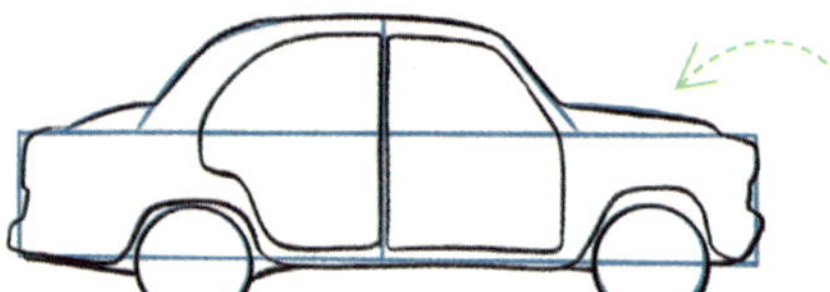

5 Die Türen beiderseits der senkrechten Linie einzeichnen.

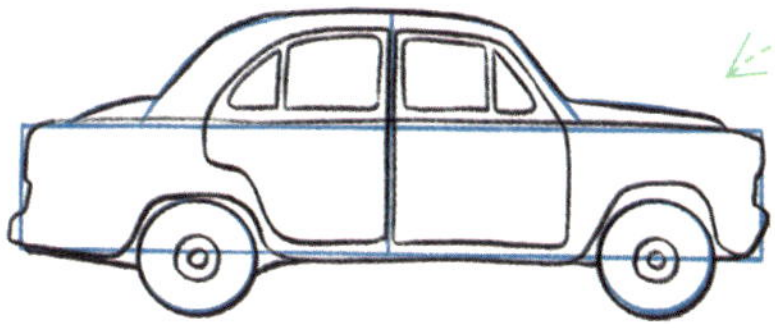

6 Die Fenster einzeichnen. Die Räder genauer ausarbeiten.

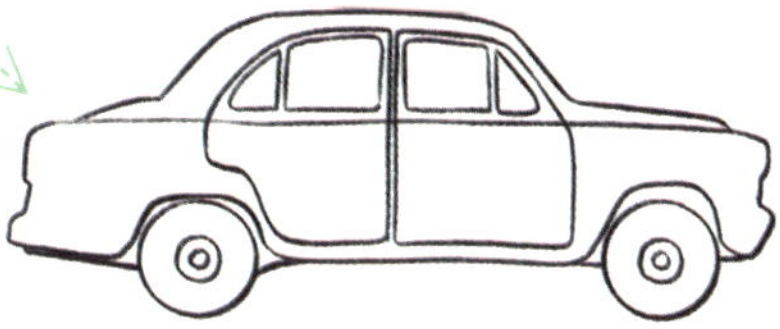

7 Die Hilfslinien ausradieren.

8 Details wie Scheinwerfer und Stoßstangen einzeichnen.

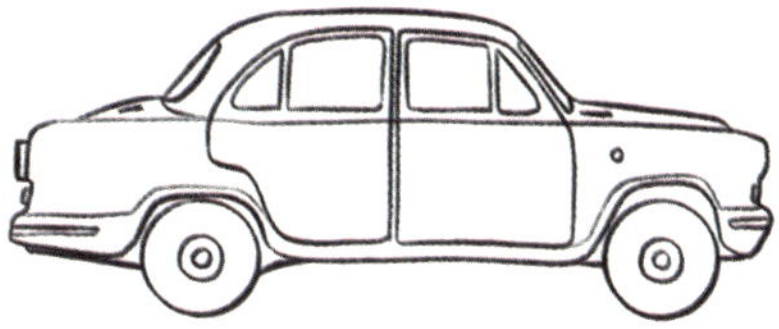

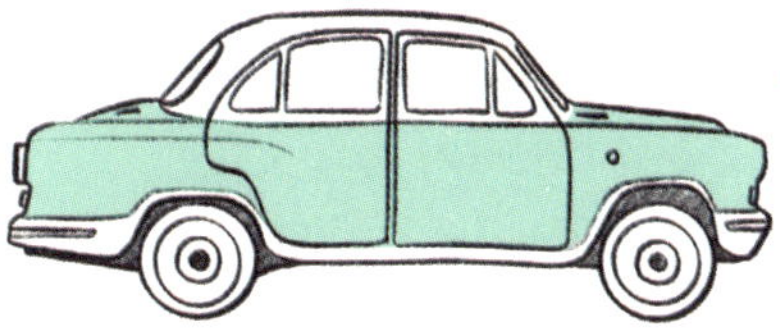

9 Die Karosserie hellgrün kolorieren.

10 Das Auto mit hellen und dunklen Grüntönen weiter ausarbeiten. Für die Lichter Rot verwenden.

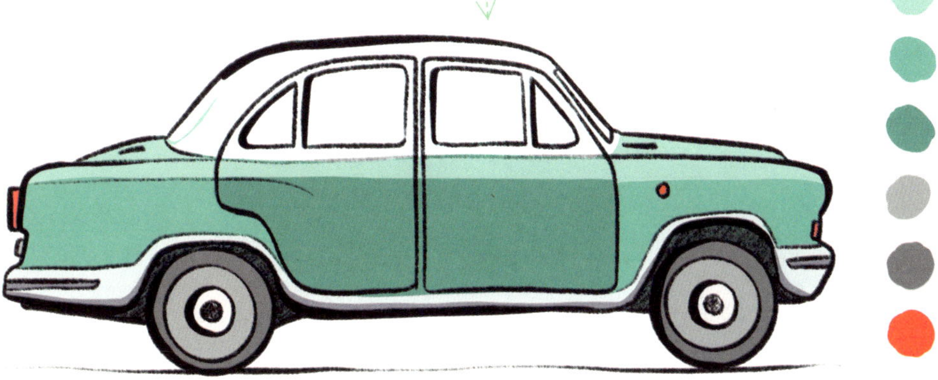

Laufschuhe

An der Stellung der beiden Schuhe ist zu erkennen, dass sie startbereit sind. Sie auch?

1 Zwei unterschiedliche Schuhformen grob skizzieren.

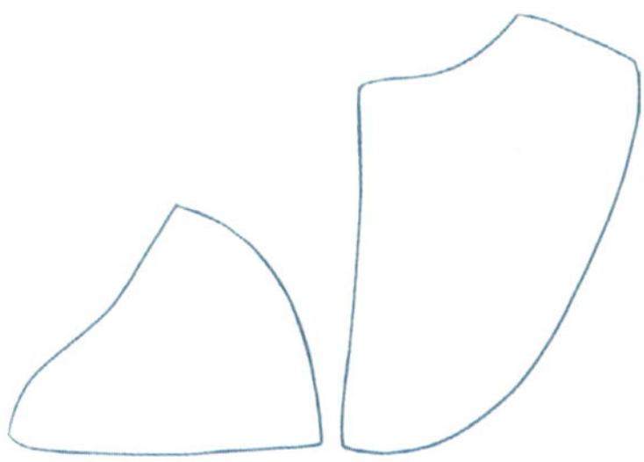

2 Die vorn hochgezogenen Sohlen einzeichnen.

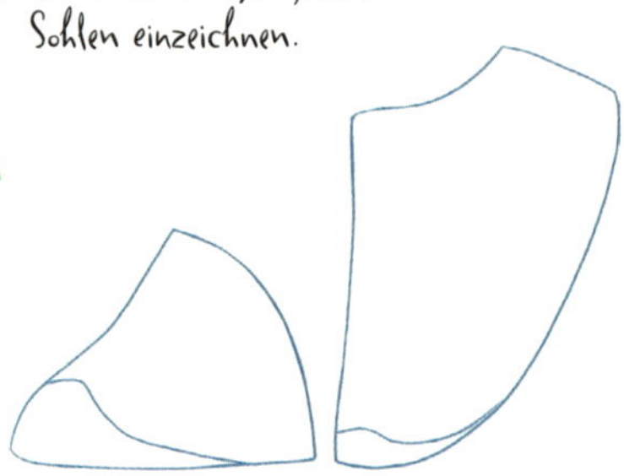

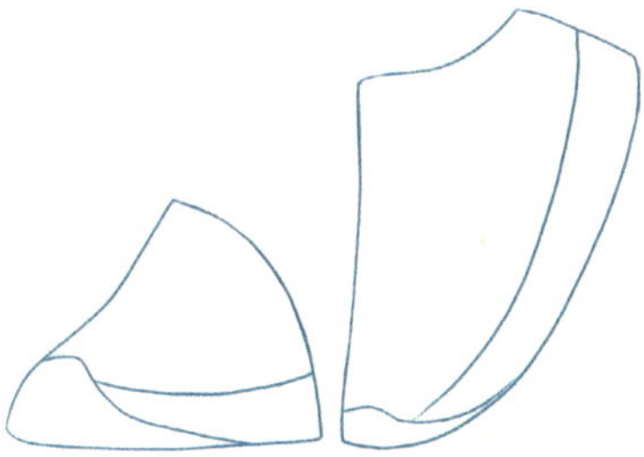

3 Die Sohlen mit einfachen Strichen einfügen.

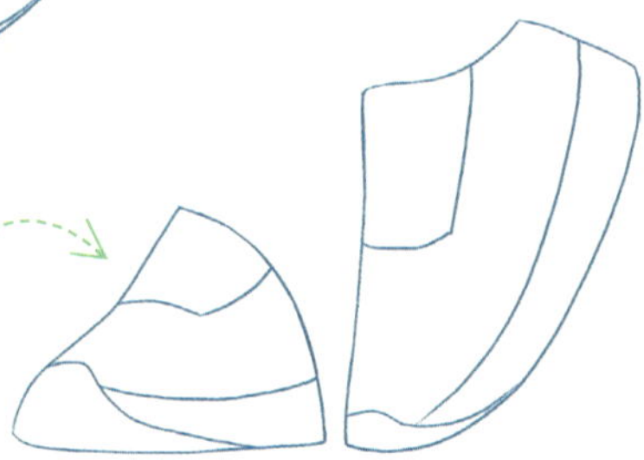

4 Den Bereich der Schnürung andeuten.

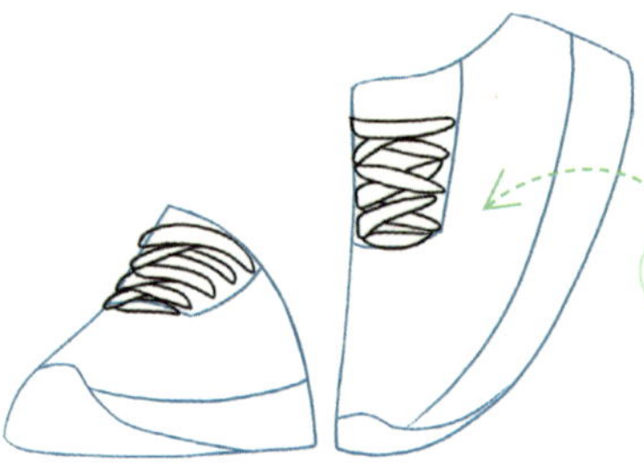

5 Die Schnürsenkel mit dem Fineliner einzeichnen.

6 Die Umrisse der Oberteile mit Fineliner nachzeichnen.

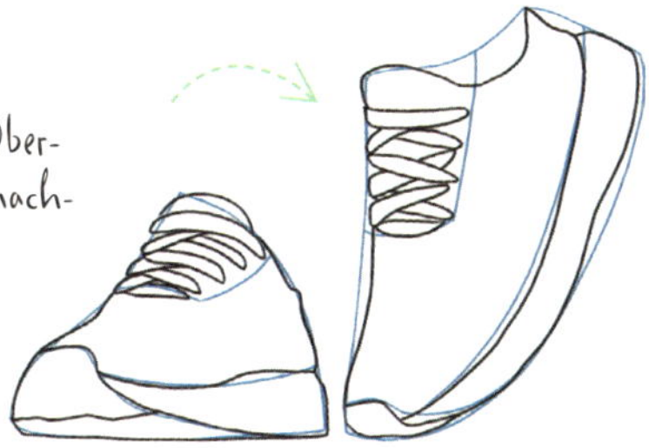

7 Die Sohlen ebenfalls nachzeichnen.

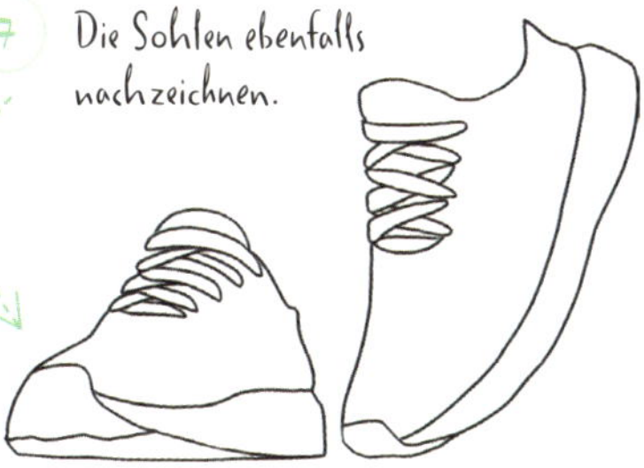

8 Die Hilfslinien ausradieren.

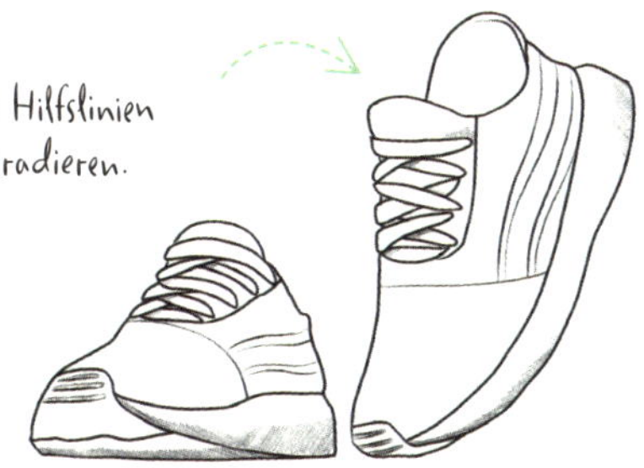

9 Schatten und ein Logo auf der Seite andeuten.

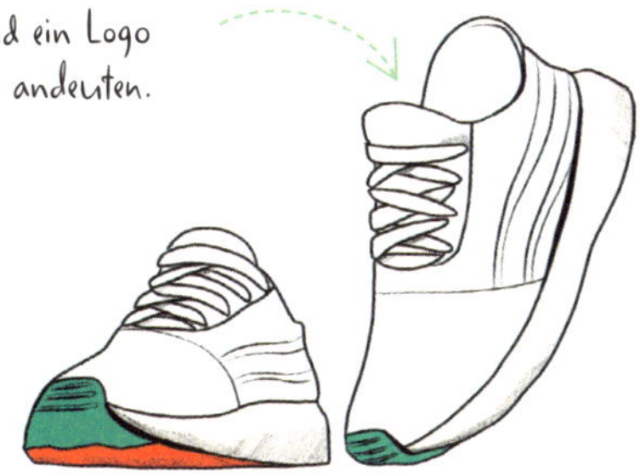

10 Die Schuhe mit knalligen Farben kolorieren.

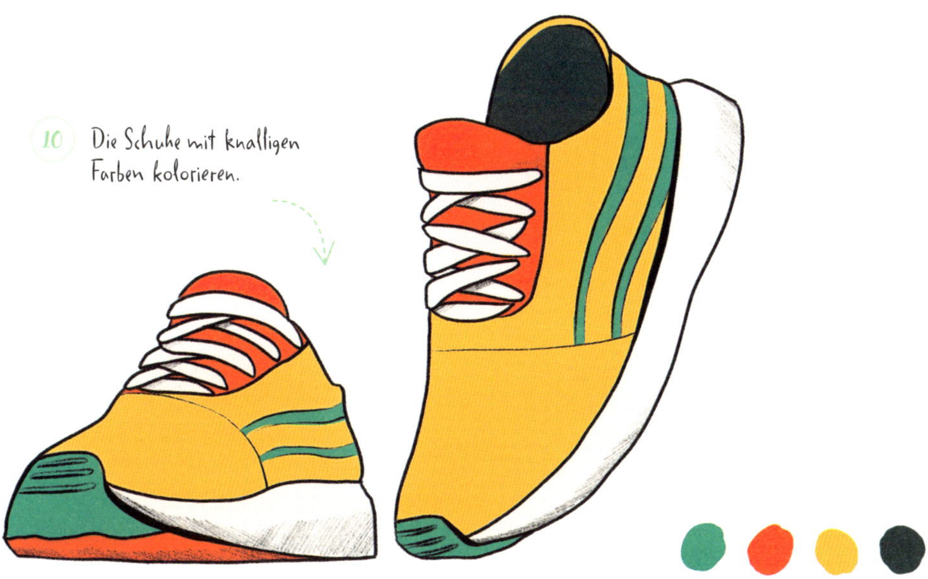

Zelt

Wer zelten will, muss gut vorbereitet sein, sonst sieht es mit dem Wohnkomfort in der freien Natur schlecht aus.

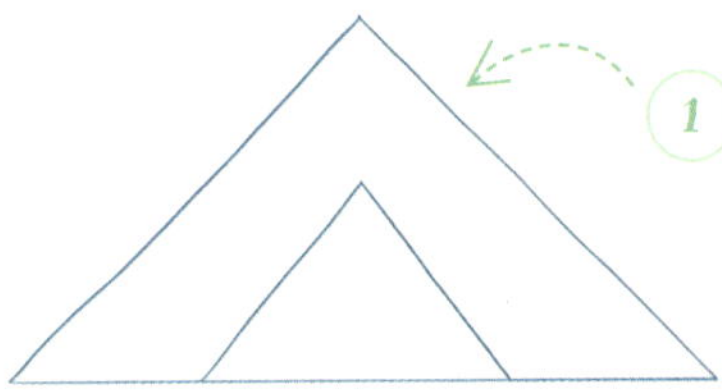

1 Mit zwei Dreiecken beginnen.

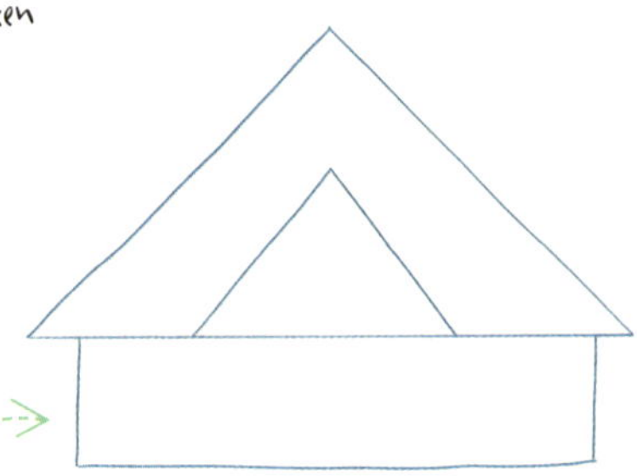

2 Darunter ein Rechteck zeichnen.

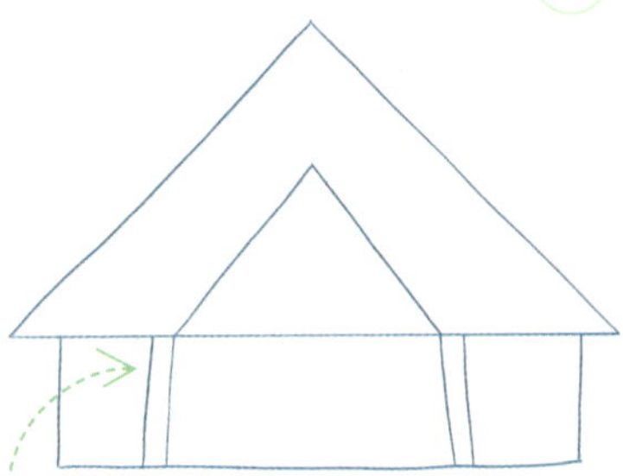

3 Vier senkrechte Striche zeigen die Öffnung des Zelts an.

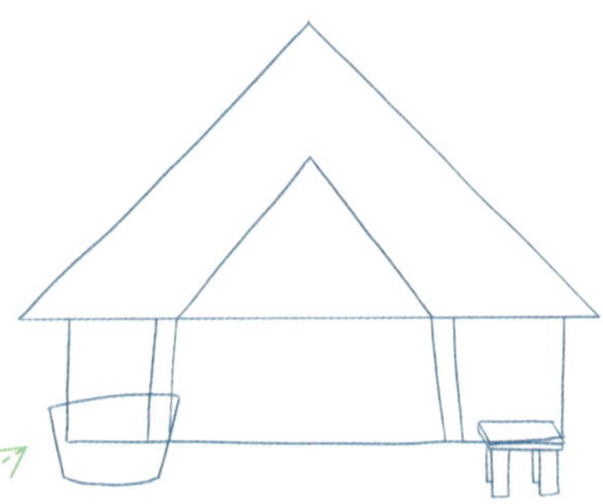

4 Details vor dem Zelt skizzieren, z.B. einen kleinen Tisch und einen Korb.

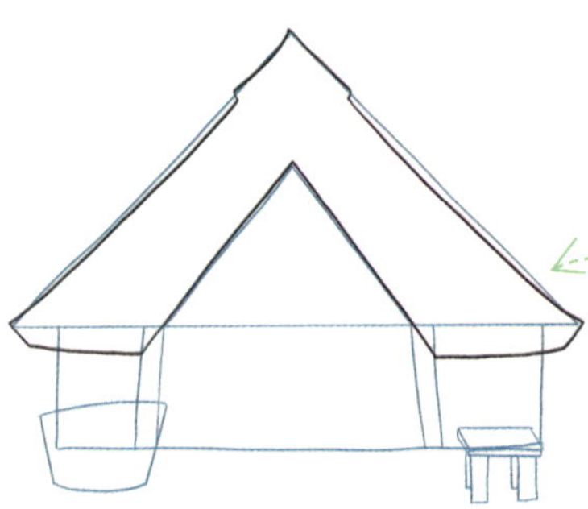

5 Die Linien des Dachs mit Fineliner nachzeichnen.

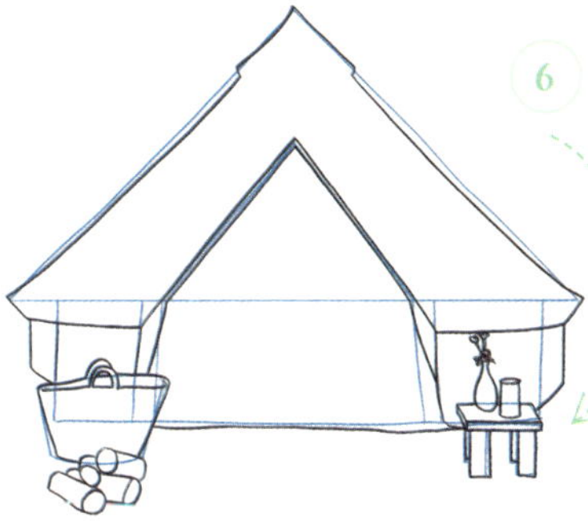

6 Die Elemente im Vordergrund mit Fineliner zeichnen.

7 Die übrigen Linien ausarbeiten, dann die Hilfslinien ausradieren.

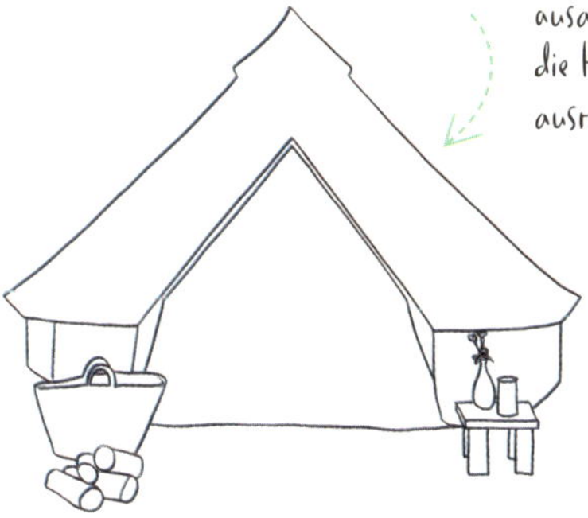

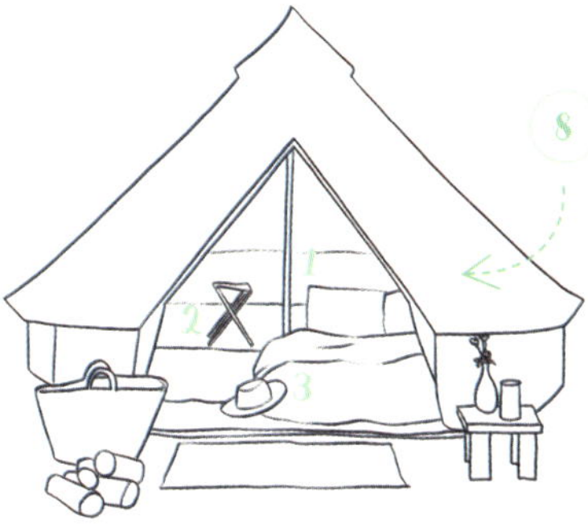

8 Weitere Details einzeichnen: einen Schlafsack (1), einen Hocker (2) und einen Hut (3).

9 Nun die Schatten einfügen.

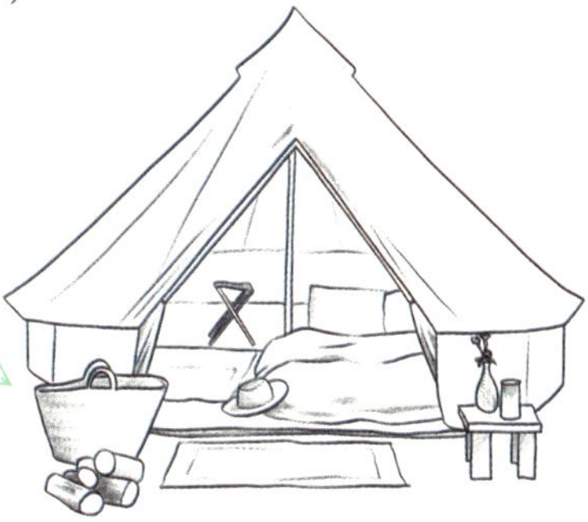

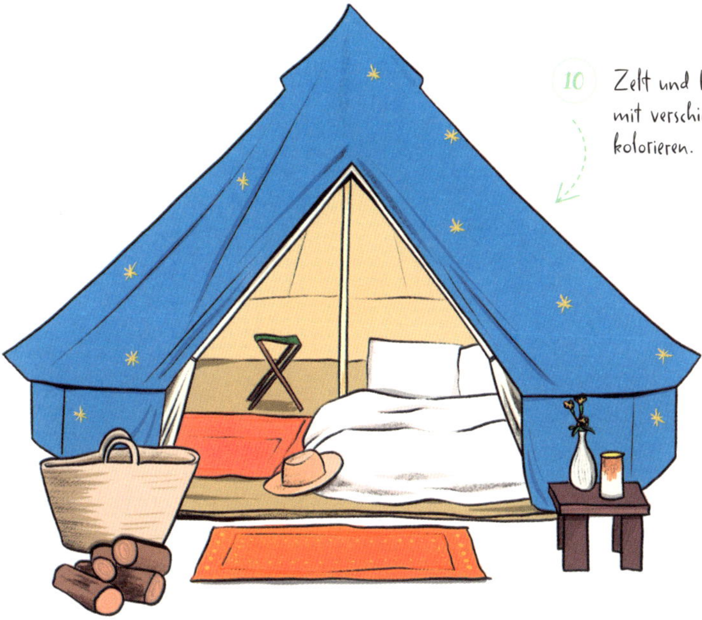

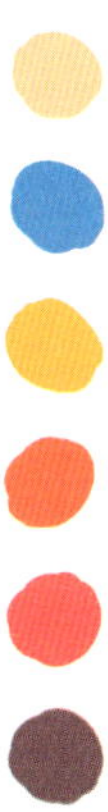

10 Zelt und Einrichtung mit verschiedenen Farben kolorieren.

Poncho

Bei diesem festlichen Poncho gibt es zwei zeichnerische Herausforderungen: den Faltenwurf und die Fransen.

1 Mit einem länglichen Rechteck beginnen. Die beiden unteren Ecken sind abgeschrägt.

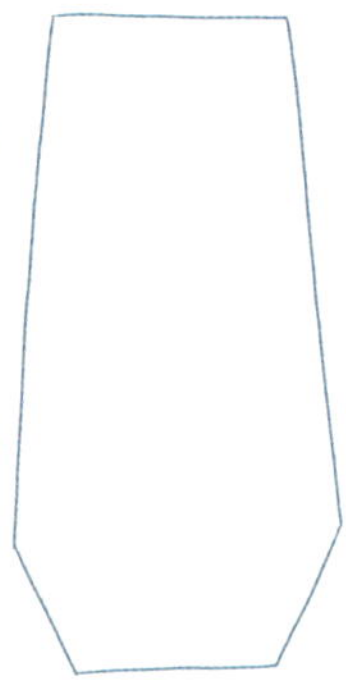

2 An den Seiten Dreiecke anfügen, oben ein Trapez und unten ein weiteres Dreieck.

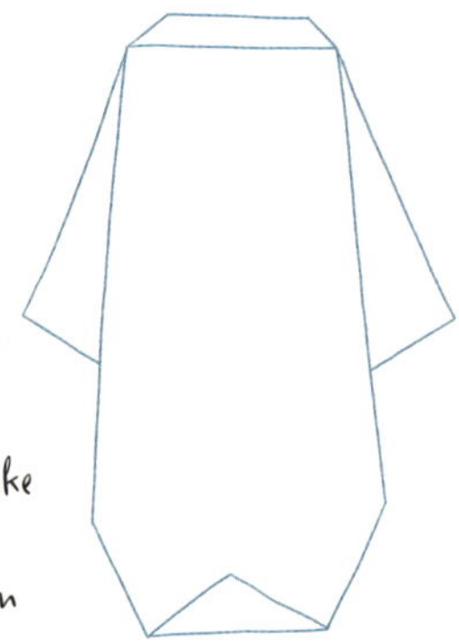

3 Den Halsausschnitt mit einem V andeuten.

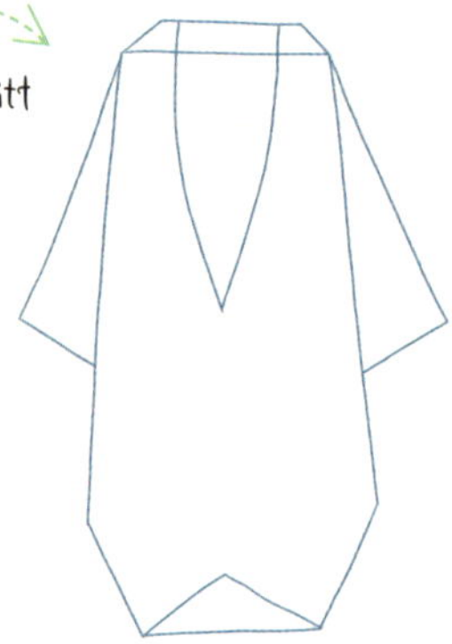

4 Einen Kleiderbügel hinzufügen.

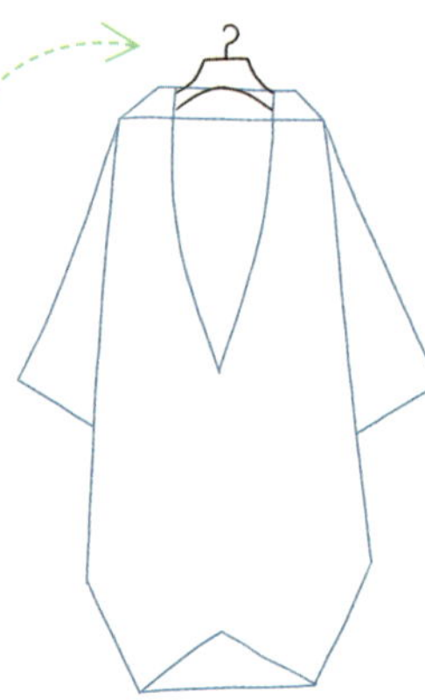

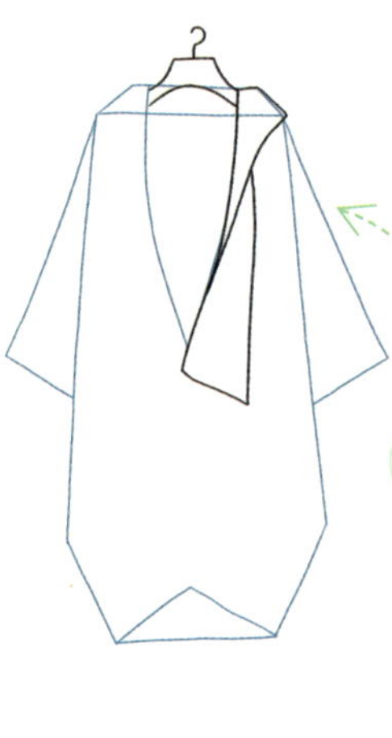

5 Die Linien auf der rechten Seite mit Fineliner zeichnen.

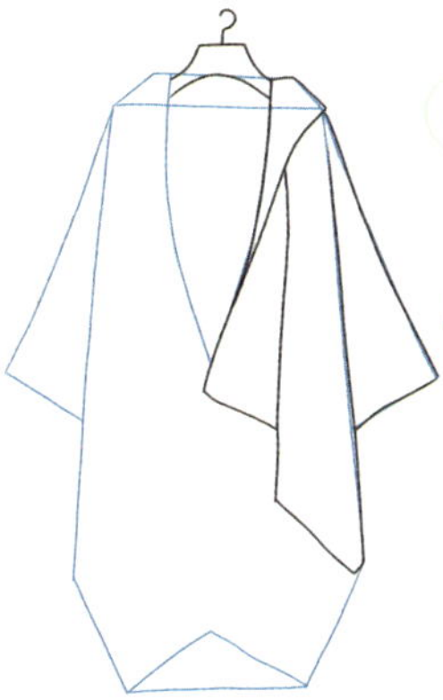

6 Die rechte Seite weiter ausarbeiten.

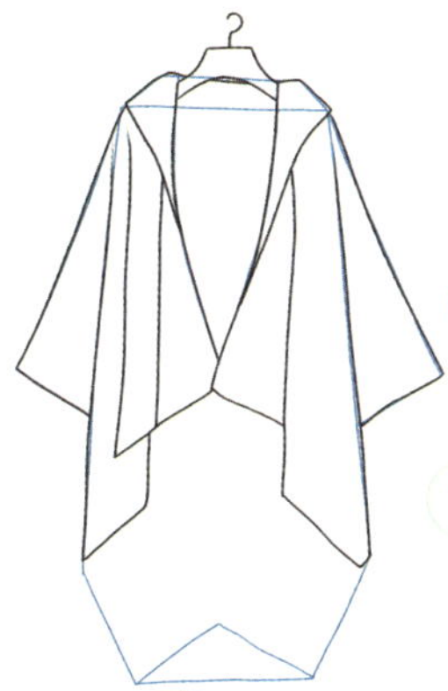

7 Auf der linken Seite wiederholen.

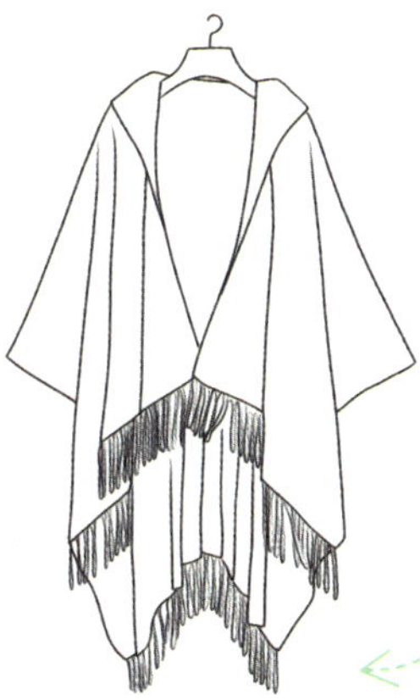

8 Die Fransen einzeichnen. Die Hilfslinien ausradieren.

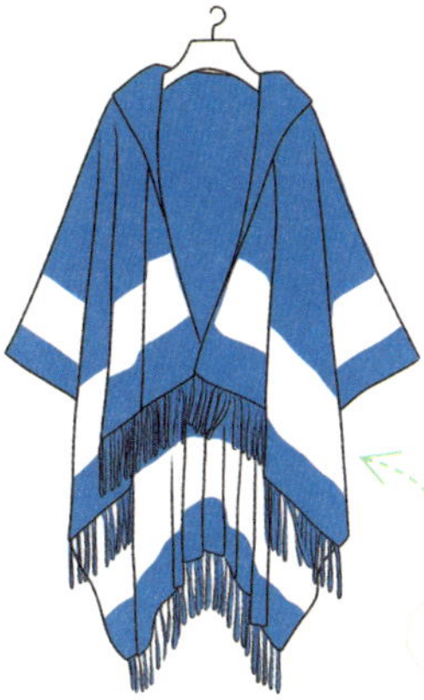

9 Die Grundfarbe des Ponchos ist ein kräftiges Blau.

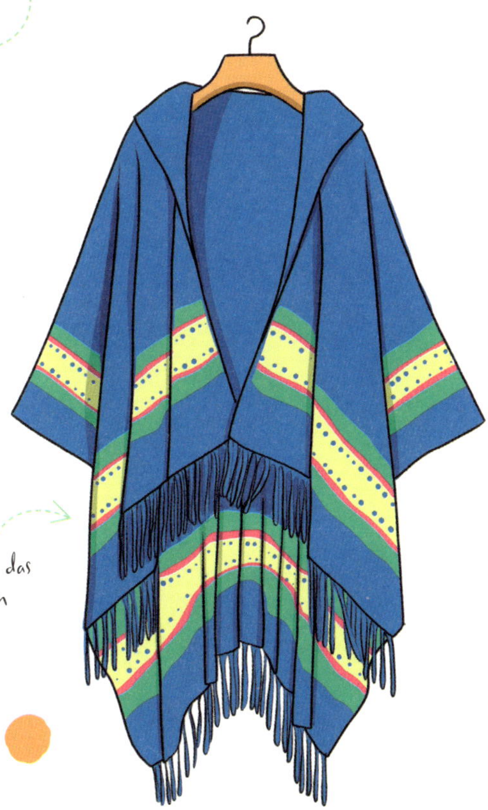

10 Farbige Streifen und das Muster aus Punkten einzeichnen.

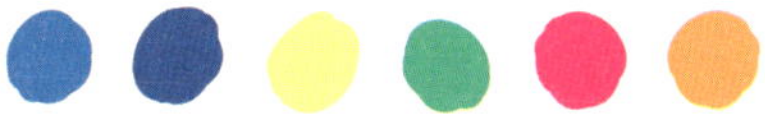

Schlafsack

Das Bett für unterwegs entsteht aus zwei einfachen Rechtecken mit abgerundeten Ecken. Das Sternenmuster verspricht einen guten Schlaf.

1 Mit einer rechteckigen Form beginnen.

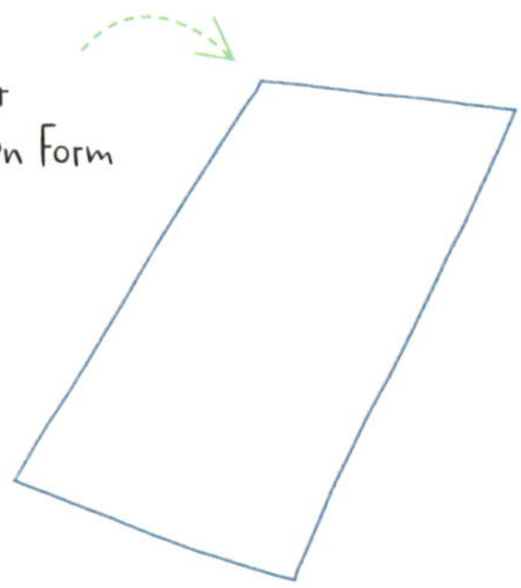

2 Für das Kissen ein kleines Rechteck hinzufügen.

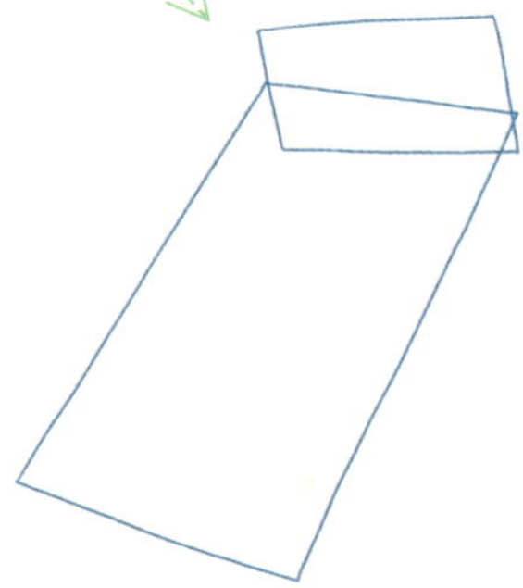

3 Einen Zylinder zeichnen. Das ist ein zweiter, aufgerollter Schlafsack.

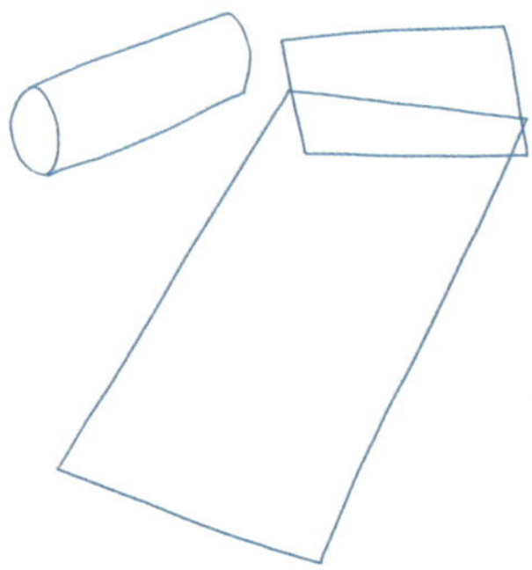

4 Die umgeschlagene Oberkante mit Fineliner einzeichnen.

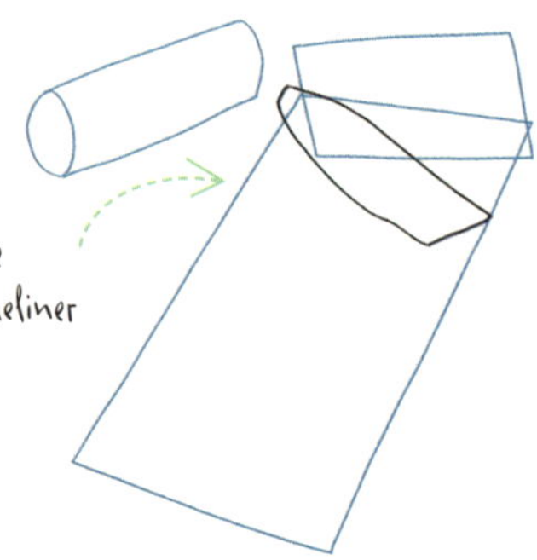

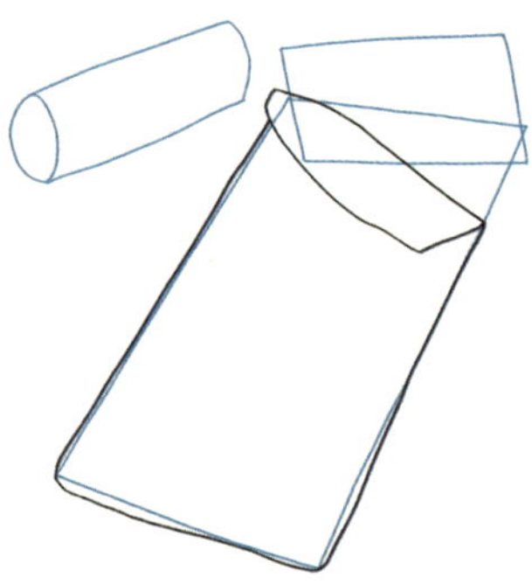

5 Die Konturen des Schlafsacks mit Fineliner nachzeichnen, dabei die unteren Ecken abrunden.

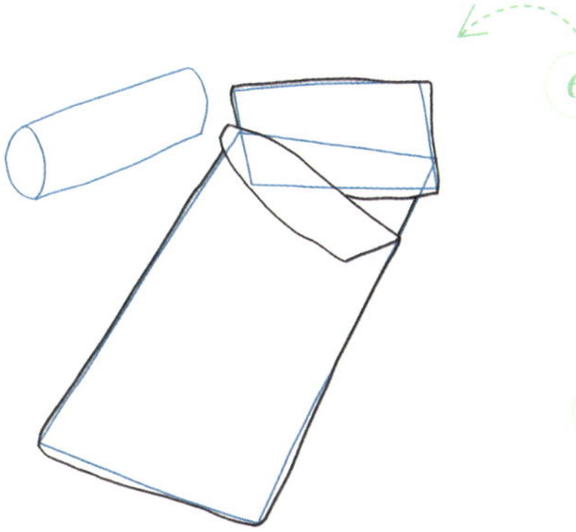

6 Nun das Kissen ausarbeiten.

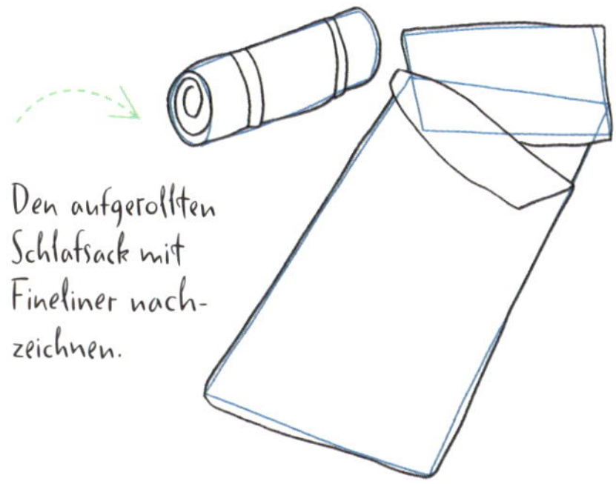

7 Den aufgerollten Schlafsack mit Fineliner nachzeichnen.

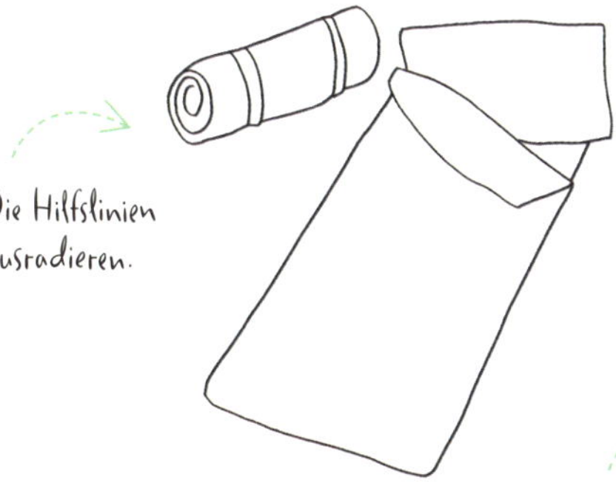

8 Die Hilfslinien ausradieren.

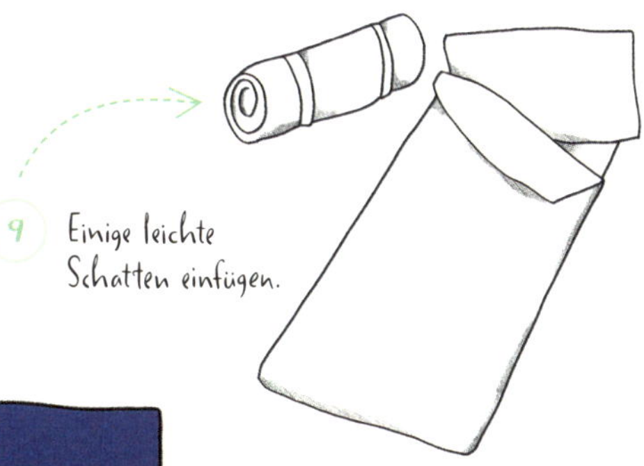

9 Einige leichte Schatten einfügen.

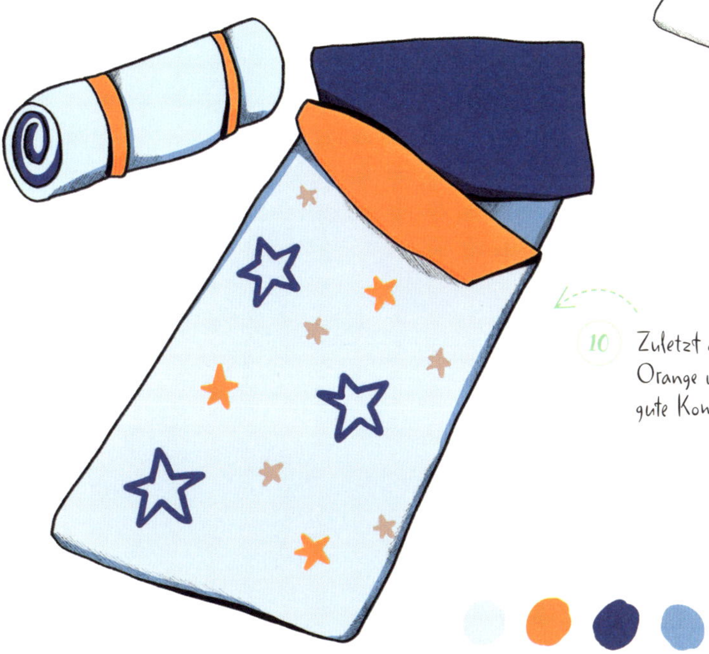

10 Zuletzt den Schlafsack kolorieren. Orange und Blautöne sind eine gute Kombination.

Über die Autorin

Justine Lecouffe lebt in London, wo sie als Illustratorin, Zeichnerin und Storyboard-Artist arbeitet. Meist beschäftigt sie sich mit digitaler Illustration und Grafikdesign, manchmal auch mit bewegten Bildern. Themen wie Weiblichkeit, Schönheit und Natur spielen in ihrer Arbeit eine wichtige Rolle, darum wird sie häufig von Auftraggebern aus der Mode-, Schmuck- und Kosmetikbranche engagiert. Obwohl Zeichnen und Illustration ihre Schwerpunkte sind, möchte sie sich gern noch mit vielen anderen Stilen und Genres beschäftigen. Wenn sie nicht gerade zeichnet, kann man sie beim Kochen, beim Radfahren in London, beim Fotografieren oder einfach beim Scrollen in Hundebildern antreffen.

Weitere Beispiele ihrer Arbeit auf Instagram @justine_lcf

Dank

Vielen Dank an alle Leser meines Buchs *Menschen* aus der *10-Steps-Reihe* für ihr positives Feedback. Das war ein wunderbarer Ansporn und hat mir den Mut gegeben, auch diesen zweiten Titel zu entwickeln.

Wie immer geht mein herzlicher Dank an das Team von *The Bright Press* für ihr Vertrauen und die großartige Unterstützung während des gesamten Projekts.